W0012752

Zu diesem Buch

Die in diesem Buch versammelten Reden, Aufsätze und Interviews spiegeln die politischen, wissenschaftlichen und moralischen Positionen, die der Gießener Psychoanalytiker einnimmt in der geistigen Auseinandersetzung mit den Risiken unserer rapide hoffnungsärmer werdenden äußeren und inneren Situation.

Die Entstehungsgeschichte, Ausbreitung und Gefährlichkeit des grenzenlosen Allmachtswahns der westlichen Zivilisation seit der Renaissance brachte H. E. Richter Anfang 1979 in seinem philosophisch-psychohistorischen Werk auf den Begriff: «Der Gotteskomplex». Die atemberaubende Verschlechterung unserer Lebensbedingungen und -aussichten im großen wie im kleinen drängte den Sozialpsychologen und engagierten Betroffenen Horst E. Richter zu dem «Versuch einer paradoxen Intervention» als therapeutischer Ultima ratio in festgefahrener Lage. «Alle redeten vom Frieden» legt ebenso wie das vorliegende Buch Zeugnis ab von dem mutigen und zähen Kampf eines einzelnen gegen die lähmende Angst vor einem nur scheinbar unausweichlichen Verhängnis. Ob in der Kindererziehung oder in der Geschlechterbeziehung, ob zwischen den Generationen oder zwischen den Nationen, ob zwischen den Experten «oben» und den Betroffenen «unten» (Patienten, Minderheiten, Staatsbürger usw.) – Richters Appell an uns alle lautet immer: Nicht abhauen, nicht aussteigen, nicht sich zurückziehen und nicht sich wegträumen – sondern: sich der Krise stellen!

Prof. Dr. med. Dr. phil. Horst-Eberhard Richter, 1923 in Berlin geboren, ist Geschäftsführender Direktor des Zentrums für Psychosomatische Medizin an der Universität Gießen. 1980 wurde ihm der Theodor-Heuss-Preis verliehen.

Horst E. Richter bei Rowohlt:

«Eltern, Kind und Neurose» (rororo 6082), «Patient Familie» (rororo 6772), «Die Gruppe» (rororo 7173), «Lernziel Solidarität» (rororo 7251), »Flüchten oder Standhalten» (rororo 7308), «Engagierte Analysen» (rororo 7414), «Der Gotteskomplex» (1979), «Alle redeten vom Frieden» (1981).

Horst-Eberhard Richter

Sich der Krise stellen

Reden, Aufsätze, Interviews

Rowohlt

Originalausgabe
Veröffentlicht im Rowohlt Taschenbuch Verlag GmbH,
Reinbek bei Hamburg, November 1981
Copyright © 1981 by Rowohlt Taschenbuch Verlag GmbH,
Reinbek bei Hamburg
Umschlagentwurf Werner Rebhuhn
Satz Garamond (Linotron 404)
Gesamtherstellung Clausen & Bosse, Leck
Printed in Germany
680-ISBN 3 499 17453 7

Inhalt

1. Was sollen unsere Kinder lernen?
Das Dilemma der Pädagogik *

In meinem Buch «Eltern, Kind und Neurose» habe ich über die Familie eines Kriminalbeamten berichtet, die ich sieben Jahre lang als Psychotherapeut beobachten konnte. Die Familie stand unter dem strengen Regime des Vaters. Dieser war überzeugt, daß die Jugend alarmierende Symptome von sittlichem Verfall zeige. Dies sei eine Folge lascher Erziehung. Man lasse den Kindern zuviel durchgehen, deshalb gewännen sie zuwenig inneren Halt und entwickelten kein rechtes Verhältnis zur Leistung mehr. Der Mann richtete sich nach seiner Theorie und begleitete die Entwicklung seines Sohnes mit fortwährenden Ermahnungen zu Korrektheit, Pünktlichkeit, Tüchtigkeit, Ehrlichkeit. Er hielt ihn unter sehr genauer Kontrolle, ahndete unnachsichtig jede Übertretung der erzieherischen Vorschriften und verlieh seinen Maßnahmen obendrein dadurch Nachdruck, daß er dem Jungen immer wieder in düsteren Farben das soziale Scheitern ausmalte, das er diesem um jeden Preis ersparen wolle.

Aber der Sohn wurde nahezu genau das Gegenteil von dem, was er werden sollte. Er lernte nicht, was er sollte, sondern fing an zu schwindeln und sich vor Schwierigkeiten jeder Art zu drücken. Er wurde das, was man heute einen labilen Charakter zu nennen pflegt. Unstet, verführbar, schnell bereit, die Flinte ins Korn zu werfen, wenn er ein Ziel nicht leicht erreichen konnte.

Diese Familiengeschichte ist mir zu dem Rahmenthema in den Sinn gekommen: «Was sollen Kinder lernen?» Offenbar lernen Kinder oft eben gerade nicht, was sie sollen und was man ihnen mit großer Anstrengung beizubringen versucht. Es erscheint daher sinnvoll, sich

---

* Überarbeitete Fassung eines Grundsatzreferates auf der Tagung «Forum Zukunft» der SPD, Mai 1979 in Böblingen

von vornherein über die Bedingungen Klarheit zu verschaffen, unter denen Lernziele, auf die Erziehung bewußt ausgerichtet wird, überhaupt zugkräftig wirken können. Liegt es nur an den falschen pädagogischen Methoden, wenn Ziele verfehlt werden? Oder spielt hier auch eine Rolle, wie die Zielvorstellungen selbst zustande kommen, welche Motive zu ihnen führen? In der Tat erweist die Forschung, daß Kinder nicht nur beachten, was man von ihnen will, sondern auch, aus welcher Beziehung heraus der Auftrag erfolgt. Inwieweit fühlen sie sich in ihren eigenen Bedürfnissen respektiert? Inwieweit repräsentieren die Erzieher glaubwürdig die Leitbilder, die sie den Kindern vorhalten?

Warum wollen die Erwachsenen, daß Kinder so oder so werden? Weil sie selber so geworden und damit zufrieden sind? Oder weil sie gern so geworden wären, aber es nicht geschafft haben und sich nun quasi durch die Kinder für ihren Mißerfolg entschädigen wollen? Oder verleugnen sie ihr eigenes Gescheitertsein und können aus Ressentiment ihren Kindern keine bessere Entwicklung gönnen?

Wollen wir definieren, was unsere Kinder lernen sollen, dann können wir diese Aufgabe also keineswegs abtrennen von einer selbstkritischen Überprüfung unserer jeweiligen persönlichen Verfassung bzw. des Zustandes unserer Erwachsenengesellschaft schlechthin. Denn die Kinder registrieren viel genauer, als uns lieb sein mag, ob wir selber damit identifiziert sind, was wir von ihnen fordern, und ob wir, wenn das zutrifft, damit unsere Probleme gut lösen können. Der zitierte Kriminalbeamte vermochte seinem Sohn mit seinen Prinzipien deshalb nicht zu nützen, weil der Sohn spürte, daß der verbitterte, gallenkranke Vater von tiefem Pessimismus durchdrungen war. Der Mann focht fanatisch für Disziplin, weil ihm diese gewissermaßen als der letzte Schutzwall vor dem Bösen dieser Welt erschien, das er mit gigantischem Mißtrauen überall witterte und in sich selbst mühsam verdrängte. Dieser Pessimismus teilte sich in erdrückender Weise dem Sohn mit, und so bedeutete dessen Entwicklung zwar einen radikalen Widerspruch zu den deklarierten Erziehungszielen des Vaters, aber zugleich bestätigte er diesen in dessen eigentlichem, ganz und gar von Mißtrauen bestimmtem Menschenbild.

Ob sie es nun sollen oder nicht, Kinder reagieren also in einem gerade von der Pädagogik oft unterschätzten Maße darauf, wie ihre Umwelt tatsächlich beschaffen ist, und weniger darauf, was ihnen gesagt und was mit ihnen gemacht wird. Der effektivste Erziehungseinfluß ist die

Wirklichkeit selbst, welche die Kinder vorfinden. Und deshalb bedeutet Mut zur Erziehung eigentlich etwas ganz anderes, als was die Mehrzahl der Pädagogen und Bildungspolitiker bei ihrem Gesprächsforum 1978 darunter verstanden und propagiert hat. Jene Experten dachten an den eigenen Mut, selbstsicherer, entschlossener und fordernder an die Kinder heranzugehen. Dies bedeutet indessen gerade eine Absage an eine andere und letztlich wichtigere Art von Mut, nämlich die kritische Selbstbesinnung und die Selbsterziehung der Erzieher als zentralen Teil der Gesamtaufgabe Erziehung ernst zu nehmen. Man redete sich geradezu ein, diesen selbstkritischen Teil der Erziehung als zweitrangig zurückstellen und die Bedenken verdrängen zu dürfen, ob wir im Augenblick überhaupt selber wissen, wie die Probleme unserer Gesellschaft zu lösen sind und welchen Weg wir dazu zusammen mit der nachfolgenden Generation einzuschlagen haben. Tatsächlich befinden wir uns aber gegenwärtig in einer solchen Orientierungskrise. Und es gehört wahrhaftig mehr Mut dazu, sich diese Lage einzugestehen, als sich zu suggerieren, man müsse nur das Gute, das man genau kenne und besitze, wieder nachdrücklicher und offensiver den Kindern vermitteln.

Dies ist ja eine gerade hierzulande ebenso traditionelle wie fatale Verdrängungsstrategie: Die Ängste, die bei wachsenden Zweifeln an der Tauglichkeit herkömmlicher Prinzipien und Normen wach werden, können nicht ertragen werden und werden zum Angriff auf diejenigen umgeleitet, die diese allgemeinen Zweifel am krassesten artikulieren. Man flüchtet nach vorn und verwandelt den inneren Zwiespalt in eine scheinbare äußere Bedrohung. Gleich kann man sich wieder sicher fühlen, indem man die sich angeblich von selbst verstehende vorhandene Ordnung mit gepanzertem Selbstvertrauen gegen angebliche Repräsentanten der Zersetzung und des geistig-sittlichen Verfalls verteidigen zu müssen meint.

Aber inzwischen vollzieht sich ein Szenenwechsel. Die aktionistische Protestjugend von 1968, der man mit einer wiedererstandenen autoritären Pädagogik nachsetzen wollte, hat sich gewandelt. Dafür hat sich unter Kindern und Jugendlichen schleichend eine neue Form von Verweigerung ausgebreitet, die sich nicht mehr ohne weiteres in eine klassische Feindbildtheorie einordnen läßt. Immer mehr Kinder und Jugendliche sind eigentümlich gleichgültig und apathisch geworden. Wenn überhaupt, spielen sie gelangweilt im Familienleben, in Schule und Hochschule die formalen Rituale soeben mit. Aber es scheint so, als bedeute ihnen das alles kaum mehr etwas. Gerade eben noch auf mechanische Weise angepaßt, sind sie innerlich unbeteiligt. Andere versacken in Drogen- und Alkoholcliquen, wieder andere erfahren in dubiosen Jugendsekten zwar ein bislang vermißtes Gemeinschaftsgefühl, aber um den Preis eines Grades von psychischer Entmündigung, der alle im bürgerlichen Betrieb wirksamen Zwänge noch weit übertrifft. Jede zweite oder dritte Familie und jede Schule hierzulande sind von derartigen Problemen betroffen. Weithin herrscht Ratlosigkeit, wie man diese Aussteigerbewegung einschätzen, erst recht aber, wie man ihr begegnen soll. Da verwandeln sich zuvor völlig angepaßte, normale, umgängliche Kinder scheinbar wie durch eine schleichende psychische Krankheit in fremde Wesen, in die sich die engsten Bezugspersonen nicht mehr recht einfühlen können. Es ist ein unheimlicher Vorgang, der auch von vielen sonst um eilige, kunstfertige Deutungen nie verlegenen Experten offensichtlich nicht recht begriffen wird.

Entsprechend der zuvor geäußerten These ist anzunehmen, daß diese zahlenmäßig immer mehr anwachsende Aussteigerjugend einen von der gesellschaftlichen Mehrheit verdrängten Aspekt unserer gemeinsamen heutigen Situation widerspiegelt. Daß wir anderen uns in diesen mehr oder weniger unheimlichen Jugendkulturen nicht wiedererkennen, liegt zu einem erheblichen Teil daran, daß wir es gar nicht aushalten zu können glauben, uns die Diagnose zu eigen zu machen, die uns eigentlich seitens dieser Kulturen vorgehalten wird. Die Diagnose lautet nämlich, daß unser gesellschaftlicher Betrieb als so hoffnungslos sinnentleert erscheint, daß dieser Teil der Jugend gar nicht mehr *in* dieser Gesellschaft, sondern nur noch *fernab von ihr* in irgendwelchen abgeschirmten Alternativräumen die Chance für eine menschliche Verwirklichung sucht. Während wir glauben, daß diese aussteigenden Jugendlichen sich selbst aufgäben, erscheinen in deren Augen wir anderen als diejenigen, die sich eigentlich, ohne es zu merken, längst aufgegeben haben und das oberflächliche Funktionieren unseres technisierten Zusammenlebens als undurchschaute Methode der allmählichen kollektiven Selbstzerstörung betreiben. – Der einzige adäquate Umgang mit dieser befremdlichen Absetzbewegung besteht darin, die neuen Jugendkulturen sowohl als Antwort wie als Anfrage innerhalb eines Dialoges zu verstehen, der sich auf uns, die Zurückbleibenden, als die Abgewiesenen oder auch als die Abweisenden bezieht.

In der Familientherapie haben wir Psychotherapeuten herausgefunden, daß jedes neurotische Symptom, jede auffällige Schwierigkeit eines Kindes oder Jugendlichen in einer Familie als Ausdruck für einen gemeinsamen Konflikt der ganzen Familiengruppe verstanden werden kann. Was die Angehörigen zunächst nur zu irritieren pflegt, erweist sich im nachhinein meist sogar als hilfreicher Alarm. Das Kind oder der Jugendliche macht durch seine beunruhigende Auffälligkeit darauf aufmerksam, daß in der Familie ein ungelöster Konflikt besteht, der von allen Mitgliedern zusammen durchschaut und bearbeitet werden muß. Allen ist damit genützt, daß an *einer* Stelle das Übel offen durchbricht, in das sie sämtlich miteinander verstrickt sind. Es gilt nur, den Appell richtig zu verstehen und in ungeteilter Verantwortung eine gemeinsame Selbsthilfestrategie zu entwickeln.

In vergrößertem Maßstab wiederholt sich dieser modellhafte Vorgang in der zitierten Abspaltung der sogenannten Alternativjugend. Der Konflikt, der sich symptomatisch in jener Aussteigerbewegung artikuliert, ist ein gemeinsamer Konflikt der Gesamtgesellschaft. Was uns an diesen Jugendlichen befremdet, ist zugleich eine äußere Abspiegelung eines uns alle betreffenden Selbstentfremdungsprozesses. Wenn wir diesen Kindern und jungen Leuten entgegenhalten, daß sie sich unsolidarisch bzw. antisozial egozentrisch benähmen, sagen sie uns, daß sie eben deshalb, weil sie in *unserer* etablierten Gesellschaft Solidarität und kooperative Kommunikation vermißten, davongingen. Das heißt, sie nötigen uns zu überprüfen, ob wir den Werten, deren Gültigkeit wir uns tagtäglich durch dutzendfache Beschwörung zu versichern trachten, tatsächlich folgen oder ob wir gewissermaßen nur als Schauspieler unserer gesellschaftlichen Ideale agieren.

Am Wertbegriff *Solidarität* läßt sich beispielhaft leicht deutlich machen, wie unermüdlich wir in der Tat bestrebt sind, mit einem geheiligten Wort den realen Gegensatz zu dem zu verdecken, was das Wort ursprünglich meint. Im vollen Wortsinn meint Solidarität die Zusammengehörigkeit aller Menschen. Im Begriff Solidarität steckt der Appell, ein Gemeinschaftsbewußtsein zu entwickeln, das über die Grenzen von Gruppen, Staaten, Rassen hinwegreicht bzw. das zum Abbau von sozialen Ungleichheiten und Ungerechtigkeiten auffordert. Solidarität ist das Gegenprinzip zu Rivalität und Herrschaft. Nicht dadurch, daß die Nächsten, sondern daß die Fernsten zusammenstehen, verwirklicht sich eigentliche Solidarität. Deshalb ist sie ein großes Menschheitsziel. Und wer sich diesem Ziel verschreiben will, dem muß daran gelegen sein, den Namen für dieses Ziel nur in eindeutigem Sinne zu verwenden. Aber es ist bei uns längst üblich, die Ehrfurcht vor großen Worten in der Weise auszunutzen, daß man deren Sinn zu taktischen Zwecken umfälscht. Ohne daß es den Massen recht auffällt, finden sie sich eines Tages von Demagogen oder Werbemanagern unter dem Namen eines respektierten Ideals zu einem Verhalten aufgerufen, das mit diesem Ideal gar nichts mehr zu tun hat oder diesem sogar kraß widerspricht. Genau dies ist mit dem Begriff Solidarität in den letzten Jahren in erschreckendem Maße passiert. «Ihr sollt nicht aus der Reihe tanzen, ihr sollt ausnahmslos hinter mir stehen!» meint der Parteiführer oder der Betriebschef, der Solidarität mit der Partei oder mit dem Betrieb von seinem jeweiligen Gefolge verlangt. Es klingt schöner, von Solidarität als von widerspruchsloser Unterordnung zu reden. Die Beschwörung von Solidarität wird zum reinen Herrschaftsinstrument im Machtkampf. Dagegen wagen diejenigen immer seltener den Begriff zu verwenden, denen sein Gebrauch als politische Forderung eigentlich zustände. Nicht von oben nach unten, sondern von unten nach oben ist der Ruf nach Solidarität sinnvoll, nämlich nach einem Abbau der an wirtschaftliche Macht gekoppelten ungerechten und damit unsolidarischen Privilegien. Schamlos rufen heute auch diejenigen Politiker zu einer demokratisch solidarischen Gesellschaft auf, denen in Wirklichkeit das Machtprinzip über alles geht und die durch Verteidigung anachronistischer Abhängigkeitsverhältnisse eigentlich Entzweiung statt Solidarisierung betreiben.

Wir werden auf den Begriff gleich noch zurückkommen. Hier sei zunächst die exemplarische Bedeutung eines gigantischen semantischen Verwirrspiels unterstrichen, an dem wir freilich letztlich alle mitverantwortlich teilhaben. Wir müssen uns fragen: Wie ernst ist es uns denn mit den Werten, an die wir unsere Kinder zu binden wünschen, wenn niemand etwas dabei findet, die Namen dieser Werte den Werbemanagern zu willkürlicher opportunistischer Verfälschung auszuliefern? Wir lassen alle Wertbegriffe vermarkten und nach Belieben vernebeln und wundern uns, daß wir am Ende keinen glaubhaften und unmißverständlichen Ausdruck mehr finden, wenn wir unseren Kindern eine moralische Orientierungshilfe bieten wollen. Aber wir sind hier eben nicht die armen Opfer irgendwelcher äußeren Verführer, sondern wir können dieser Korrumpierung der Sprache deshalb keinen entschlossenen Widerstand bieten, weil jener Widerspruch für unsere gesellschaftliche Verfassung konstitutiv ist. Wenn Macht und Rivalität unser Leben bestimmen, dann müssen die Gegenbegriffe schließlich kraftlos werden und sich eine allmähliche Sinnverschiebung gefallen lassen, die sie um ihr kritisches Potential bringt. Im Dienste von Herrschaft verkommen die Idealbegriffe als taktische Mittel zu Tarnungs- und Beschwichtigungszwecken und zur eingeschränkten Anwendung auf rein formalistische äußerliche Funktionsmerkmale. Auf keine bequemere Weise kann Herrschaft ausgeübt werden als durch Heiligung bedingungslosen Gehorsams, indem dieser gleichgesetzt wird mit Solidarität, Opfersinn, Pflichterfüllung, Korrektheit, Anständigkeit usw. Dies ist ja eben eine der wichtigsten und peinlichsten Erklärungen für die Möglichkeit von Holocaust: So etwas funktioniert reibungslos, indem das reibungslose Mitfunktionieren als solches zur Tugend schlechthin verklärt worden und als Maßstab der sittlichen Integrität verinnerlicht worden war.

Es hieß, daß unsere Kinder am stärksten davon beeinflußt würden, wie wir in Wirklichkeit seien. Und es hieß ferner, daß wir lernen sollten, in den Problemen unserer Kinder unsere eigenen Probleme zu erkennen, auf welche die Kinder reagieren. So zu denken heißt bereits ein Stück von der Solidarität zu üben, für die wir die Jugend sensibilisieren sollten. – Viele Fertigkeiten und Kenntnisse gibt es, über die wir Älteren verfügen und die wir den Kindern beizubringen haben. Aber das Bild vom Menschen bzw. von einem sinnvollen menschlichen Zusammenleben in dieser Welt ist kein solcher Besitz, den die Kinder einfach von uns entgegennehmen könnten. Es gehört zu den verbreitetsten und fatalsten Vorurteilen im Selbstverständnis einer gewissen Pädagogik, daß sie sich dieser Wahrheit verschließt. Wie wir zur Zeit sehen, wandelt sich das Bild der Welt sehr rasch, und mit Seveso und Harrisburg tauchen Probleme auf, die tiefe Zweifel an einer Fortschrittsideologie aufkommen lassen, welche uns grauenhaften Risiken und den Zwängen des von ROBERT JUNGK als Schreckbild verdeutlichten Atomstaates auszuliefern droht. Unter diesen Umständen wäre es eine groteske Leichtfertigkeit und Verblendung, würden sich diejenigen, die jetzt zu erziehen haben, darin sicher fühlen, ihrer Nachfolgegeneration jenen bisherigen way of life vorschreiben zu sollen, der uns, wie wir sehen, inzwischen mehr Probleme schafft als zu lösen hilft. Wir müssen unseren Kindern unsere eigene Unsicherheit zugestehen und den Mut aufbringen, sie frühzeitig mit den offenen Fragen zu konfrontieren, auf die wir gemeinsam mit ihnen neue Antworten finden müssen.

Da gibt es eine zentrale Frage, zu deren Lösung wir die Kinder auf jeden Fall in gleichem Maße nötig haben wie diese uns. Nämlich wie wir Menschen uns überhaupt noch als Menschen miteinander wohl und sinnvoll fühlen können in einem gesellschaftlichen Betrieb, der sich wie eine zunehmend kompliziertere und anfälligere Maschine darstellt, die zu steuern selbst jener hochgezüchteten Superexperten-Elite zunehmend mißlingt, an die wir die Verantwortung für die Garantie unseres Weiterbestandes zu delegieren gewöhnt sind. Legitim ist zur Zeit die Angst, ob unser Überleben gesichert ist. Aber ebenso legitim ist die Angst, *ob wir nicht als Menschen bereits vorher verlorengehen*, bevor jene mit Vorrang beschworenen ökologischen und ökonomischen Risiken überhandnehmen.

Es ist diese Angst, die allenthalben vernehmbar ist in der Sorge um die Menschlichkeit, die man in den Schulen, den Fabriken, den Verwaltungen und in der Wohnwelt mehr und mehr entschwinden sieht. Man redet davon, daß man Plätze, Stadtteile, Institutionen humanisieren müsse. Aber eigentlich hätte man zu fordern, daß sich die Menschen selbst vermenschlichen müßten, denn sie sind es ja doch, die diese ihnen selbst dienenden Einrichtungen so verunstalten, daß sie darin psychisch verkümmern. In der Tat ist dies das groteske Problem, daß wir uns gewissermaßen selbst dehumanisieren und daß man heute nach Experten Ausschau halten muß, die uns die Maßstäbe lehren sollen, wie wir als Menschen menschlicher leben können.

Dieser erschreckende Umstand beweist, daß wir Älteren gar nicht imstande sind, Lernziele für unsere Kinder zu definieren, ohne unsere eigenen Defizite und Veränderungsbedürfnisse mitzureflektieren. Wir können nicht mit gutem Gewissen wünschen, daß die Kinder so werden, wie wir sind, weil wir insgeheim oder offen an unserem Zustand leiden und kaum wissen, wie wir unsere eigene Lage befriedigender gestalten können. Was wir unseren Kindern vorleben, darf diesen doch in vieler Hinsicht nicht als Vorbild, höchstens als warnendes Negativbeispiel dienen. Indem wir unsere Gesellschaft zuwenig nach den Maßstäben des menschlichen Befindens und zu sehr nach dem Prinzip ökonomisch technischer Perfektionierung eingerichtet haben, fühlen wir uns mehr und mehr fremd in unserer eigenen Welt. Es sieht so aus, als müßten wir uns selbst in seelenlose Automaten verwandeln, um in den total programmierten Betrieb überhaupt noch hineinzupassen. Statt dessen kommt es darauf an, diese Entmenschlichung aufzuheben und fundamental umzudenken. Wir müssen also den Kindern helfen, daß sie nicht erst soviel von Menschlichkeit preisgeben, wie wir Älteren bereits verlernt haben. Aber wir können sie darin nur unterstützen, wenn wir den Mut finden, unsere eigene Fehleinstellung zu revidieren und umzulernen. Und was Menschlichkeit anbetrifft, sind wir es, die in der Kommunikation mit den Kindern an diesen registrieren können, was wir im Übermaß in uns unterdrückt haben. Nämlich Spontaneität, Direktheit, Echtheit, Offenheit, Phantasie. Hier liegen die Kriterien für eine Vermenschlichung unseres Zusammenlebens, die uns diejenigen mahnend vorhalten, die wir erziehen wollen und müssen. Manche sagen nun, es sei unrealistischer Romantizismus, so zu denken. Freilich wird eine solche Perspektive unrealistisch in dem Maße, in dem wir unsere Realität der inneren Abstumpfung und des mechanischen Funktionierens bereits resignativ für die unabänderliche und ewige halten. Aber ist das nötig?

Obwohl unser Thema nur nach den Lernzielen für die Kinder fragt, sehen wir uns beim Nachdenken darüber immer wieder auf uns selbst verwiesen und finden eine durchgängige Interdependenz zwischen unserem Zustand und unseren Erwartungen an die Kinder – bis hin also zu der Einsicht, daß wir den Kindern nur dann wirklich helfen können, wenn wir uns zugleich ihrer als Maßstab für die Aufarbeitung eigener Fehlentwicklungen bedienen. In diesem Zusammenhang sei noch auf eine bemerkenswerte Regel der psychoanalytischen Pädagogik hingewiesen. Diese besagt, daß gerade diejenigen Erzieher vorzugsweise Kinder egozentrisch mißbrauchen, die sich nur danach zu richten überzeugt sind, was für die Kinder gut sei. Kein Erzieher ist imstande, sich ausschließlich vom Kindeswohl her zu motivieren. Alle Eltern, Sozialpädagogen und Lehrer suchen im Umgang mit Kindern *auch* einen Gewinn für sich selbst. Und wenn sie sich diesen Wunsch aus Prinzip verbieten wollen, verlagern sie dessen Wirksamkeit nur in unkontrollierte unbewußte Bereiche. Dann passiert es ihnen, daß sie von unbemerkten Impulsen fortgerissen werden, die in der Tat Schaden anrichten. Scharen von Müttern, die ihre Überfürsorglichkeit nur mit der Gefährdung ihrer Kinder erklären, klammern sich an diese eher aus eigenen ungestillten Kontaktbedürfnissen und Isolationsängsten. Unzählige Eltern wollen durch Erfolge, welche die Kinder erringen müssen, vor allem die eigenen Mißerfolge wettmachen. Oder, was schlimmer ist, Eltern präparieren für die Kinder unbewußt eine Kopie des eigenen sozialen Versagens, weil sie erfolgreiche Kinder als Anlaß zu Neid und unerträglichen Selbstvorwürfen nicht ertragen könnten. Dem zitierten Kriminalbeamten ging es entgegen seiner verkündeten Absicht gar nicht darum, seinen Sohn sittlich zu stabilisieren, sondern er verführte diesen unbewußt zur Reproduktion der Schlimmheiten, die er überall um sich herum nachweisen *mußte*, um seine Hexenjäger-Position rechtfertigen zu können. Wenn wir uns darüber verständigen wollen, was Kinder lernen sollen, so dürfen wir uns nicht weismachen, daß wir lediglich im Auge hätten, was diese für sich bzw. im Interesse des Gemeinwohls lernen sollten. Es bewegt uns auch, was diese für uns höchstpersönlich lernen sollen. Je offener wir uns dieses Motiv eingestehen, um so besser können wir, gerade auch zum Nutzen der Kinder, damit umgehen.

Wenn von alters her gefordert wird, daß sich Erziehung ausschließlich danach zu richten habe, was für die zu erziehenden Kinder förderlich sei, so erklärt sich dies aus einem von Mißtrauen und Egozentrismus bestimmten Menschenbild. Als ob eine reine Gebehaltung die erwachsenen Helfer davor bewahren müsse, die ihrer Obhut anvertrauten schwächeren Partner egoistisch auszubeuten. Dieses fundierende Menschenbild ist es indessen gerade, dessen Überwindung wir anstreben sollten. Wer sich selbst eine Bereitschaft zu derjenigen Solidarität zutraut, die zu Recht als unerläßliche Voraussetzung für eine überlebensfähige Gesellschaft verkündet wird, für den ergibt sich eine neuartige Perspektive für das Verhältnis zwischen den Generationen und speziell auch für das Partnerverhältnis in der Erziehung. Der kann zu einem Menschenbild finden, *das von einem wechselseitigen Aufeinander-angewiesen-Sein ausgeht.* Es versteht sich dann von selbst, daß jedes menschliche Verhältnis, und auch gerade dasjenige der Erziehung, auf Interdependenz beruht. Die Erwachsenen brauchen die Kinder, wie sie selbst für diese wichtig sind. Wie es dem einen ergeht, bildet sich zugleich in den anderen ab. Alle Beziehungen vollziehen sich in einem dialogischen Austausch.

Ich darf wiederum auf das Modell der modernen Familientherapie verweisen, an dem sich exemplarisch dieses Konzept verdeutlichen läßt. Der Familientherapeut versteht die Familie als ein Wir, das als Ganzes für alle Probleme verantwortlich ist, an welchem Familienteil diese auch immer sichtbar werden. Deshalb setzt er sich mit der ganzen Familie zusammen und macht allen Mitgliedern deutlich, daß sie die Überwindung von Krisen und Störungen als eine Gemeinschaftsaufgabe ansehen sollten. In der Tat erweist sich regelmäßig, daß nicht nur die Kinder einer wesentlichen Unterstützung der Eltern bedürfen, um von irgendwelchen Ängsten, Verhaltensschwierigkeiten oder psychosomatischen Symptomen loszukommen. Auch die Eltern können erkennen, daß sie ihrerseits von den Kindern Hilfe zur Bewältigung eigener Konflikte zu erhalten vermögen. Oft staunt man, wie genau selbst kleinere Kinder verdeckte Probleme der Eltern durchschauen und dazu etwas Hilfreiches sagen können. Es ist eine alltägliche Erfahrung in der Familientherapie, daß Kinder, wenn man ihrer Spontaneität nur genügend Raum gibt, die gemeinsamen Probleme der Familie oft exakt an dem kritischen Punkt in Bewegung bringen, wo die Konflikte verwurzelt sind. Familientherapie zielt jedenfalls darauf ab, einer Familie ihr gemeinsames Selbsthilfepotential bewußtzumachen und sie anzuregen, dieses Potential gemeinschaftlich zu nutzen.

Entsprechend diesem Modell befinden wir uns alle im Grunde in der Lage einer Selbsthilfegesellschaft, in der die Generationen miteinander zu lernen haben, die sich im historischen Prozeß wandelnden sozialen Aufgaben gemeinsam zu bewältigen. Wir haben den Kindern zu zeigen, was wir wissen und können, aber eben auch in der gleichen Offenheit, wo wir ahnungslos und unfähig und wo wir gescheitert sind. Aber Scheitern bewirkt leicht Scham und Schuldgefühle, die zur Verleugnung und zu kompensatorischen erzieherischen Forderungen verleiten. Es ist ein fataler Mechanismus, der z. B. einen großen Teil der noch in die Nazi-Schuld verstrickten älteren Generation unbewußt veranlaßt, mit rigoristischen Erziehungsprinzipien das unbewältigte eigene Versagen wettmachen zu wollen. Wenn diese ältere Generation sich ermutigen könnte, sich offener dazu zu bekennen, wie sie sich in der Nazizeit verirrt hat, würde sie das von dem fatalen Drang entlasten, die Jugend durch autoritären Moralismus zu einer stellvertretenden Buße für die eigene unverarbeitete Schuld zu mißbrauchen. Dieses Reaktionsmuster wird uns ja immer wieder exemplarisch vorgeführt, wenn z. B. ein prominentes Mitglied jener Generation der Mitverantwortung für Nazi-Unrecht überführt wird und dann seine vermeintlich belanglosen Jugendsünden gegen den Nachweis aufzurechnen versucht, daß er doch heute um so unerbittlicher das Böse verfolge, wo immer dieses sich in der Gesellschaft rege. Dabei wäre er der heutigen Jugend viel mehr behilflich, wenn er die Unerbittlichkeit zunächst in seiner Selbstkritik beweisen würde. Und er würde sich auf diese Weise auch selbst helfen, indem er endlich das in der Verdrängung weiter wirksame Selbst Mißtrauen verarbeiten könnte, das er sonst immer nur dadurch mühsam in Schach halten kann, daß er es nach außen gegen Systemkritiker oder andere vermeintliche Jugendverderber richtet. Wenn man sich, insbesondere im Ausland, immer wieder darüber wundert, mit welcher Überreaktion hierzulande radikale Kritiker observiert, diszipliniert oder gar bestraft werden – hier findet sich eine zu wenig beachtete Erklärung. Und viele von denen, die mit dem Ruf: Wehret den Anfängen! eine Pädagogik der Zucht und Ordnung restaurieren wollen, sind unbemerkt von eben jenem Komplex besessen, der sie an der Jugend präventiv verfolgen läßt, was sie noch immer nicht in sich selbst bewältigt haben. Ihre unverarbeitete eigene Schuld und Angst machen sie unfähig zur Solidarität mit der Jugend, die sie beständig von der Infektion mit demjenigen Bösen bedroht sehen müssen, das in Wirklichkeit nichts anderes als die Projektion ihres eigenen verdrängten Selbsthasses darstellt. Die Folge ist ein Erziehungskonzept, das unter dem Vorwand einer besonders gründlichen sittlichen Prävention die neue Generation nicht auf deren eigene Zukunft vorbereitet, sondern gerade von der Erfüllung dieser Aufgabe zugunsten einer sinnlosen stellvertretenden Buße für fremde vergangene Schuld abhält. Dabei ist es ganz sicher, daß mehr Mut zur Offenheit die ältere Generation längst aus der schamvollen Selbstisolation befreit hätte, in der sie sich durch Verleugnung und Verdrängung lange selbst gefangengehalten hat. So hat sie sich von der Mithilfe der Jugend abgeschnitten, die nie begreifen konnte, was ihr ja nie zum Begreifen anvertraut wurde. Und wir sind gerade dabei, dieses Problem bereits der zweiten Nachkriegsgeneration weiterzuvererben. Das hauptsächliche Verhängnis dieser Reaktionstradition besteht darin, daß dadurch immer wieder genau der unverarbeitete Konflikt bewahrt bzw. reproduziert wird, der gemeinsam bewältigt werden müßte. Und es ist die Gefahr nicht abzuweisen, daß bei uns in großem Maßstab Prozesse ablaufen könnten, wie sie an der Interaktion zwischen dem Kriminalbeamten und seinem Sohn exemplifiziert wurden.

Kindern sollte früh eingestanden werden, daß sie in eine sehr unvollkommene Welt hineinwachsen. Es ist ein fatales Vorurteil, daß Kinder in schädlichem Maße durch solche Erzieher geängstigt würden, die unverhüllt die eigenen Schwächen offenbaren. Und daß Kinder nur dann festen Halt finden könnten, wenn sie erführen, daß in der Welt der Erwachsenen alles zum besten geordnet sei. Tatsächlich werden Kinder viel weniger durch die Schwächen der Erziehergeneration als durch die Verdrängung dieser Schwächen geängstigt. Denn Kinder spüren stets, wenn Perfektion nur geheuchelt wird, um ihnen selbst Perfektion abzufordern. Und sie fragen sich insgeheim: Warum fürchten sich diese Erwachsenen, sich mit ihren eigenen Fehlern auseinanderzusetzen? Sie tun doch so groß und stark, warum sind sie zu feige, ihre Schwächen zu tragen? Wie wollen sie mir helfen, meine Probleme auszuhalten, wenn sie nicht einmal die eigenen offen anschauen können? Die Heuchelei, die vorgeblich deshalb betrieben wird, um den Kindern Verunsicherung zu ersparen, bewirkt genau das, was sie vermeiden will. Wer Kindern Zuversicht eingeben will, muß ihnen zeigen, daß er mit Schwächen leben kann. Es stärkt allemal die Selbstachtung von Kindern, wenn die Erwachsenen sie an den eigenen ungelösten Problemen Anteil nehmen lassen und sie damit als Partner wichtig nehmen.

Zuvor war bereits von dem Umstand die Rede, daß unsere Umwelt, aber auch unsere Lebensformen selbst immer künstlicher und inhumaner würden und sich laufend weiter von unseren natürlichen Bedürfnissen entfernten. Die Kinder werden von diesem Widerspruch am härtesten betroffen, weil sie zunächst noch weitgehend unfähig sind, sich an das glatte, taktische, hektische Mitfunktionieren zu gewöhnen, dem sich die Masse der Erwachsenen gezwungenermaßen ergeben hat. Es hieß nun, wir, die Erwachsenen, hätten im eigenen Interesse dafür zu sorgen, daß in unserer Gesellschaft wieder mehr Zusammen*leben* statt bloßen oberflächlichen Zusammen*funktionierens* zustande komme, und bedürften dazu der Solidarität mit den Kindern. Deren sich beängstigend vermehrende Neurosen, Verhaltensstörungen und Fluchtreaktionen sollten uns als Signal dienen, in welcher Richtung wir unsere Lebensformen ändern müssen. Der wichtige Bestseller der Christiane F. über «Wir Kinder vom Bahnhof Zoo» ist in diesem Sinne übrigens zuallererst als eine Dokumentation unserer kranken Erwachsenengesellschaft zu lesen. Das Thema ist nicht die Asozialität eines Kindes, sondern die Asozialität einer Gesellschaft, abgespiegelt durch ein Mädchen, das die verdrängte Kehrseite unserer Ordnung bloßlegt. Dieses Kind offenbart uns nur eine besonders erschreckende unter den verschiedenen finsteren Gegenwelten, in die sich heute Teile der Jugend abgedrängt sehen, die sich der totalen Anpassung bewußt oder unbewußt verweigern.

Unzweifelhaft liest ein großer Teil der Gesellschaft die sich rapide vermehrenden Konflikte und Krisen von Kindern indessen keineswegs als Aufruf zu einer Veränderung der Lebensbedingungen, die jene Reaktionen auslösen, sondern umgekehrt eher als Mahnung, noch früher, intensiver und strenger Anpassung durchzusetzen. Selbst ständig besorgt, allezeit fit und optimal brauchbar mitfunktionieren zu können, fürchtet man für die Zukunft der Kinder, wenn man diese nicht eiligst und rigoros auf die Anforderungen hin abrichtet, die das Erwachsenenleben bestimmen. Man wagt nicht mehr, die Kinder sich nach den Bedürfnissen ihrer Altersstufe entfalten zu lassen. Die Kindheit verliert dabei die Anerkennung als eine für sich bedeutende Altersphase, in der sich das Leben genauso legitim am Jetzt und Hier zu orientieren hat wie in späteren Stadien. Wehe, wenn die Kinder ihre kindliche Welt allzu wichtig nehmen und nicht nur als Vorbereitungsphase für die vermeintlich eigentliche Erwachsenenwirklichkeit verstehen würden. Die Kinder sollen also vor allem schnell lernen, nicht das, was sie jetzt sind und möchten, als maßgeblich zu erkennen, sondern ausschließlich das, was aus ihnen erst werden soll. Als wäre die Kindheit noch nicht eigentliches Leben, sondern nur eine Probezeit, soll diese Strecke nach Möglichkeit zu einem Trainingskurs gestaltet werden. Man schafft Bedingungen, die getreu die Prinzipien der Erwachsenenwelt simulieren, damit der Einstieg in diese spätere Phase reibungslos klappt. Die Zeit der kindlichen Entwicklung ist dann nur noch von ihrem Resultat her wesentlich. Und das Resultat wird an den Kriterien der späteren Funktionstüchtigkeit und Verwertbarkeit gemessen.

In diesem «Jahr des Kindes» hört man nun schöne unverbindliche Reden darüber, wie unheilvoll es sei, die Kinder zu früh ihrer eigenen kindlichen Welt zu entfremden und wie kleine Erwachsene zu drillen. Indessen ist ja in aller Regel nicht ehrgeiziger Übereifer, sondern *Angst* die Wurzel dieser ungeduldigen Überlastungserziehung. Und im Vergleich sieht man, daß Arbeiter-Eltern im Durchschnitt viel früher als Eltern aus der oberen Mittelschicht damit beginnen, ihren Kindern altersgemäße phantasiereiche Verspieltheit als sogenannten «Unsinn» auszutreiben. Je mehr sich Eltern in ihrer sozialen Sicherheit bedroht fühlen, um so eiliger haben sie es damit, ihre Kinder auf ein Benehmen abzurichten, das deren Brauchbarkeit in der Arbeitswelt garantieren soll. Nicht die Lust, selber etwas zu machen, sondern die Flexibilität, mit sich machen zu lassen und zu beliebigen Zwecken zu «spuren», gilt als die Bedingung, daß aus Kindern nützliche Arbeiter werden können. Es ist nicht so, daß diese Arbeiter-Eltern falsche Erziehungsprinzipien gelernt hätten und gewissermaßen pädagogisch umgeschult werden müßten. Sondern sie geben an die Kinder weiter, was sie am eigenen Leib täglich erfahren. Wer z. B. selbst alle Mühe hat, das Tempo und die Monotonie einer Taktarbeit tagaus, tagein durchzuhalten, den beunruhigt es, wenn Kinder sich jahrelang von spontaner Lust zu diesem oder jenem Spiel treiben lassen. Dem erscheint das als sinnlose Zeitverschwendung, als «Quatsch» und «Spinnerei». Er denkt an die eigene tägliche Selbstüberwindung und fürchtet verständlicherweise, seine Kinder könnten auf der Strecke bleiben, wenn sie sich nicht eilig für jene Anforderungen der Arbeitswelt rüsten würden.

An diesem Beispiel zeigt sich das eigentliche Dilemma, in das alle Reflexionen über pädagogische Leitbilder am Ende geraten müssen. Es ist auf der einen Seite unerläßlich, sich klar darüber zu verständigen, welches Menschenbild für die kindliche Entwicklung und die Pädagogik maßstäblich zu sein hat. Aber so überzeugend sich das Resultat dieser Überlegungen auch anhören mag – entscheidend ist, was davon in unserer politischen Wirklichkeit umgesetzt werden kann. Denn letztlich wird auf dieser Ebene der Rahmen abgesteckt, innerhalb dessen Pädagogik nur experimentieren kann. So führte die Frage danach, was für die Kinder gut ist, zunächst zu der Frage nach dem Zustand der Erzieherpersonen. Denn diese können in der Erziehung nie mehr bewirken, als was sie selbst sind. Sie müssen sich umerziehen, wenn sie an der Kindererziehung etwas ändern wollen. Aber am Ende stellt sich heraus, daß die Erzieher ihrerseits unter gesellschaftlichen Zwängen stehen, die sich schließlich in ihnen innerlich abbilden und dazu führen können, daß die Menschen sich selbst und ihre Zielvorstellungen für die folgende Generation mit dem verwechseln, was gegen ihre eigenen ursprünglichen menschlichen Maßstäbe aus ihnen geworden ist. Solange wir unsere gesellschaftliche Ordnung, in der der Mensch letztlich das wert ist, als was er verwertet werden kann, unkritisch idealisieren und nicht humanisieren, können Kinder späterhin nur überleben, wenn sie sich auf diese Ordnung und deren Regeln einstellen. Aber man muß auch die entgegengesetzte Perspektive durchhalten: Die Gesellschaft kann nur humaner werden, wenn das dafür maßgebliche Bild vom Menschen bzw. vom solidarischen menschlichen Zusammenleben permanent kritisch einer Politik vorgehalten wird, die sich tagtäglich aus Gründen der Eigenwerbung und der Selbstbeschwichtigung einredet, sie sei ohnehin dabei, diese Werte immer schöner und großartiger zu verwirklichen. Die Widersprüche zwischen Menschlichkeit und gesellschaftlicher Wirklichkeit werden nirgends deutlicher sichtbar als in der Erfahrung an den Kindern, und es hieß bereits, daß deren massenhafte psychische Störungen nichts anderes als der symptomatische Ausdruck dieses Widerspruches seien. Apathie, Neurosen, Sucht, Sektierertum und politischer Radikalismus sind die im Ursprung miteinander zusammenhängenden Signale der Unfähigkeit oder des Widerstrebens von Kindern und Jugendlichen, sich aufzuopfern zugunsten der

Integration in einen als sinnlos und menschenvernichtend empfundenen Betrieb. Pädagogen, Erziehungsberater und Kinderpsychotherapeuten finden sich täglich vor der unerfüllbaren Aufgabe, für Kinder eine Entwicklungshilfe leisten zu sollen, die einerseits einem kritischen Begriff von psychosozialer Gesundheit gerecht wird und andererseits fit macht für eine Art von Mitfunktionieren, das diesem Begriff wenig entspricht. Was tut man, wenn man weiß, was Kinder eigentlich lernen sollten, aber nur deshalb nicht lernen dürfen, weil sie sonst in einer diesen Lernzielen widersprechenden Gesellschaft zerbrechen würden? Man begreift zumindest, daß Kinderpsychologie und Pädagogik sich unmittelbar und aktiv in Politik einmischen müssen, weil sie durch professionelle Selbstisolierung auf jeden Fall jene Spaltung noch vertiefen würden, die hoffentlich mit großer Anstrengung und Hartnäckigkeit allmählich vermindert werden kann.

2. Wer nicht leiden will, muß hassen *

Die Themen der Römerberg-Referate 1979 spiegeln unsere Unsicherheit darüber wider, wo es am dringlichsten sei, einer Entwicklung in den Arm zu fallen, die den Menschen sowohl mit zunehmender psychischer Entfremdung wie schließlich mit physischer Zerstörung durch unübersehbare materielle Risiken bedroht. Wir reden hier gleichzeitig über technische, ökonomische, ökologische Gefahren des sogenannten Fortschritts wie über das Selbstverständnis des Menschen, das einerseits diese verhängnisvolle Entwicklung trägt und andererseits von ihr bestimmt wird. Hat es überhaupt noch Sinn, über uns selbst nachzudenken, während uns die ökonomisch-technische Entwicklung davonzulaufen droht, wenn wir nicht schnell dagegen einschreiten? Jeder Aufschub entsprechenden Handelns erscheint selbstzerstörerisch. Aber diese Einsicht ist noch längst nicht Allgemeingut. Und man kann sich auch umgekehrt fragen: Müssen wir nicht erst einen neuen Sinn jenseits des unkritischen Fortschrittsglaubens finden, um nicht nur zu wissen, was wir abwenden wollen, sondern *wo wir positiv hinwollen*?

Angst allein ist vielfach ein ohnmächtiges Motiv, zumal da sie sich oft erst dann gegen die sie unterdrückenden Verleugnungen durchsetzt, wenn die Gefahren hautnahe spürbar und dann vielleicht schon unentrinnbar geworden sind. Und es ist ja ein diabolisches Charakteristikum unseres Fortschrittssystems, daß es uns in einer schleichenden und kaum sinnfälligen Weise vereinnahmt und unsere Widerstandskraft dadurch schwächt, daß es sich in unserem Denken selbst einnistet. Die Wandlung der materiellen Wirklichkeit wird von uns unmerklich derart verinnerlicht, daß wir unser psychisches Wohl mehr und mehr mit

---

* Referat im Rahmen der 6. Römerberggespräche, Mai 1979 in Frankfurt

einem glatten Mitfunktionieren in dem System verwechseln, das unser ständiges kritisches Mißtrauen und eben auch wohlbegründete Ängste herausfordern sollte.

Wir befinden uns in der Tat in einer Situation, in der wir sowohl unverzüglich handeln müssen, aber gleichzeitig nicht zögern dürfen, dasjenige Menschenbild zu revidieren, das jenen blinden Fortschrittskurs motiviert und nur mit dessen Tempo und gewissen Übertreibungen unverträglich scheint. Es ist nicht ausgeschlossen, daß sich unsere Selbstentfremdung sogar noch schneller vollendet als die Zerstörung der Bedingungen unseres materiellen Überlebens, d. h., daß wir als Menschen bereits vorher verlorengehen, noch bevor die heute mit Vorrang beschworenen materiellen Risiken überhandnehmen. Damit wären wir definitiv widerstandslos dem Verhängnis ausgeliefert.

Wer die Macht und die Größe will und die Schwäche und die Zerbrechlichkeit definitiv zu überwinden vorhat, der muß auch die permanente ökonomische wie die technische Expansion wollen. Der muß dem Ziel der Omnipotenz und der Unversehrbarkeit des Menschen zwangsläufig mit der Illusion nachjagen, die Ursachen jeglichen Elends, jeglicher Krankheit und letztlich des Sterbens eines Tages als bloße technische Pannen aufdecken und reparieren zu können. Ich habe in meinem Buch «Der Gotteskomplex» versucht, diesen illusionären Anspruch auf Allmacht, unendliche Größe und Unsterblichkeit als Motiv unserer europäischen Zivilisation seit dem Mittelalter zu verfolgen und seine Entstehungsgeschichte wie seine momentane krisenhafte Erschütterung zu analysieren. Diese Analyse läuft auf den Kerngedanken hinaus, daß ausgangs des Mittelalters das Bild der monotheistischen Super-Elternfigur, deren Schutz man zu verlieren fürchtete, durch Identifizierung in das Selbstbewußtsein einging. Man wollte selbst Gott sein, weil man diesen nicht mehr hatte. Man floh in die Idee grandioser narzißtischer Selbstgewißheit und bewies sich die scheinbare Tragfähigkeit des neuen megalomanen Selbstbildes durch die offenkundigen Erfolge der fortschreitenden naturwissenschaftlichen Entdeckungen und durch die Anhäufung technischer Macht. Natürlich war dieser Wandel im Selbstverständnis durchgehend mit einer Veränderung der sozioökonomischen Verhältnisse verflochten, und man kann die Herausbildung und Fixierung einer von überkompensatorischen Größenideen bestimmten Lebensanschauung auch zum Teil von der wirtschaftsgeschichtlichen Entwicklung ableiten. Aber das ändert nichts an der Notwendigkeit, die Zielvorstellungen für sich ernst zu nehmen, die wiederum als Maßstab für die Umbildung der materiellen Wirklichkeit wirksam waren und sind.

Wenn man nun die aus den letzten vier Jahrhunderten auf uns weitergegebenen offen deklarierten oder auch insgeheim phantasierten Zielvorstellungen genau prüft, so stimmen diese weitgehend mit Merkmalen überein, welche die moderne Psychoanalyse als typisch für die sogenannte *narzißtische Störung* beschreibt. Man ist von egozentrischen Größenideen besessen und benötigt zur Verleugnung faktischer Schwäche und Zerbrechlichkeit ständig die Ausbeutung einer Umwelt, die auf alle erdenkliche Weise die narzißtische Selbstvergötterung durch Zufuhr stabilisierender Hilfen absichern soll. Aus Angst vor Ohnmacht, Kleinheit und Tod muß man beständig nach vorn und oben flüchten. Wenn man nicht laufend größer und mächtiger wird, fürchtet man, in unerträglicher kindlicher Hilflosigkeit kaputtzugehen. In dieser wahnhaften Omnipotenzhaltung steckt also ein Moment des tiefsten Mißtrauens. Und dies ist allem Anschein nach die Erbschaft jenes abgründigen Mißtrauens ausgangs des Mittelalters, als man sich von Gott nicht mehr gehalten und dem Untergang ausgeliefert fühlte, weswegen man dann die mittelalterliche Abhängigkeit verdrängte und überkompensatorisch die göttliche Omnipotenz im eigenen Selbstbild verankerte.

Tatsächlich sind in unserer Existenz Größe und Kleinheit, Stärke und Hinfälligkeit natürlicherweise verbunden. Der vollständige Mensch ist nicht, wie wir uns immerfort weismachen wollen, der ewig jugendliche Besitzer der höchsten Fitness, der unverwüstliche Supermensch, der sich gegen alle wissenschaftlich ermittelten Risikofaktoren feit, sondern das Wesen, das auch leiden und sterben kann. Aber unsere Zivilisation lehrt eben bislang nicht diese menschliche Vollständigkeit, diese ganzheitliche Verbindung von Stärke und Schwachheit, sondern im Gegenteil die totale Auslöschung des Leidens. Und sie bedient sich dazu nicht nur abstrakter Leitbilder, sondern harter konkreter Auslesepraktiken. Denn nur wer auf der Höhe seiner Kräfte ist, ist gut verwertbar. Der paßt als optimal Funktionierender für den Stress sei es der expansiven Wettbewerbswirtschaft, sei es der zentralistisch gelenkten Hochleistungsmaschinerie des Staatssozialismus. Also versteckt der Mensch sein Leiden aus sozialer Notwendigkeit. Denn entgegen allen humanitären Deklarationen wird an den gesellschaftlichen Rand gedrängt, wer kaputt und damit unbrauchbar ist. Die gesellschaftliche Wirklichkeit bestätigt den Kurs einer Erziehung, die immer früher und immer rabiater Kinder zum reibungslosen totalen Mitfunktionieren in einer hektischen Arbeitswelt herrichtet, die sich zuallerletzt um die Maßstäbe vollständiger Menschlichkeit kümmert.

Aber was geschieht denn mit dem Teil von Menschlichkeit, der unterdrückt wird? Wenn Schwäche, Anfälligkeit und Brüchigkeit als unentrinnbarer Aspekt unserer Existenz nur verdrängt, aber nie eliminiert werden können – wohin werden sie verdrängt? Ein Teil von innerem Leiden läßt sich durch oberflächlich machbare Techniken abwehren. Millionen betäuben ihre Ängste und Depressionen mit Psychopharmaka. Es findet auch ein gewisser surrogativer Beschwichtigungseffekt statt, wenn man sich fortwährend in den Konsum von Waren stürzt, die uns eine gigantische Wirtschaftswerbung als die eigentlichen Vermittler von Lebensglück suggeriert. Ein Teil von Leiden läßt sich ferner durch bestimmte Sozialtechniken verschleiern. Man macht Leiden unsichtbar, indem man es in sozialadministrative Daten oder in der Medizin in abstrakte Resultate chemisch-physikalischer Analysen verwandelt. Da schrumpft jedes Leiden zu einem prinzipiell durch Geld, Prothesen, Transplantate, jedenfalls durch organisatorisches oder technisches Machen materiell zu behebenden Mangeltatbestand.

Alle Surrogatbefriedigungen oder Verschleierungstechniken ändern indessen letztlich nichts daran, daß *derjenige, der nicht leiden will, andere leiden machen muß.* Wer seine eigene Schwäche nicht tragen kann, der muß sie anderen zuteilen, die ihm als etwas Äußeres vorführen, was er an sich oder in sich selbst um keinen Preis wahrnehmen will. Eine Gesellschaft, die einseitig auf das Ideal von Größe und Stärke fixiert ist, kann sich nur dadurch stabil halten, daß sie den Gegenaspekt von Dürftigkeit und Ohnmacht durch soziale Spaltungsmanöver ausgrenzt. Die Notwendigkeit von Ausbeutung und Unterdrückung ist also bereits durch die Fixierung an ein kulturelles Ideal programmiert, dem sich nur die einen auf Kosten anderer annähern können. Die Männer können sich so lange als leidlose Macher aufführen, solange sich die Frauen gefallen lassen, das machtlose Leiden als Geschlechtsmonopol auf sich zu nehmen. Und in vielen anderen mikrogesellschaftlichen und makrogesellschaftlichen Herrschafts- und Abhängigkeitsverhältnissen müssen jeweils diejenigen, die sozial unten sind, unten bleiben, damit die anderen ihr künstliches Obensein als vermeintlichen Erfolg sozialer Selbstverwirklichung feiern können. Der Imperialismus ist das notwendige Grundmodell aller sozialen Beziehungen auf der Basis einer Lebensanschauung, die durch die Phantasie eines unendlichen Wachstums von Wirtschaft und Technik nicht nur, sondern des Menschen selbst bestimmt wird. Denn die Unterdrückung der eigenen Schwäche gelingt auf die Dauer nie ohne die äußeren Repräsentanten, die das austragen, was die Unterdrücker in sich nicht integrieren können. Die mit dieser Verdrängung einhergehende Selbstverblendung erklärt die hergebrachten törichten biologischen und soziologischen Vorurteile von der angeblichen natürlichen Dominanz eines Geschlechtes, einer Nation, einer Rasse, einer Zivilisation usw.

Aber Schwachheit und Tod lassen sich auch durch alle Arten von Betäubungen und Abspaltungen nicht aufhalten. Der Versuch, das Leiden auszusperren, schützt nie endgültig vor der Erfahrung von Ohnmacht und Zerbrechlichkeit, die um so weniger ertragen werden können, je hartnäckiger man ihre Vermeidung betreibt. Panische Verzweiflung ist stets die heimliche Kehrseite der Anklammerung an das Leitbild individueller oder kollektiver Erweiterung von Größe und Macht. Dem Anteil von Verzweiflung, der nicht verleugnet oder projektiv ausgegrenzt werden kann, verbleibt dann als letzte Chance die direkte Umwandlung in Aggression. Dazu gehört die Theorie, es gebe kein notwendiges, sondern nur künstlich gemachtes Leiden. Man könne und müsse das Leiden vernichten, indem man seine äußeren Urheber unschädlich mache. Den totalen Sieg über das Leiden verheißt also einzig ein permanenter Kampf gegen seine vermeintlichen Verursacher. Aber da die Aggression als solche nötig ist, um unerträgliche Depression kompensatorisch niederzuhalten, dürfen die vermeintlichen Erzeuger des leidbringenden Übels paradoxerweise nie endgültig besiegt werden. Die Hexen und Teufel dürfen um Himmels willen nicht aussterben, sich höchstens fortwährend in neue Gestalten abwandeln, in angeblich schädliche Rassen, politische Extremisten oder dergleichen.

Diese psychosoziale Abwehrform im Sinne der Sündenbock-Strategie ist inzwischen hundertfach an Beispielen politischer Hexenjägerei erforscht und erläutert worden. Weniger beachtet wird ihre Wirksamkeit in ihren alltäglichen sublimeren Erscheinungsformen. Wir Ärzte verspüren z. B. den wachsenden Druck der allgemeinen Erwartung, wir müßten durch Beschleunigung des sogenannten medizinischen Fortschritts baldigst die Feinde ewiger Fitness und Gesundheit vollends ausrotten. Wir fühlen uns in die Rolle von Kämpfern gedrängt, die gegen Viren, Bakterien, Stoffwechselgifte und den Krebs wie gegen einen bösen Drachen eine siegreiche Entscheidungsschlacht schlagen sollen. Und dies sollen wir mit den Wunderwaffen des Laserstrahls oder der totalen Schutzimpfung, mit der Einpflanzung künstlicher oder natürlicher Organe und am Ende vielleicht gar mit Gen-Manipulationen bewirken. Mit automatisierten Diagnose- und Therapiemaschinen sollen wir obendrein den Irrtum und den technischen Kunstfehler ausmerzen. Und endlich sollen wir die Form von Diät und trainierbarer Gesundheit schlechthin verkünden, die denjenigen Anteil von Fitness garantiert, den jeder selbst machen kann.

Es muß Schluß damit sein, sich dem Tod als einem natürlichen Schicksal zu ergeben. Es gibt nur noch den Tod als vermeidbares Übel, verschuldet durch Ursachen, die im Grund ein Noch-nicht-Können der Medizin bedeuten. Diese phantastische Überforderung der Medizin stachelt diese zu einem hektischen technischen Pragmatismus auf, der, wie wir neuerdings sehen, mindestens so viele gesundheitliche Gefahren erzeugt, wie er abzuwenden hilft. Man bedenke nur, daß die Hygieniker mit 25 000 Menschen rechnen, die allein hierzulande jährlich an Infektionen sterben, die ihnen in Krankenhäusern beigebracht werden. Denn unbemerkt sind unsere Krankenhäuser längst zu Zuchtstätten für Keime geworden, die resistent gegen alle verfügbaren Antibiotika sind.

Als Versager im Kampf gegen den unvermeidlichen Tod verwandeln wir Ärzte uns zur Zeit von bewunderten Drachentötern selbst allmählich in die Sündenböcke, deren Bekämpfung uns draußen auferlegt worden war. Eine Gesellschaft, die um keinen Preis leiden will, erträgt auf die Dauer nicht den Mißerfolg derjenigen, die ihr die vermeintlichen Urheber von Potenzverlust, Verkalkung, Krebs und Herzschwäche vom Halse schaffen sollten. Davonjagen kann man die Ärzte nicht. Aber man kann versuchen, sie durch hunderttausend Fahrlässigkeitsanzeigen und Schadenersatzklagen doch noch zu demjenigen unendlichen medizinischen Fortschritt zu zwingen, an dem man wider alle Vernunft nicht zu zweifeln wagt. So steht jedenfalls zu erwarten, daß die in Amerika rasch anschwellende Lawine von Ärzteprozessen bald auch bei uns in Europa in ähnlichen Dimensionen hereinbrechen wird.

Wie immer man auch unsere gesellschaftliche Unreife beklagen mag, die sich in der Unfähigkeit zum Akzeptieren von Schwachheit, Leiden und Tod kundtut, so muß man die Diagnose dieses Tatbestandes zunächst akzeptieren. Einige Anzeichen von Selbstheilungstendenzen machen sich freilich bemerkbar. Manche derjenigen Gruppen, deren Versklavung ihren Unterdrückern das Selbstbild von Größe und Omnipotenz zu stabilisieren helfen sollte, begehren auf. Der Aufstand der Frauen und manche andere Befreiungsbewegungen beweisen, daß die polarisierende Aufspaltung von Macht und Ohnmacht nicht mehr überall hingenommen wird. Die neuen Jugend-Alternativkulturen bedeuten eine noch radikalere Abwendung von der Hektik und Inhumanität einer Zivilisation des blinden Expansionismus und Größenwahns. Aber es ist schwer vorstellbar, daß diese Bestrebungen rasch von sich aus die Kraft gewinnen könnten, das letztlich auf Selbstzerstörung angelegte Menschenbild der sogenannten Fortschrittsgesellschaft rechtzeitig zu beseitigen. Denn die Stabilisierung des Omnipotenzleitbildes ist ja eben längst mit Hilfe einer Organisationsform der Gesellschaft betrieben worden, in der die Aufspaltung von Macht und Ohnmacht objektiv verfestigt worden ist. Stärke und Schwäche sind ja nicht etwa nur sozial polarisierte Merkmale von Gruppencharakteren, sondern politisch zementierte Strukturen von Herrschaftsbeziehungen. Die Gesellschaft ist durchgängig in Oben-unten-Verhältnisse aufgeteilt, die als Fundament unserer gesetzlich geheiligten Lebensordnung gelten. Aber Ohnmacht und Zerbrechlichkeit könnte nur eine Gesellschaft echt integrieren, die in ihren Strukturen diejenigen hierarchischen Spaltungen revidieren würde, die jeweils die psychische Verdrängung durch eine soziale Unterdrückung des Leidens bzw. von Repräsentanten der Ohnmacht abstützen. So sind wir ja eben zu der absurden Situation gelangt, daß der Begriff Solidarität von vielen neuerdings schon mißbraucht und mißverstanden wird als Aufruf, sich der im Grunde solidaritätsfeindlichen hierarchischen Aufspaltung von Stärke und Schwäche konformistisch einzufügen.

Sicherlich sind wir zur Zeit nicht fähig, aus uns selbst heraus unsere kritische Sackgassen-Situation zu meistern. Da hat es eher den Anschein, als könnte uns unsere kollektive Anfälligkeit für Außenfeind-Theorien zur Hilfe kommen. Seveso, Harrisburg und die drohende Energiekrise erweisen sich unverkennbar als Symptome dafür, daß wir nicht länger den Fortschritt, sondern daß der Fortschritt uns zu beherrschen im Begriff ist. Also könnte vielleicht doch die Angst, was anfangs bezweifelt wurde, eines Tages zu einem durchschlagenden Motiv anwachsen, das uns zu einer Art von Krisen-Selbsthilfegesellschaft zusammenzwingen würde? Bisher waren es stets nur Naturkatastrophen und Kriege, die über die traditionellen sozialen Barrieren hinweg kooperative Solidarität in großem Rahmen hervorzurufen vermochten. Nun sieht es so aus, als seien wir nicht mehr weit von einer globalen Notlage entfernt, die in der Tat alle psychischen und sozialen Abwehrmechanismen unseres kulturellen Allmachts-Ohnmachts-Komplexes aufbrechen könnte. Das Gespenst einer ökonomisch-ökologisch-atomaren Weltkatastrophe könnte sich als der gemeinsame Riesenfeind erheben, dem gegenüber wir uns plötzlich alle aufeinander angewiesen und voneinander abhängig fühlen würden. Wahrhaftig eine unheimliche Perspektive, daß eine sich scheinbar zu immer mehr Intelligenz, Größe und Macht aufschwingende Gesellschaft von der Wahnhaftigkeit ihrer Selbstvergötterung, wenn überhaupt, erst am Rande des unbewußt präparierten Suizides überzeugt werden könnte.

Literatur

DASCHNER, F.: zit. nach Medical Tribune 13, Nr. 29, 1978: Mangelhafte Krankenhaushygiene. Fast immer vermeidbar – aber 25 000 sterben pro Jahr.
RICHTER, H. E.: Der Gotteskomplex. Rowohlt Verlag, Reinbek 1979

3. Psychotherapie in der Krise*

Oberflächlich gesehen, zählt die Psychotherapie zu den am wenigsten umstrittenen, sogar zu den einhellig positiv bewerteten sozialen Tätigkeiten in unserer Gesellschaft. Das Verlangen nach Psychotherapie nimmt ständig zu. Gleichermaßen erweitert sich rapide der Kreis von Problemen, für deren Lösung die Psychotherapie in Anspruch genommen wird. Früher suchte man bei ihr nur Heilung von Neurosen, allenfalls von psychosomatischen Krankheiten. Heute soll sie obendrein alle Arten von Partnerschafts- und Erziehungsproblemen lösen, Kooperationsschwierigkeiten in Institutionen überwinden helfen und denen einen neuen Lebenssinn vermitteln, die sich isoliert, unausgefüllt oder orientierungslos fühlen. Dementsprechend steigt der Zustrom zu den psychotherapeutischen Aus- und Weiterbildungen. Die Krankenkassen und der Gesetzgeber sehen sich dazu gedrängt, zugunsten der Psychotherapie neue und erhebliche Kostenbelastungen in Kauf zu nehmen. Die politisch Verantwortlichen stehen unter beträchtlichem Druck. Zu offenkundig ist die Unterdrückung der seelischen Bedürfnisse und damit die massenweise Produktion von seelischem Elend in unserer Gesellschaft. Wie sollte man unter diesen Umständen den Experten für Seelenheilkunde eine massive Erweiterung ihrer Heilungsangebote versagen?

Untersucht man aber die in Psychotherapeuten gesetzten Erwartungen und deren Verhalten selbst genauer, so verwandelt sich der scheinbar klare und eindeutige Sachverhalt in eine Reihe von offenen, schwerwiegenden Fragen.

Viele an die Psychotherapeuten herangetragenen Probleme entste-

* Vortrag in der Universität München, Juni 1979

31

hen aus bedrückenden sozialen Umständen. Deren Folgen erscheinen als psychische Krisen oder Störungen. Die betroffenen Menschen verwandeln sich in Patienten. Oft begnügen sie sich mit dem Wunsch, der Psychotherapeut möge ihnen helfen, ihre scheinbar unabänderliche fatale Lage mit mehr Robustheit zu ertragen. Neben spezifischen sozialen Schwierigkeiten im Einzelfall werden allgemeine negative soziale Veränderungen erkennbar, auf die eine wachsende Zahl sensibler Menschen mit psychischen Gleichgewichtsstörungen reagiert. Unser gesamtes Lebensmilieu verändert sich allmählich in ein nach ökonomischen Zweckmäßigkeiten geregeltes technisches System, das nur noch Menschen braucht, die darin reibungslos mitfunktionieren, nicht aber solche, denen die Qualität ihres Zusammenlebens und ihr persönliches Befinden mehr bedeuten als dies.

Gefragt sind Individuen, denen die Ungemütlichkeit, die Monotonie und Hektik einer immer mehr technisierten und bürokratisierten Arbeitswelt nichts ausmacht und die in passiv infantiler Weise die angebotenen stereotypen Freizeitprogramme als hinreichende Beschwichtigungsmittel konsumieren. Gut paßt in diese Welt, wer sich allein dadurch wertvoll fühlen kann, daß er sich selbst tadellos verwerten läßt, daß er brauchbar ist, und wer als höchste Gesundheit erstrebt, alle noch so schlimmen Versagungen seiner ursprünglichen menschlichen Bedürfnisse mit maximaler Elastizität und *Flexibilität* zu ertragen. Die gegenwärtige Idealisierung des Begriffs Flexibilität ist verräterisch. Sie verherrlicht das Ziel eines unbegrenzt verformbaren Allzweckmenschen. Mit ihm kann man alles machen, er läßt alles mit sich machen, und er wird auch mit allem fertig. Wer das noch nicht glatt und symptomfrei kann, möge es in Gottes Namen beim Psychotherapeuten lernen.

In dieses System würde sich am ehesten eine Psychotherapie fügen, die beim reibungslosen Fertigwerden mit den Problemen hilft, nicht etwa bei deren kritischem Durchdenken. Es ist ungesund, zuviel zu fragen, weil erst dadurch der Widerspruch deutlich würde, der zwischen inhumanen sozialen Zumutungen und persönlichen Bedürfnissen besteht. Unerwünschte Irritationen wären die Folge. Andererseits gäbe sich die Psychotherapie, zumal die psychoanalytische, selbst auf, lieferte sie sich diesem unkritischen Gesundheitsbegriff aus und drückte sie sich darum, ihren notwendigen Beitrag im Kampf für eine Vermenschlichung unseres gesellschaftlichen Zusammenlebens zu leisten.

Mit der Integration in das medizinische Kassensystem sind die oberflächlichen Kriterien von Symptomfreiheit und Funktionstüchtigkeit für die Psychotherapie indessen offiziell maßgebend geworden. Angst, Verzweiflung und alle sonstigen Varianten von innerer Unfreiheit bleiben irrelevant, solange sie nicht in den herkömmlichen Krankheitskatalog eingeordnet werden können. Freilich lassen sich die offiziellen Vorschriften auch gelegentlich unterlaufen. Der Findigkeit von Patienten und Therapeuten bleiben gewisse Chancen, alle möglichen Leidenszustände den Kostenträgern gegenüber am Ende doch als therapiebedürftige Krankheiten zu deklarieren.

Freilich enthebt den Psychotherapeuten auch sein kritisches Bewußtsein nicht dem Konflikt, im Einzelfall einem Klienten oft nur darin beistehen zu können, daß er mit krankmachenden sozialen Umständen besser zurechtkommt. Darüber hinaus kann er nicht helfen, weil weder seine Klienten noch er selbst die Macht haben, eben diese Umstände direkt zu verändern. Viele suchen zum Beispiel therapeutische Unterstützung, um sich einen existenzsichernden Arbeitsplatz zu erhalten. Sie benötigen therapeutische Stabilisierung, um sich ihre materiellen Lebensgrundlagen zu bewahren. Je größer beispielsweise der Druck sozialer Abhängigkeit, desto stärker tritt die Therapie in den Dienst rein elementarer Daseinssicherung. Erst ein gewisser sozialer Spielraum schafft im allgemeinen die Voraussetzung dafür, daß Klienten es riskieren, sich über die größeren sozialen Zusammenhänge nicht nur kritische Gedanken zu machen, sondern sich gegebenenfalls auch aktiv für Verbesserungen einzusetzen.

Mit wachsendem sozialem Spielraum kann sich indessen eine völlig neue Frage an die Psychotherapie ergeben, die im genauen Gegensatz zu dem bislang erörterten Aspekt der Anpassungshilfe steht. Da hofft man weder darauf, sich mit Hilfe der Psychotherapie funktional besser in den gesellschaftlichen Betrieb integrieren zu können, noch will man die Kraft für kritische Auseinandersetzung gestärkt wissen; sondern die Therapie selbst soll einen *alternativen Lebensraum* anbieten, in dem man einiges von den Bedürfnissen ausleben kann, deren Unterdrückung in der sozialen Realität so unerträglich ist. Menschen, die sich isoliert fühlen oder in der Hektik des Alltags nirgends mehr dazu kommen, sich innerlich zu öffnen und über ihre Probleme zu sprechen, finden beim Psychotherapeuten womöglich die einzige Chance dazu. Hier hört ihnen endlich einer zu und akzeptiert sie mit all ihren Schwächen und Klagen. Hier trägt einer geduldig mit ihnen ihre inneren

Schwierigkeiten, nimmt sie als Menschen ernst und begleitet sie mit gleichbleibendem Interesse und Wohlwollen, was immer sie denken und fühlen.

Die Psychotherapie als Gegenkultur

So bietet es sich an, diese Therapie nicht mehr als Mittel zum Zweck, sondern als Selbstzweck zu suchen. An der amerikanischen Westküste hat sich diese Entwicklung bereits in großem Umfang vollzogen. Unzählige gelangweilte, unbefriedigte oder vom Stress zermürbte Leute, die es sich finanziell leisten können, haben die Psychotherapie als eine Insel entdeckt, wo sie sich noch als Menschen fühlen und offenbaren können. Der Psychotherapeut wird als eine Art Ersatz-Lebenspartner engagiert, der diejenige Form von Gefühlsbeziehung und von Gespräch möglich macht, die im Alltag immer mehr verlorengeht. Die Institution der Psychotherapie wird zu einer Gegenkultur, in der Massen von wohlhabenden Leuten sich heimisch einrichten. Man sucht sich einen lebensbegleitenden Daueranalytiker oder wechselt gelegentlich den Therapeuten in einer allenfalls von kurzen Pausen unterbrochenen endlosen Kette von Behandlungen. Ähnliche Tendenzen werden neuerdings auch hier spürbar. Die Psychotherapie ist also einerseits der Gefahr ausgesetzt, unter den Zwängen der Kassenregelungen zu einem bloßen Symptombeseitigungs- oder Fitnesstraining zu verflachen. Auf der anderen Seite unterliegt sie der Gefahr, sich von einer kritischen Verstehenshilfe in ein Angebot zu einem befriedigenderen Ersatzleben zu verwandeln. Heimlich wird aus dieser Psychotherapie in einem entrückten Schonraum eine Art von neuer Kirche. Hier kann man sich besinnen, Einkehr halten und Trost finden. Hier hat man endlich wieder oder gar zum erstenmal die fürsorgliche gute Mutter oder den fürsorglichen guten Vater, also eine Elternfigur, die alles erträgt, die alles verzeiht und in jeder Not ein hilfreiches Wort bereit hat. So werden viele zu Patienten, die brav auf alle Deutungen des Therapeuten reagieren, die unermüdlich assoziieren, erinnern und träumen und alles anbieten, was den Analytiker die Kooperation interessant und angenehm empfinden läßt. Nur gestehen sie ihm nie zu, daß er sich irgendwann einmal entbehrlich machen könnte. Kommt das Thema des Therapieendes auf, stellen sich flugs wieder die alten oder neuen Symptome ein: Die schöne Idylle soll bewahrt bleiben.

Therapeut und Patient spielen Therapie. Sie verheimlichen jeweils vor sich, voreinander und womöglich noch vor dem Kostenträger, daß ihnen das Spiel selbst eine tiefe Befriedigung verschafft. Sie etablieren eine Alternativkultur, die sich allerdings eben von allen anderen modernen alternativen Lebensformen dadurch unterscheidet, daß sie sich nicht als solche zu erkennen gibt. Man tut so, als wolle die Therapie Menschen helfen, sich besser in die etablierte Gesellschaft zu integrieren, während sich die hier geschilderte Form von Psychotherapie-Kultur immer mehr zu einem entrückten Fluchtort entwickelt, der außerhalb der Gesellschaft Erfüllungen vermittelt, die innerhalb nicht mehr gefunden werden.

Dieser Prozeß spielt sich freilich nur in einem gewissen sozialen Bereich ab. Hier findet sich vorzugsweise eine sozial privilegierte Klientel ein, die sich zeitlich und materiell diese aufwendige, kompensatorische Lebensform leisten kann und die überdies vom Bildungsstand her in der Lage ist, den hier gepflegten anspruchsvollen, introspektiven Kommunikationsformen hinreichende Befriedigung abzugewinnen. So ist es kein Zufall, daß man die meisten Psychotherapeuten in den Wohlstandsvierteln attraktiver Großstädte und in Universitätsstädten findet. Die in der Bundesrepublik erfolgte Integration der Psychotherapie ins Kassensystem hat keinesfalls etwa zu einer regional und sozial ausgewogenen Verteilung der psychotherapeutischen Angebote geführt.

Hierzu ein paar Angaben aus der Psychiatrie-Enquête: «Im Jahr 1973 wurden für 7803 Mitglieder von Ersatzkassen Anträge auf Psychotherapie gestellt, gegenüber nur 1671 Anträgen für Mitglieder von RVO-Kassen (die Zahl der Privatbehandlungen im gleichen Zeitraum konnte nicht ermittelt werden). Etwa 40 % der Psychotherapeuten mit Institutsweiterbildung haben keine Ermächtigung zur Behandlung von Kassenpatienten beantragt. Sie behandeln ausschließlich selbstzahlende Privatpatienten, Mitglieder von Privatkassen oder freiwillig versicherte Ersatzkassen-Patienten.»

Ich zitiere weiter aus der Enquête: «Vor allem amerikanische Untersuchungen haben ergeben, daß auch bei sichergestellter gleicher Bezahlung (z. B. in Polikliniken) Patienten niederer sozialer Schicht gar nicht oder nur von Psychotherapeuten mit niederem Ausbildungsstatus in Behandlung genommen werden.»

In der Bundesrepublik sind Psychotherapeuten bevorzugt in einigen wenigen Städten tätig. Die Enquête nennt Berlin, Bremen, Frankfurt, Freiburg, Gießen, Göttingen, Hamburg, Hannover, Heidelberg, München, Stuttgart. In weiten Regionen Bayerns, Niedersachsens, von Schleswig-Holstein und Rheinland-Pfalz sowie des Saarlandes gibt es gar kein oder nur ein minimales Angebot an Psychotherapie.

Es ist leicht zu verstehen, daß das Verhalten insbesondere frei praktizierender Psychotherapeuten durch die Regeln unseres Wirtschaftssystems beeinflußt wird. Danach bietet eine Anwendung der höchstspezialisierten und teuersten Verfahren die besten Chancen für den sozialen Aufstieg. Also ist es vorteilhaft, zu der Anwendung dieser exklusiven Methoden zugelassen zu werden und sich dort Patienten zu suchen, wo diese Methoden begehrt werden. Außerdem ist es günstig, den Kreis derer klein zu halten, die diese Methoden anbieten und auf eine strikte Abgrenzung gegenüber benachbarten Gruppen von Therapeuten, Beratern oder Sozialarbeitern zu achten. Ökonomische Vorteile und solche des Prestiges sollen nicht geschmälert werden. Kein Wunder, daß die Methoden immer spezialistischer verfeinert, daß die entsprechenden fachlichen Ausbildungen laufend verlängert und die Ausleseverfahren für den Nachwuchs strenger und strenger gehandhabt werden. Dabei rückt die Frage, wie man Menschen, die in Schwierigkeiten geraten, jeweils am wirksamsten helfen kann, paradoxerweise eher in den Hintergrund. Die andere Frage drängt sich vor, wie man nämlich Klienten ausfindig oder dafür bereit machen kann, sich einem Verfahren zu unterziehen, das der Psychotherapeut selbst als das in mehrfacher Hinsicht wertvollste ansieht.

Bei der Vorbereitung eines neuen Psychotherapeuten-Gesetzes hat der Gesetzgeber die größten Schwierigkeiten, mit der notwendigen Vermehrung der Zahl der Psychotherapeuten zugleich dafür zu sorgen, daß die Psychotherapie endlich auch dort ausreichend angeboten wird, wo sie nur höchst mangelhaft vertreten ist oder völlig fehlt, nämlich bei den Gruppen der sozial Schwächeren. Der Gesetzgeber muß etwas für die Psychologen tun, die bislang zu Unrecht von der selbständigen Ausübung der Psychotherapie ferngehalten wurden. Doch wäre es politisch absurd, wenn das zu erwartende Gesetz, indem es dieser Notwendigkeit Rechnung trägt, nur bewirkte, daß jene Bevölkerungsschichten wieder leer ausgehen, die seit je für psychische Konflikte und Krankheiten nur höchst ungenügende Hilfsangebote erhalten haben. Dies genau aber steht zu erwarten, wenn sich die meisten neu zugelas-

senen Psychotherapeuten wieder nur in den attraktiven Ballungsgebie-
ten zusammendrängen.

Doch zurück zur Ausgangsfrage. Wie kann es die Psychotherapie
vermeiden, daß sie entweder innerhalb der Gesellschaft als Werkzeug
für eine kritiklose Anpassung der Menschen an inhumane Lebensformen mißbraucht wird, oder daß sie sich zu einer heimlichen elitären
Alternativkultur außerhalb der Gesellschaft entwickelt?

Auf der Suche nach einem Standort

Die Psychotherapie wird für sich allein dieses Problem niemals lösen
können. Sie benötigt dazu eine enge Zusammenarbeit mit denjenigen
gesellschaftlichen Gruppen, in denen die Grundsatzfrage nach der Bedeutung von Hilfe und Selbsthilfe in der Gesellschaft seit längerem neu
diskutiert wird. Es klingt paradox, daß sich die Psychotherapie sagen
lassen muß, daß sie, statt sich allzusehr um sich selbst bzw. um ihre
internen Rivalitäten zu kümmern, vordringlich zu lernen hat, auf die
sich wandelnden Bedürfnisse der Menschen zu hören, damit sie die
eigenen Aufgaben besser versteht. Der Narzißmus, seit einiger Zeit
Hauptthema der psychoanalytischen Forschung, ist längst zu einem
Syndrom der einschlägigen Fachgesellschaften selbst geworden. Und
gerade auch im Gerangel um das neue Psychotherapeuten-Gesetz hat es
nicht selten den Anschein, als werde der Kampf eher für die Eigenver-
sorgung der interessierten therapeutischen Gruppen geführt als für eine
intensivere und vor allem sozial gerechtere Unterstützung der Bevölkerung im Bereich der psychosozialen Prävention, Therapie und Rehabilitation.

Dies stelle ich nicht als den speziellen Makel eines Standes fest, dem
ich selbst angehöre und von dessen Krisensituation ich mitverantwortlich betroffen bin. Ich meine vielmehr, daß gerade an und in der Psychotherapie modellhaft krisenhafte Prozesse offenbar werden müssen,
von denen unsere Gesellschaft zur Zeit ergriffen ist. In der Studentenbewegung vor zehn Jahren gab es eine Phase, in der viele auf die Psychoanalyse große, übergroße Erlösungshoffnungen richteten. Inzwischen ist klargeworden, daß die Psychoanalytiker keine Rezepte für
eine Wegweisung bereit, sondern es ihrerseits nötig haben, die eigene

und die Rolle zahlreicher sozialer Nachbarberufe gemeinsam mit der Bevölkerung neu zu definieren. Diese Erkenntnis ergibt sich beispielsweise aus dem geschilderten Tatbestand, daß die Psychotherapie in vieler Hinsicht eher geholfen hat, soziale Spaltungen innerhalb der Gesellschaft zu vertiefen, als sie abzubauen.

Der Psychotherapeut braucht also das Gespräch mit den Menschen nicht erst, um diesen zu helfen, sondern schon zuvor, um sich selbst und seine Position in der Gesellschaft genauer zu begreifen. Diese Wendung kennzeichnet indessen nicht nur eine moderne Aufgabe dieses Berufsstandes und zugleich diejenige aller anderen sozialen Berufe, sie weist auf ein fundamentales Problem der Wertorientierung hin, von dem wir alle betroffen sind.

Es geht hier um die schwierige Frage, die man im allgemeinen durch das etwas dunkle Wort Menschenbild zu fassen versucht. Mir scheint, daß der Soziologe NORBERT ELIAS am deutlichsten beschrieben hat, welche beiden konträren Menschenbilder in uns zur Zeit miteinander konkurrieren, was zu einer tiefen Orientierungsunsicherheit führt. Seit der Renaissance spiegelt sich im Bewußtsein und in der Organisation des äußeren Zusammenlebens der westlichen Gesellschaften ein Menschenbild wider, das den einzelnen als in sich abgeschlossenes Wesen, als *«Selbst im Gehäuse»*, als *Monade* darstellt. Jeder hat seine Seele wie in einem Gefäß in sich, und die Gesellschaft existiert im Grunde außerhalb des Individuums, so wie dieses außerhalb der Gesellschaft existiert. Jeder hat nur verhältnismäßig oberflächliche Kontakte mit den anderen, denn sein eigentliches Wesen hat er allein in sich selbst als ein «homo clausus». Dazu paßt eine gesellschaftliche Ordnung, in der alle miteinander oberflächlich technisch funktionieren, während sich gleichzeitig unter der Oberfläche das Prinzip eines individualistischen bzw. imperialistischen Rivalisierens verfestigt hat. Die soziale Verbundenheit ist nur technisch hergestellt worden; sie ist künstlich, aber nicht primärer Bestandteil des allgemeinen Selbstverständnisses.

Im Gegensatz dazu steht ein anderes, vielen offenbar bereits vorschwebendes Menschenbild, in welchem sich die Menschen von vornherein aufeinander bezogen und wechselseitig voneinander abhängig erleben. Sie wollen sich nicht mehr als abgekapselte Monaden verwirklichen, sondern grundsätzlich als Partner in Beziehungen, in denen jeder auf den anderen angewiesen ist und jeder mitverantwortlich an dem Ergehen der anderen teilhat. Alle sind in einem Beziehungsnetz miteinander verbunden. Alles individuell Psychische ist immer zugleich auch eine Reaktion und Anfrage in Beziehung auf die anderen, mit denen jeder in einer Art von permanentem dialogischem Austausch zusammenhängt.

Selbsthilfegruppen und «kleine Psychotherapie»

Seelische Gesundheit und seelische Krankheit verwandeln sich von individuellen Zuständen in Beziehungsphänomene. Das steckt übrigens auch bereits in der Gesundheitsdefinition der Weltgesundheitsorganisation, von der viele sich irritiert fühlen. Darin nämlich wird auch das soziale Befinden ausdrücklich als Gesundheitskriterium genannt. Soziales Befinden heißt: Sich-miteinander-Befinden. Der einzelne kann sich für sich gar nicht sozial befinden, sein sozialer Zusammenhang wird bei diesem Begriff ganzheitlich erfaßt.

Das Bedürfnis nach einem primär sozial bezogenen Lebenskonzept nimmt zu, gleichzeitig die Distanzierung von einem rein individualistischen Selbstverständnis. Dafür gibt es zahlreiche Anzeichen. Der Psychotherapeut begegnet immer mehr Klienten, die ihre Bezugspersonen in beraterische oder therapeutische Hilfen einbezogen zu sehen wünschen. Das Interesse an Paartherapie, Familientherapie und Institutionsberatung schwillt rapide an. Auch die Gruppentherapie wird als Modell gesucht, Hilfe für sich selbst innerhalb einer Gemeinschaft zu suchen, in der die Beziehungen untereinander für den therapeutischen Prozeß vorrangige Bedeutung erlangen.

Ein Menschenbild, das auf der Vorstellung der wechselseitigen Abhängigkeit aller voneinander beruht, erweckt indessen zugleich grundlegende Zweifel an Rollenverhältnissen, in denen nur die eine Seite gewissermaßen Therapie *gibt* und die andere Seite Therapie *nimmt*. Sollte also nicht ein ausgeglicheneres Verhältnis von Aktivität und Passivität als Heilungskonzept gesucht werden, das zu dem neuartigen Selbstverständnis besser paßt? Sollte nicht derjenige, dem es psychisch schlecht geht, von vornherein aktiv an gemeinsamen Prozessen mitwirken, in denen alle miteinander psychische Krisen oder Störungen zu überwinden streben?

Als sinnvolle Konsequenz ergibt sich das Modell der *Selbsthilfegrup-*

pe, das neuerdings eine rasch zunehmende Faszination ausübt. Ebenso einleuchtend ist jedoch, daß viele sogenannte Selbsthilfegruppen es eines Tages satt haben, sich nur mit ihren internen Problemen zu beschäftigen, und daß es sie danach drängt, an der Verbesserung schädlicher sozialer Bedingungen, welcher Art immer, mitzuwirken. Sie sehen die Gefahr, wieder nur irgendwelche geschützten Räume außerhalb der Gesellschaft zu erschließen – diesmal ohne Therapeuten –, ohne daß etwas an den sozialen, psychisches Elend erzeugenden Verhältnissen geändert wird. So kommt es, daß immer mehr Selbsthilfegruppen – Frauen, allein erziehende Mütter, Behinderte oder Eltern behinderter Kinder, Homosexuelle, ältere Bürger usw. – im weiteren oder auch im engeren Sinne politisch tätig werden. Sie gehen an die Öffentlichkeit, zu den Behörden und den Parteien, nehmen Stellung und erheben Forderungen. Viele Menschen begeben sich von vornherein in sozial aktive Initiativgruppen und erfahren, indem sie sich dort engagieren, zugleich eine merkliche Stärkung ihrer inneren Sicherheit und ihres Selbstwertgefühls. Der eigentherapeutische Effekt fällt dabei gewissermaßen nebenher ab, ohne – wie bei den reinen Selbsthilfegruppen – direkt intendiert zu werden.

Für Psychotherapeuten, die dieser Strömung nicht mit defensiver Abschirmung begegnen, sondern es als Hilfe empfinden, wenn sie so zu einer Veränderung des eigenen Selbstverständnisses angeregt werden, verbleiben genügend Chancen, sich auf neue Art nützlich zu machen. Sie können ihre analytischen Fähigkeiten dazu verwenden, jenes in Ansätzen sichtbar werdende, veränderte Menschenbild deutlicher erkennbar zu machen. Freilich werden sie dabei nicht umhinkönnen, sich von der allgemeinen Orientierungsunsicherheit und den Bedürfnissen nach einem neuen Sinngefühl mitbetroffen zu fühlen. Wenn sie sich dagegen nur als außenstehende Beobachter mit distanzierten, expertenhaften Deutungen einmischen, werden sie weder anderen nützen, noch sich selbst in dem Bemühen helfen, Kontakte zu diesen wichtigen Vorgängen zu halten.

Wer sich als Psychotherapeut mitbetroffen fühlt, wird auch seine eigene Praxis grundlegend zu verändern haben. Seine anerzogene Denkweise, sich automatisch dann am wertvollsten zu fühlen, wenn er ausschließlich oder vorrangig die differenzierteste, am stärksten eingreifende, längste Methode mit der höchsten Sitzungsfrequenz anwendet, wird ihm fragwürdig werden. Er wird lernen, daß er sich umgekehrt in vielen Fällen am nützlichsten macht, wenn er mit einem Minimum an therapeutischer Intervention in anderen ein Maximum an Selbsthilfe in Bewegung bringt. Er wird sich also gerade dadurch wertvoll fühlen, daß er seine therapeutische Einflußnahme so gering wie möglich dosiert und seine Klienten so früh wie möglich dazu bringt, an sich selbst weiterzuarbeiten.

Die neuen Formen der Beziehungstherapie, also Paar- und Familientherapie, kommen diesem Therapiekonzept entgegen. Was der Therapeut selbst direkt mit Klienten macht, tritt hier an Bedeutung zurück hinter dem, was die Partner miteinander machen. Wie sie einander in der Zweierbeziehung oder in der Familie besser helfen können, ist dabei die Ausgangsfrage. Und das ermöglicht dem Therapeuten, die Rolle des idealisierten Heilungsspenders von vornherein zugunsten der eines Vermittlers zu reduzieren, der danach strebt, die eigentherapeutischen Möglichkeiten der Gruppe zu stärken. Die neue Perspektive verlangt jedenfalls nach einem schwerpunktmäßigen Ausbau derjenigen, bislang arg vernachlässigten Therapieforschung, die sich auf die Methoden der Beratung, der Krisenintervention und der psychosozialen Beziehungstherapie richtet. Die sogenannte kleine Psychotherapie, die lange Zeit als minderwertig, mehr oder weniger unwissenschaftlich oder lediglich als Behelfstherapie gegolten hat, sollte endlich eine zentrale Bedeutung auch in der Fort- und Weiterbildung erhalten.

In einer Gesellschaft mit allmählich wachsendem Gefühl für soziale Zusammengehörigkeit und Interdependenz als Merkmal eines gewandelten Menschenbildes könnten Psychotherapeuten nur noch dann als wirklich hilfreich empfunden werden, wenn sie sich verstärkt sozialen Gruppen zuwenden, denen sie sich bislang eher entzogen haben. Psychische Krisen und Krankheiten dort aufzusuchen, wo bisher am wenigsten dagegen getan wurde, wäre für entsprechend sozial sensibilisierte Psychotherapeuten nicht nur die Erfüllung fremder Erwartungen, sondern eines eigenen Bedürfnisses, gewissermaßen die eigentherapeutische Überwindung einer unerträglich gewordenen narzißtischen Selbstisolierung. Dazu gehört auch das Erleben neuer Kooperationsformen mit sozialen Nachbarberufen und Laienhelfern. Sinnvoll erscheint die Integration in psychosoziale Arbeitskreise, in denen Psychotherapeuten neben Beratern, Psychiater neben Lehrern, Sozialarbeiter neben Stadtplanern, Gemeindehelfer neben Sozialpolitikern, Krankenschwestern neben Gemeinwesenarbeitern, Bewährungshelfer neben Altenbetreuern, Verwaltungsfachleute neben Pfarrern, Psychologen neben Angehörigen von Initiativgruppen stehen.

Arbeitsgemeinschaften dieses Typs entwickeln sich bereits an vielen Orten. Aber es ist erkennbar, daß einzeln niedergelassene Psychotherapeuten sowie einzeln praktizierende Nervenärzte relativ die größten Schwierigkeiten haben, sich in derartige Gruppen zu integrieren. Psychotherapeuten, die innerhalb von Institutionen bereits in Teams eingebunden waren, haben es da leichter. Ihnen ist beispielsweise vertraut, daß sie in der psychosozialen Kooperation von Angehörigen anderer sozialer Berufe lernen können, nicht zuletzt von Halbprofessionellen und Laienhelfern. Da zeigt sich bisweilen, wieviel Ängste und verborgene Kontaktschwierigkeiten oft gerade Psychotherapeuten erst überwinden müssen, wenn sie beispielsweise bei einem Hausbesuch in einer sogenannten Problemfamilie mit Menschen umgehen wollen, die ihnen anders als in der ritualisierten Klientenrolle begegnen. An solchen Erfahrungen wird offenbar, wieviel an maskierter Phobie und an überkompensierter sozialer Unsicherheit durch eine Berufsrolle verfestigt werden kann, in der jemand fortwährend mit den brisantesten psychosozialen Problemen von Klienten umgeht, ohne üblicherweise selbst auch nur einen Augenblick den artifiziellen Schutzraum verlassen zu müssen, den sein Therapeutenstatus ihm gewährt. Erst wenn der Therapeut probiert, sich durch Änderung seiner Rolle ins soziale Feld zu begeben, kann er gewissermaßen das Krankheitsbewußtsein entwickeln, das sonst durch die Umstände seines Berufs unterdrückt wird.

In der unklaren Rolle des Psychotherapeuten kommt ein allgemeines Orientierungsproblem unserer Gesellschaft repräsentativ zum Ausdruck. Auf der einen Seite findet sich der Therapeut in der Rolle des überidealisierten Experten, der die Opfer einer zunehmend dehumanisierten Gesellschaft aus seelischem Elend und dem Bewußtsein der Sinnlosigkeit herausführen soll. Auf der anderen Seite ist er dazu aufgerufen, sich als Mitbetroffener in eine Selbsthilfegesellschaft einzugliedern. Da erlebt er sich als Partner, der nicht einseitig von anderen gebraucht wird, sondern genauso die anderen braucht, der Therapie in Kooperation macht, um Klienten zu helfen, aber auch, um sich gleichzeitig mitzuverändern und zu lernen, wie die Probleme psychischer Krisen und Krankheiten in ihren sozialen und politischen Zusammenhängen ganzheitlich zu verstehen sind. Und er kann seine psychosozialen Kenntnisse und Fertigkeiten über sein unmittelbares therapeutisches Tun hinaus solchen Gruppen oder Organisationen zur Verfügung zu stellen lernen, die gegen jene Umstände ankämpfen, aus denen

Krankheiten, nicht zuletzt aber auch eine wachsende Selbstentfremdung seiner eigenen Berufsgruppe hervorgehen.

Was wird aus den Psychotherapeuten werden? Wohin wird sich ihre gesellschaftliche Position am Ende entwickeln? Das bestimmen die Therapeuten nur zum geringsten Teil selbst. Dennoch muß jeder für sich Stellung beziehen. Das Schicksal der Psychotherapie wird indessen nicht zuletzt davon abhängen, ob in unserer Gesellschaft eher die passiv-regressiven Neigungen mit dem Ergebnis einer Selbstentmündigung zugunsten einer Expertokratie die Oberhand gewinnen oder ob die Aktivierung der Basis im Sinne der Selbsthilfebewegung zunehmen und weiter an Einfluß gewinnen wird.

4. Homosexualität und Psychoanalyse*

Frage 1: Die Homosexualität ist eines der zentralen Themen der Psychoanalyse. In Ihren Büchern haben Sie aber dieses Thema konsequent tabuiert. Warum?

Richter: Für mich ist Homosexualität an sich kein klinisches Problem. In den meisten Fällen kommt es zu der klinischen Bedeutung erst durch die gesellschaftliche Unterdrückung und Diskriminierung. Konflikte in Beziehungen unter Homosexuellen haben für mich die gleiche Bedeutung wie «normale» Konflikte innerhalb heterosexueller Zweierbeziehungen. Ich mache Paartherapie bei Homosexuellen wie bei Ehepaaren und mache da keinen prinzipiellen Unterschied.

Frage 2: Sie weichen mit dieser Ansicht sehr stark von der Meinung ab, die von Psychoanalytikern sonst vertreten wird. Die behaupten doch, Homosexualität sei eine Krankheit oder Ausdruck einer Störung, die durch eine psychoanalytische Kur geheilt werden müsse. Wäre dies nicht Anlaß genug, daß Sie sich zur Homosexualität auch in Ihren Büchern äußern?

Richter: Ich stimme dem zu, daß auch noch viele Psychoanalytiker in Vorurteilen über die sogenannte sexuelle Normalität befangen sind. Das betrifft in starkem Maße auch die Gesundheitsvorstellungen, wie ein gesunder Mann, wie eine gesunde Frau sein solle. Ich meine, daß diese seit langem traditionell eingefahrenen Normvorstellungen über Gesundheit einer Korrektur bedürfen und daß dieses Umdenken nur langsam in der Psychoanalyse erfolgt.

Frage 3: Haben Sie diese Ansicht schon immer vertreten, oder ist bei Ihnen erst neuerdings ein Meinungswandel eingetreten? Haben Sie früher Homosexuelle mit dem Ziel analysiert, sie zu heterosexualisieren, und wie ist dieser Meinungswandel bei Ihnen zustande gekommen?

* Interview für «homosexuelle emanzipation», Heft 5, Sept./Okt. 1979

Richter: Ich habe allmählich dazugelernt. Ich sehe heute einen deutlichen Unterschied zwischen solchen Menschen, die sich über ihre geschlechtliche Identität im unklaren sind und an diesem Zweifel leiden, und solchen anderen, die klar homosexuell identifiziert sind und unter Umständen deshalb Hilfe suchen, weil sie mit der Diskriminierung ihres Status nicht fertig werden oder weil sie als Homosexuelle z. B. psychosomatische Beschwerden oder Beziehungsschwierigkeiten haben, wie sie jeder andere auch haben kann. Weder für diese Patienten noch für mich selbst ist dann die Homosexualität ein Behandlungsthema, sondern es sind z. B. die allgemeinen Kommunikationsschwierigkeiten: da wollen zwei Menschen zusammenleben, wollen irgendwie verläßlich sein, haben aber Untreueprobleme oder ängstigen sich wechselseitig oder rivalisieren oder fühlen sich voneinander zuwenig beachtet. Wenn ihnen ein ertragreiches Zusammenleben wichtig ist, kann meine Aufgabe in der Hilfe bestehen, sie ihre Konflikte besser durchschauen und handhaben zu lehren. Gewiß haben gerade homosexuelle Männer sehr häufig Schwierigkeiten, ein dauerhaftes, wirklich befriedigendes Zusammenleben zu gestalten. Dabei spielen natürlich auch die gesellschaftlichen Hemmnisse eine besondere Rolle, die insbesondere Männer daran hindern, ihre Gemeinschaft offen und frei nach außen darzustellen. Lesbische Frauen haben es da vielfach leichter. Die Tabuisierung der weiblichen Homosexualität ist ja auch im allgemeinen eine geringere. Sie macht weniger angst als die männliche Homosexualität.

Frage 5: Sehen Sie es denn als ein Therapieziel an, daß Homosexuelle die heterosexuelle Ehe kopieren? Ist dies nicht ein problematisches Therapieziel?

Richter: Als Psychoanalytiker sehe ich es nicht als meine Aufgabe an, die Art menschlichen Zusammenlebens zu normieren. Menschen müssen selbst wissen, was sie von einer Beziehung erwarten. Es gibt in der Tat Homosexuelle, die sich nach einer dauerhaften, verläßlichen Zweierbeziehung sehnen und darin eine zentrale Lebensaufgabe für sich sehen. Es gibt andere, die diese Verbindlichkeit einer Zweierbeziehung nicht anstreben. Die Zielvorstellungen im menschlichen Zusammenleben wandeln sich, aber ich habe den Eindruck, daß das Bedürfnis nach dem Erleben tiefer und anhaltender Bindungen allgemein wächst. Und wo zwei Menschen bei der Erfüllung dieses ihnen sehr wichtigen Bedürfnisses große Schwierigkeiten haben, bin ich gern bereit, mit ihnen zusammen nach Möglichkeiten des Abbaus solcher Schwierigkeiten zu suchen, sofern ich für mich als Therapeut die Möglichkeit sehe, dazu einen sinnvollen Beitrag zu leisten. Ich halte aber nichts von einer Therapie, die Kommunikation um jeden Preis eintrainieren will. Es gibt ja heute schon zahlreiche Kommunikationstrainer, die üben stereotyp mit Menschen, wie diese sich miteinander verhalten *sollen*. Ich gehe davon aus, daß Menschen sich in Freiheit und Mündigkeit selbst entscheiden müssen, wie sie ihr Zusammenleben gestalten wollen. Wenn also zwei Homosexuelle eine eheähnliche Beziehung ausleben wollen, also eine Zweierbeziehung nach dem Ehemodell, dann finde ich das plausibel. Und ich stelle mich ihnen zur Verfügung, mit ihnen ihre Konflikte zu bearbeiten, die sie auf dem Wege haben. Ich begleite sie. Aber wie sie sich letztlich entscheiden, ob sie zusammenbleiben wollen und wie eng sie zusammenleben wollen oder ob sie sich offenhalten wollen für andere Kontakte – dafür habe ich weder eine Gesundheitsnorm noch eine moralische Norm bereit.

Frage 6: Darf nach Ihrer Meinung ein Psychoanalytiker homosexuell sein?

Richter: Ja, natürlich. Es gibt auch eine ganze Reihe von Analytikern, die das sind.

Frage 7: Es gibt aber, soviel ich weiß, keinen einzigen, der offen dazu steht, daß er oder daß sie homosexuell ist.

Richter: An manchen psychoanalytischen Instituten ist tatsächlich die Meinung geäußert worden, Homosexualität sei eine Gegenindikation zur Zulassung für eine psychoanalytische Ausbildung. Ich weiß aber auch, daß es sehr bedeutende psychoanalytische Institute auf der Welt gibt, wo Analytiker ganz offen zu ihrer Homosexualität stehen und in diesen Instituten voll anerkannt sind.

Frage 8: Wie steht denn zum Beispiel Ihre eigene Berufsorganisation, die Deutsche Psychoanalytische Vereinigung, zu dieser Frage?

Richter: Ich glaube, daß in der Deutschen Psychoanalytischen Vereinigung eine mittlere Offenheit und Liberalität, oder wie man das nennen will, besteht. In manchen psychoanalytischen Gesellschaften, vor allem in romanischen Ländern, ist man da noch offener. Man hat da mehr Mut als bei uns. Ich glaube, daß hier der Prozeß der Überwindung von Vorurteilen, was die Homosexualität betrifft, langsam, aber unaufhaltsam fortschreitet.

Frage 9: Wann tragen Sie selbst denn aktiv dazu bei, daß dieser Prozeß vorankommt?

Richter: Ich glaube, daß zunächst die Homosexuellen selbst durch die Bildung von Homosexuellen-Gruppen, durch Zeitschriften und sonstige Öffentlichkeitsarbeit zeigen müssen, daß sie sozusagen mutig genug sind, sich nicht länger als randständig zu verkrümeln. Daß sie einfach dazu auffordern, sie als gesund und vollwertig und in jeder Weise mündig zu akzeptieren. Sie müssen sich mit dieser Gesellschaft auseinandersetzen und wissen, daß es nicht die Aufgabe von Psychoanalytikern und Therapeuten sein kann, der Gesellschaft beim Akzeptieren von Homosexualität therapeutische Hilfe zu leisten.

Die Psychoanalytiker müssen zunächst jeder für sich und dann auch in ihrer Gruppe eine neue Position lernen, die gegenüber der weiblichen Homosexualität schon weiter fortgeschritten ist als gegenüber der männlichen. Wir sind ja auch in hohem Maße von allgemein gesellschaftlichen Normvorstellungen und Vorurteilen beeinflußt. Freud hatte ja noch Bedenken gegen die Masturbation. Beeinflußt durch die viktorianische Denktradition, hat er auch gemeint, die Klitorisbefriedigung der Frau sei etwas Unreifes und Neurotisches, und die psychisch voll erwachsene Frau genieße nur noch einen vaginalen Orgasmus. Heute wissen wir, daß Freud unrecht hatte.

Frage 10: Dieser Begriff der Reife ist ja wohl eine der Hauptschwierigkeiten in der Psychoanalyse. Uns Homosexuellen wird ja prinzipiell die Reife abgesprochen, unsere Beziehungen werden mit dem Etikett «unreif», «neurotisch» oder «infantil» versehen. Glauben Sie, daß diese Theorie, die mir mehr wie eine Ideologie vorkommt, von der Psychoanalyse überwunden werden kann?

Richter: Ich kenne Homosexuelle, die ihre Beziehungen auf einem Niveau gestalten, dem ein hoher Reifegrad zuzusprechen ist. Andererseits begegnen uns Psychoanalytikern auch solche Homosexuelle, die sich selbst dagegen wehren, ihre Homosexualität als normal anzusehen und zu akzeptieren. Sie wünschen sich, zu einer Frau eine Beziehung haben zu können, und sie erleben dieses Bedürfnis nicht als Reaktion auf die vorherrschende soziale Diskriminierung.

Frage 11: Aber woher kommt dieses Bedürfnis?

Richter: Was meinen Sie selbst dazu?

Frage 12: Ich selbst hatte noch viele Jahre nach der Pubertät eben diesen Wunsch, endlich mit Frauen schlafen zu können, um vor meinen homosexuellen Wünschen zu flüchten. Ich wollte damit auch die Erwartungen meiner Eltern und Verwandten erfüllen, und es ist mir sehr schwer gefallen, mich von diesem Wunsch nach Heterosexualität zu emanzipieren.

Richter: Aber es gibt auch Homosexuelle, die etwa sagen: Ich kann nur mit einem Jungen oder einem Mann schlafen. Aber ich habe auch Frauen gern. Ich habe da ein Mädchen, die mir viel bedeutet. Und es stört mich sehr, daß ich bei ihr körperlich nichts empfinde. Ich möchte da gern Empfindungen haben. Und ich sehe das als einen Defekt an, daß ich dem Mädchen nicht näherkommen kann. Diese Verzweiflung gibt es auch, also im Sinne eines Problems, das man zumindest nicht direkt auf gesellschaftliche Anpassungszwänge beziehen kann.

Frage 13: Es ist aber wohl noch nie ein Mann zu Ihnen in die Analyse gekommen, der gesagt hat, ich finde meinen Freund ganz prima und empfinde es als Defekt, daß ich körperlich und sexuell mit ihm nichts anfangen kann. Glauben Sie nicht, daß an dieser Umkehrung Ihres Beispiels deutlich wird, wie sehr dieser Wunsch nach Heterosexualisierung von außen kommt?

Richter: Daß Menschen, die sich emotional eng verbunden fühlen, nichtsdestoweniger sexuelle Schwierigkeiten miteinander haben können, kommt sowohl bei Heterosexuellen wie bei Homosexuellen vor.

Frage 14: Es wird ja behauptet, daß homosexuelle Verführung für Jugendliche schädlich sei. Damit wird dann der § 175 gerechtfertigt, der homosexuellen Verkehr mit jungen Männern zwischen 14 und 18 Jahren unter Strafe stellt. Wie sehen Sie das als Psychoanalytiker?

Richter: Ich meine, daß bei der sogenannten Verführung Minderjähriger oder Abhängiger rechtlich kein Unterschied zwischen Homosexualität und Heterosexualität gemacht werden dürfte.

5. Versuche, anders zu leben *

Aggression oder Flucht, Rebellion oder Hippiekultur, dies waren in den Augen einer enttäuschten Generation lange Zeit die einzigen Chancen, sich einer verhaßten Gesellschaft zu verweigern, von deren Zwängen sie sich erdrückt fühlte. Aber die große Protestbewegung brach zusammen. Und viele der Flüchtigen verirrten sich schließlich in fragwürdige Sekten oder glitten in die Drogenszene ab.

So suchte man einen neuen Weg. Er führte zur unauffälligen, allmählichen Entwicklung einer Alternativkultur, die inzwischen sanft, aber beharrlich immer weiter vordringt und bereits auf das Leben zahlreicher Gemeinden einen merklichen Einfluß ausübt. Trotz ihrer wachsenden gesellschaftlichen Bedeutung wird diese Alternativkultur von der Öffentlichkeit nur zögernd zur Kenntnis genommen. Das liegt an ihrer Unaufdringlichkeit, aber auch an ihrer Uneinheitlichkeit. Sie ist nichts weniger als eine geschlossene spektakuläre Strömung, als welche sie längst sehr viel mehr Aufregung verursacht hätte. Schließlich ist es kennzeichnend für diese neue leise Bewegung, daß sie zur eigenen Profilierung nicht die Provokation suchte. Sie entfaltete sich im Schatten, am Rande, aber immerhin noch *innerhalb* der Gesellschaft. In ihr fanden sich Menschen bzw. Gruppen, die sehr wohl wissen, daß sie die Tragfähigkeit ihrer alternativen Konzepte nur beweisen können, wenn sie damit in der Gesellschaft ökonomisch überleben können. Aber – wo kommt diese neue Kultur, dieses eigenartige Netzwerk einer Vielzahl heterogener Initiativen eigentlich her, und was ist diesen gemeinsam?

In unserem Lande waren es vor allem die *Wohngemeinschaften*, die als Errungenschaft aus der Zeit der Studentenbewegung überlebt

* Überarbeitete Fassung eines Artikels für die »Frankfurter Allgemeine Zeitung« vom Dezember 1979

hatten, von denen wichtige Impulse zur Initiierung der alternativen Szene ausgingen. So konfliktreich sich auch das Zusammenleben in vielen Wohngemeinschaften gestaltete, so vermittelte dieses Modell immerhin die Erfahrung neuer Möglichkeiten intensiver Kommunikation und einer Stärkung der Widerstandskraft der einzelnen durch Gruppensolidarität. Neben solchen Wohngemeinschaften, die sich in einem Agieren nach außen überforderten und verschlissen, und solchen, die sich als bloße vorübergehende Zweckverbindungen bald wieder auflösten, erlebten andere ihr Arrangement als verheißungsvolle Basis zur Einübung neuer Formen eines menschlicheren Zusammenlebens in einer Mikrogesellschaft: Überwindung von Isolation, Vertrauen in Gruppenentscheidungen, Änderung der Rollen von Frau und Mann, usw. Überzeugt vom Sinn ihrer Versuche, schlossen sich Wohngemeinschaften in zahlreichen Städten zu Wohngemeinschafts-Kooperativen zusammen. Man organisierte gemeinsame Veranstaltungen, um von den gewonnenen Erfahrungen aus weiterreichende Perspektiven für neue Lebensformen zu gewinnen.

Im Wunsch, das eigene Leben von unten her in einer Welt zu verändern, in der man von oben her keine durchgreifenden Impulse der Erneuerung erwartete, traf sich die Wohngemeinschaftsbewegung mit einer Reihe anderer Basisinitiativen. Da suchte man nach biologischer Ernährung und organischem Landbau (Bio-Anbau und Hydrokultur). Man fand sich zu Handwerker-Kollektiven zusammen. Man studierte und probierte die Möglichkeiten einer alternativen Technik. Allen diesen Ansätzen lag und liegt ein ähnliches ganzheitliches Lebenskonzept zugrunde. Dieses wird, sofern es überhaupt von den einzelnen Gruppen definiert wird, meist in einer gewissen Unbestimmtheit umschrieben. In ihm spielen emotionale Werte eine wichtige Rolle. Die Richtung, in der man sich orientiert, wird in typischer Weise aus dem Katalog von Prinzipien deutlich, den der Berliner «alternative Wegweiser» («Stattbuch») unter dem Stichwort «Alternativ(Lebens-)Technik» aufführt:

«Ökologisch, kollektiv, kommunikativ, unabhängig, fröhlich, sparsam, dezentral, emanzipativ, selbstbestimmt, menschlich, gesund, verständlich.» –

Es bildete sich allmählich so etwas wie ein alternativer Stil heraus, den man in allen Lebensbereichen anzuwenden suchte. Dazu gehörte die Bemühung, Arbeit und Freizeit miteinander ganzheitlich zu verbinden sowie Isolierung und Spezialisierung durch neue Kopplung von

Hilfe und Selbsthilfe abzubauen. Gegen die Prinzipien der Wegwerf-waren-Wirtschaft engagierte man sich für die Verarbeitung und Nut-zung von gebrauchten Dingen und für intensiven Tausch statt Geldver-kehr. An Einzelprojekten entstand eine kaum noch übersehbare Fülle von Kleingruppen-Modellen bis hin zu den breiten Strömungen der Umweltschutzinitiativen und der Antiatomkraft-Bewegung.

In zahlreichen größeren Gemeinden etablierten sich alternative Lä-den für alles und jedes, Kfz- und Reparaturwerkstätten in sämtlichen sonstigen Handwerksbereichen, Transportservice, Dienste für Über-setzungen, Fotokopien sowie Druckereien, Beratungsstellen, Kon-taktzentren und alternative Kneipen. Manches wird da von vornherein im Hinblick auf Kooperation innerhalb der alternativen Szene organi-siert. Anderes entsteht zunächst ganz für sich und wächst erst sekundär mit anderen alternativen Aktivitäten zusammen. Überhaupt entwickelt sich die Alternativkultur eher unsystematisch, dezentral von unten aus. Die Entdeckung, daß vieles Unterschiedliche zusammenpaßt und daß es sinnvoll ist, untereinander ein Netzwerk zu bilden, führt dann regel-mäßig zur Gründung von Stadt- oder Stadtteilzeitungen. Diese infor-mieren über die Adressen aller Gruppen, Projekte, Werkstätten und Treffpunkte in der Region sowie darüber, was gemacht und was ge-dacht wird. Von der Vielzahl der in diesen Zeitungen und Infos doku-mentierten alternativen Aktivitäten und Modelle hat die Masse der Bür-ger in der betreffenden Gemeinde meist kaum eine Ahnung.

Das eigentliche Charakteristikum der alternativen Bewegung sind je-denfalls keine faßbaren Formalien von Projekten, sondern es ist das Praktizieren einer allgemeinen Werthaltung. Man wehrt sich gegen Entfremdung dadurch, daß man jetzt und hier aus dem programmier-ten Funktionieren ausschert und nur noch miteinander tut, was man für unmittelbar sinnvoll hält. Man läßt sich nicht von oben in Rollen zwin-gen, in denen man nur ein Teilchen und nicht ein ganzes Selbst sein darf. Denn sonst müßte man stets anderen überlassen, zu wissen und zu bestimmen, was gut und zweckmäßig ist. Nur als ganzes Wesen kann man sich auch gründlich orientieren, was gut ist, was man will und wie das Zusammenleben untereinander und mit der Natur eingerichtet werden muß, damit man sich miteinander wohl und sicher fühlen kann. Zur Ganzheitlichkeit gehört das *Fühlen*, das in den modernen bürokra-tisierten und technisierten Funktionssystemen immer mehr unter-drückt wird. Man besteht auf der Wichtigkeit der Emotionalität als Orientierungshilfe für richtiges Verhalten und Planen. Was lähmt, abstumpft, hektisch oder mutlos macht, kann nicht gut sein. Was durch Maßlosigkeit undurchschaubar und ganz und gar unheimlich wird, darf man so nicht durchgehen lassen. Man läßt sich als naiv und irrational schelten, aber man hält die fortschreitende Entmündigung der Menschen in der modernen Expertokratie für sehr viel unvernünftiger und gefährlicher. Mündige, ganzheitliche, engagierte Menschen an der Basis! Das ist so etwas wie ein verbindendes Leitbild, das die verschiedenen Strömungen innerhalb der Bewegung verbindet.

Alternative Lebens- und Denkformen wirken sich neuerdings verstärkt in Spontaninitiativen aus, die sich *Selbsthilfegruppen* oder *Selbsthilfeorganisationen* nennen. Deren Aktivitäten tangieren den Betrieb von solchen Institutionen, die bislang unangefochten therapiert, betreut und administriert haben, was die neuen Selbsthilfegemeinschaften nun zum Teil in ihre eigene Verantwortung hineinziehen. Während diese Selbsthilfeaktivitäten zunächst den innergesellschaftlichen Status bestimmter behinderter, benachteiligter, zum Teil diskriminierter Gruppen betreffen, tritt auf der anderen Seite die Bewegung der politischen Bürgerinitiativen bekanntlich immer deutlicher in Konkurrenz zu den großen politischen Parteien – mit der Frage, sich selbst als eine solche zu etablieren und sich damit der Gefahr derjenigen Bürokratisierung und Hierarchisierung auszusetzen, gegen die man sich gerade engagiert hat.

Im Gegensatz zu der spektakulären Massenbewegung der Grünen entgeht das Wirken der sich rasch vermehrenden Selbsthilfegruppen und -organisationen noch weitgehend der allgemeinen Aufmerksamkeit. Aber was geht hier vor sich? Menschen, die krank, behindert oder sozial benachteiligt sind, verändern ihr Verhalten. Sie warten nicht mehr ab, ob und was die für sie offiziell zuständigen Dienste mit ihnen machen. Sondern sie machen selber etwas. Sie tun sich mit gleichartig Betroffenen zusammen. Sie machen sich das Gemeinsame ihrer Lage und ihrer Schwierigkeiten klar. Sie nehmen aneinander Anteil, was ihnen an sich schon wichtig ist. Sie versuchen zu bessern, was in ihren Kräften steht. Und wo sie äußere Einschränkungen erkennen, vertreten sie nach außen entsprechende Forderungen.

So bilden sich u. a. Gruppen von Alten, von allein erziehenden Müttern und Vätern, von Behinderten und Eltern behinderter Kinder. Nach dem Vorbild der Alkoholiker, die schon lange erfolgreich das Selbsthilfegruppen-Konzept anwenden, sammeln sich gruppenweise Diabetiker und Übergewichtige, Hochdruck- und Infarktkranke, Stotterer, Multiple-Sklerose- und Krebskranke sowie Menschen mit vielerlei psychosozialen Schwierigkeiten und Leiden. Immer neue Krankheiten und soziale Benachteiligungen werden zum Thema solcher Selbsthilfeinitiativen, die überall dort, wo entsprechende Anregungen und Koordinationshilfen bekannt werden, zahlreiche Interessenten anziehen. Untersuchungen (M. L. MOELLER: Selbsthilfegruppen. Rowohlt Verlag 1978) erweisen, daß diese Gruppen zum Teil Erstaunliches nicht nur als Rehabilitationshilfe, sondern auch mitunter direkt therapeutisch leisten. Es ergibt sich automatisch, daß sozial benachteiligte Gruppen spontan dazu tendieren, überregionale Selbsthilfeorganisationen zu bilden, die politische Stoßkraft entwickeln können.

Aber auch die Aktivität in den kleinen Selbsthilfekreisen impliziert bereits eine bemerkenswerte soziale Veränderung. Es ist ein Phänomen von gesellschaftlicher Bedeutung, wenn sich z. B. Krebskranke oder Behinderte nicht mehr in üblicher Weise schamvoll selbst isolieren, sondern darauf bestehen, mit ihrem Leiden offen in der Gesellschaft zu leben und von den anderen akzeptiert zu werden. Das verschafft den Betroffenen nicht nur eine neue Selbstachtung, sondern sie heben auf diese Weise die unsichtbare Gettoisierung auf, in die vieles Schlimme, Defekte, Häßliche gedrängt wird, das der gesellschaftlichen Mehrheit zuviel Angst macht.

Unmittelbar bekommen diese Emanzipierung diejenigen sozialen Dienste zu spüren, die bislang an ein rein passives Klientenverhalten derjenigen gewöhnt waren, die jetzt in dieser Form von Selbsthilfe aktiv werden. Überrascht und zum Teil beunruhigt registrieren Therapeuten, Berater, Sozialbeamte, wie sich die von ihnen Betreuten von passiv submissiven Empfängern von Hilfeleistungen in mündige Partner verwandeln. Das schafft Reibungen zumal dort, wo es Betreuern schwerfällt, ihre eigene Rolle entsprechend zu überdenken und auf die neuen Bedürfnisse der Klienten abzustimmen.

Demgegenüber fühlen sich zahlreiche andere sensible Betreuer durch das veränderte Klientenverhalten angeregt, ihre eigenen Angebote umzugestalten. So geht man in der Psychatrie und in der Psychotherapie zum Teil schon dazu über, sich mit eingreifenden Interventionen mehr und mehr zurückzuhalten und sich nach Möglichkeit mit der Anregung und Unterstützung von Selbsthilfekräften der Patienten zu begnügen. Das entsprechende Therapeutenideal heißt: Mit möglichst wenig eigenem Tun diejenigen, die man zu betreuen hat, möglichst viel selbst erkennen, entscheiden und machen lassen!

Auch in zahlreichen sozialen Projekten sieht man, daß manche Betreuer ihre eigene Rolle umdefinieren. Sie versuchen zu lernen, sich in der Zusammenarbeit etwa mit jugendlichen Arbeitslosen, mit entlassenen Strafgefangenen, Trebegängern, «Multiproblemfamilien», Obdachlosen eher als spontan anteilnehmende und unterstützende Begleiter zu benehmen. – Auf manche Beratungsstellen und Kliniken pflanzt sich das alternative Selbsthilfegruppen-Konzept in der Weise fort, daß sich die betreuenden Personalgruppen ihrerseits umorganisieren. Man erkennt manches an der üblichen Fragmentierung der Kompetenzen und der hierarchischen Abgrenzungen voneinander als hinderlich für die Zusammenarbeit innerhalb des Teams und mit den Klienten. Wie kann man auf einer Krankenstation Patienten ganzheitlich unter Einschluß ihrer psychosozialen Probleme verstehen und behandeln, wenn Ärzte, Schwestern, Pfleger, Sozialarbeiter, Klinikpfarrer sich ihrerseits jeweils immer nur um einen speziellen Problemausschnitt kümmern? Müssen sie sich nicht durch einen neuen Umgangsstil zu einer Gemeinschaft umformen, die gemeinsame Probleme auch wirklich gemeinsam und ganzheitlich lösen kann? Das Modell der «therapeutic community» in der Psychiatrie ist die Konsequenz aus solchen Überlegungen. Auch neue Formen von medizinischen und psychosozialen Praxisgemeinschaften in den Gemeinden stehen in deutlichem Zusammenhang mit der alternativen Bewegung.

So paradox es erscheint, daß neuerdings auch professionelle Helfer eigene Selbsthilfegruppen bilden – es geschieht aus dem Leiden an beruflichen Rollen und Institutionsstrukturen, die vielfach eine sinnvolle pädagogische, sozialtherapeutische oder medizinische Arbeit verhindern. So entstehen Selbsthilfegruppen von Lehrern, Sozialarbeitern und Therapeuten. Als übergreifende Selbsthilfeorganisationen in Städten und Landkreisen sind in den letzten Jahren viele «Psychosoziale Arbeitsgemeinschaften» gegründet worden. Wer auch immer in einer Gemeinde oder in einem begrenzten ländlichen Gebiet beratend, pflegend, therapierend mit psychisch gefährdeten oder kranken Menschen professionell oder als Initiativgruppenmitglied zu tun hat, kann eine solche örtliche Arbeitsgemeinschaft benutzen, um mit den Leuten aus benachbarten Diensten oder Gruppen über die eigenen Arbeitsprobleme zu reden, um die Lage der anderen kennenzulernen, wechselseitige Unterstützung zu organisieren usw. Auch diese Arbeitsgemeinschaften leben von dem spontanen Engagement der Basis und erweisen sich um so stabiler, je mehr ihnen jene emanzipierte, offene, warmherzige

Weise des Kommunizierens und Kooperierens gelingt, die mit dem Selbsthilfekonzept angestrebt wird.

Diejenigen, denen es hier und da gelingt, alternatives Gedankengut in den Institutionen auszubreiten, erreichen dies nicht zuletzt deshalb, weil sie sich mit ihren Vorstellungen und ihrem Stil nicht unmittelbar mit den institutionellen Machtverhältnissen verwickeln. Für sie hat es Vorrang, an der Basis anders zu arbeiten und anders miteinander umzugehen, und dies ist leichter durch eine gewisse Abgrenzung von den übergeordneten Aufsichts- und Kontrollinstanzen zu erreichen. So erzeugt man dort weniger Mißtrauen und vielleicht sogar die Einsicht, daß in verschiedenen besonders heiklen sozialen Problemfeldern alternative Ansätze in der Tat wesentlich mehr als die bisher angewandten konventionellen Methoden bewirken können.

Ein kleines Beispiel: Da tut sich in einer Großstadt spontan eine Initiative «Kinderschutz» auf. Die Mitglieder kümmern sich um die Familien mißhandelter Kinder. Die Leute besuchen die Familien und bringen es durch intensive beraterische Unterstützung zustande, daß in zahlreichen Familien die Spannungen, die zur Kindesmißhandlung geführt hatten, abgebaut werden. Die Familien können ihre Krisen überwinden und beisammenbleiben. In schwierigeren Fällen nehmen Mitglieder der Gruppe gefährdete Kinder vorübergehend in spezielle kleine Wohngemeinschaften auf, bis eine Stabilisierung im Elternhaus erreicht ist. Wo man bisher nur mit Strafen und Heimeinweisungen operierte und voreilig Familien auseinanderriß, bewirken diese Leute mit ihrer unkonventionellen Form von Familientherapie also Erstaunliches. Und das akzeptiert die Gemeinde und beschließt, das Projekt zu unterstützen. Daß man mit partnerschaftlichem Anteilnehmen sogenannten «Problemgruppen» viel hilfreicher beikommen kann als mit den üblichen disziplinierenden oder gar aussondernden Techniken der offiziellen Dienste, dafür bieten alternative Modelle vielfältige Beweise.

In unausweichliche Konflikte verstrickt sich die alternative Bewegung dort, wo sie sich unmittelbar in die Diskussion der großen kontroversen politischen Gegenwartsprobleme einmischt. Sie hat auch dort Gewichtiges zu sagen, indem sie unmittelbar, unverfälscht und deutlich die vitalen menschlichen Probleme und Werte denen vorhalten muß, die an den zentralen Schaltstellen der permanenten Versuchung ausgesetzt sind, nur noch in machtpolitischen Kategorien oder in der Logik fragwürdiger Sachzwänge über die Köpfe der Menschen hinweg zu denken und zu managen. Die moralische Kraft der alternativen Basisbewegung könnte – hoffentlich – allmählich bewirken, daß das, was zur Regelung des Zusammenlebens in unserer überkompliziert gewordenen Massengesellschaft politisch gemacht werden muß, strenger daran gemessen wird, inwiefern es direkt den Menschen bzw. den Werten der Menschlichkeit dient.

6. Wie kann Familientherapie emanzipatorisch wirken?*

Psychische Konflikte und Störungen als verbindendes Problem in die Verantwortung einer Gemeinschaft hineinzunehmen ist die wesentliche neue Bewußtseinsentscheidung, aus der die Entwicklung der Familientherapie, der Gruppentherapie wie der sogenannten Selbsthilfegruppen folgt. In der traditionellen Zuteilung einer psychischen Auffälligkeit oder Krankheit an das isolierte Individuum wirkte sich und wirkt sich noch immer das strukturierende Machtprinzip der Gesellschaft aus, wonach sich die Starken von den Schwachen strikt scheiden. Im klassischen individualistischen Krankheitsbegriff steckt ein Im-Stich-Lassen dessen, der wegen eines Symptoms nicht mehr Schritt halten kann. Der äußerlich Gesunde steht über dem Träger der manifesten Störung. Er grenzt sich als intakt gegen den ab, der nicht mehr gut funktioniert. Er hat Angst, sich mit diesem zu identifizieren, sich in dem Leidenden wiederzuerkennen. Denn nur Fitness und Leidlosigkeit bringen ihm dasjenige Gefühl von Selbstsicherheit, das ihm als soziokulturelles Leitbild von Kindheit auf verherrlicht worden ist. Die Angst vor der eigenen Gebrechlichkeit zwingt immer wieder zur Distanzierung von denen, die unverkennbar das ausdrücken, was der «Gesunde» bei sich selbst verdrängt.

Nun aber melden sich erste zögernde Ansätze zu einer Umorientierung. Im allgemeinen Bewußtsein zeigt sich ein allmählich wachsendes Bedürfnis nach einer Solidarität, die mehr von Beschädigung und Leiden einschließt, als nach den bisherigen Normen zugelassen war. So verstärkt sich in zahlreichen Familien, in denen einer dekompensiert,

---

* Vorwort zu dem Sammelband «Analytische Familientherapie und Gesellschaft», hg. v. W. DIERKING (Bericht über die gleichnamige Arbeitstagung in Gießen, Mai 1978), Beltz Verlag, Weinheim 1980

bei den anderen um ihn herum die Bereitschaft, sich unmittelbar mitbetroffen zu fühlen. Die anderen werden fähig, in dem Symptom des Partners einen unmittelbaren Zusammenhang mit eigenen Schwierigkeiten zu erkennen. Sie sind im wahrsten Sinne fähig zur *Sympathie*, zum Bewußtsein des Mitleidens. Aber dies ist nicht ein sich herabbeugendes, sondern ein sich mit dem Symptomträger gleichsetzendes Anteilnehmen. Der noch oberflächlich funktionierende Mann empfindet sich neben seiner depressiven Frau, oder die angepaßten Eltern empfinden sich neben ihrem verhaltensgestörten Kind oft nicht mehr als intakte Außenstehende, sondern sie erkennen sich als Mitpatienten an. Und vielfach ist es ja in der Tat das sprach- und überhaupt ausdruckslose psychische Elend des einen Teils, das der andere Teil mit seinem Zusammenbruch indirekt mit zur Darstellung bringt. Viele Frauen verweisen mit ihren psychogenen Beschwerden, viele Kinder mit ihren Verhaltensstörungen insgeheim auf den wahren Konfliktherd eines gemeinsamen Eheproblems bzw. einer übergreifenden Familienneurose. Aber das Sichtbarwerden des verbindenden Gruppenkonfliktes hängt davon ab, daß sich diejenigen Partner als Mitbetroffene zu erkennen geben, die bisher jeweils im dunkeln geblieben waren und sich gescheut hatten, ihre mitverantwortliche Verwicklung zuzugestehen. Indem der Mut dazu jetzt allmählich wächst, bietet sich eine Chance für die bekannten neuen Arrangements der gemeinsamen Selbsthilfe und der psychosozialen Therapie. Die Familientherapie ist eines der neuen therapeutischen Angebote, die dieser Bewußtseinsentwicklung Rechnung zu tragen versuchen.

Der sich andeutende Bewußtseinswandel sollte indessen nicht vorschnell bloß als neuer Aspekt des sogenannten *Gesundheitsverhaltens* begriffen werden, auch wenn er sich besonders in einem revidierten Verhältnis zu Krankheit und Gesundheit bemerkbar macht. Manches spricht dafür, daß dieses Phänomen mit einer zumindest ansatzweisen Ablösung von einem Lebensgefühl zu tun hat, das unsere Zivilisation seit dem Ausgang des Mittelalters prägt. Von einem Lebensgefühl nämlich, in welchem sich der Mensch – um die Worte des Soziologen Elias zu gebrauchen – als homo clausus, als das «Selbst im Gehäuse» erlebt hat. Entsprechend diesem Lebensgefühl existierte das Individuum außerhalb der Gesellschaft und die Gesellschaft außerhalb des Individuums. Das Ich erfuhr sich als eine von der Außenwelt streng abgegrenzte Einheit. Norbert Elias hat zu Recht darauf verwiesen, daß in der philosophischen und soziologischen Tradition der letzten Jahrhunderte stets nur der einzelne, nie ein ursprüngliches Miteinander der Menschen Ausgangspunkt des Denkens war. Die Frage ist, ob der hinter der Bewegung zur Gruppe, zur solidarischen Selbsthilfe, zur Bevorzugung der psychosozialen Therapieformen wirksame Trend zur Verwirklichung von mehr Zusammengehörigkeit möglicherweise einen hochbedeutsamen soziokulturellen Wandel im Selbstverständnis der Menschen ankündigt. Ob etwa die als immer bedrückender empfundenen dehumanisierenden modernen Lebensumstände wesentlich dazu beitragen, daß die Menschen enger zusammenrücken wollen, um gemeinsam Bedrohungen bestehen zu können, denen sie mit dem klassischen egozentrischen Lebenskonzept nicht mehr gewachsen zu sein glauben. Was wir bei unseren Klienten in der psychosozialen Versorgung an neuartigen Erwartungen und Kooperationsmöglichkeiten beobachten, beträfe demnach keineswegs nur den Umgang mit therapiebedürftigen Konflikten und Krankheiten, sondern eine revidierte Einschätzung der Beziehung zwischen Selbst und Gemeinschaft schlechthin. Dieser Frage näher nachzugehen ist hier indessen nicht möglich. Ich habe sie ausführlich in meinem neuen Buch «Der Gotteskomplex» behandelt.

So unzweifelhaft es jedenfalls ist, daß im allgemeinen Lebensgefühl Bedürfnisse nach Zusammengehörigkeit und demzufolge auch nach einem stärker sozial bezogenen Krankheitsverständnis und Heilungskonzept deutlicher hervortreten, so augenfällig prallen diese Bedürfnisse auf den Widerstand einer verfestigten Organisation der Gesellschaft, die diesem Solidarisierungswunsch Grenzen setzt. Die Verwischung des Machtgefälles zwischen Stark und Schwach, zwischen Krank und Gesund durch das Prinzip gemeinschaftlicher Verantwortung für Krankheit und Heilung rüttelt an dem überkommenen hierarchischen Grundmuster aller menschlichen Beziehungen. Überall sind die Rollenverhältnisse im Zusammenleben durch vertikale Abgrenzungen bestimmt, so zwischen Mann und Frau, zwischen Eltern und Kindern – und eben auch zwischen Gesunden und Kranken. Die Unterstützung, die dem Kranken bisher zuteil wurde, verdient dieser sich durch das Rollenverhalten der Darstellung der Krankheit als eines persönlichen Defektes und durch die einseitige Demutsgebärde als eines Ausgelieferten. Die mächtigen Gesunden, Angehörige wie Berater und Therapeuten, bieten Pflege, Mitgefühl und Therapie von oben nach unten an. Sie *geben* nur. Und der Kranke *nimmt*. Der Preis für die Fürsorge ist der infantile Status des geduldigen Patienten, der gefügig eine Wohltätigkeit an sich geschehen läßt. Die Auflösung des traditionellen interfamilialen Rollenverhältnisses zugunsten einer neuartigen symmetrischen Gemeinschaft zwischen dem Symptomträger und seinen familialen Bezugspersonen enthält ein brisantes Potential, das in der Tat an dem durchgängigen Prinzip rüttelt, welches das Gefüge der Gesellschaft bestimmt. Wenn es Schule macht, daß sich Stark und Schwach, Funktionstüchtig und Kaputt, Gesund und Krank auf *einer* Ebene treffen und beschließen, daß sie zu gleichen Teilen gemeinsam tragen wollen, was bislang unter ihnen durch ein Oben-unten-Verhältnis aufgespalten war, dann steckt darin die Möglichkeit einer explosiven Kettenreaktion, deren Tragweite unübersehbar erscheint. Ein seit langem unbestrittener Grundpfeiler der gesellschaftlichen Ordnung wird in Frage gestellt, was enorme Beunruhigung stiftet. Das Bedürfnis nach einer solidarischen Teilhabe einer Gruppe an der Verantwortung für Gesundheit, Krankheit und Heilung kann sich daher nicht ohne weiteres in einen freien Raum hinein entfalten, sondern nur gegen den Gegendruck, der in die verfestigten sozialen Strukturen hineinorganisiert worden ist und in Form tausendfacher rechtlicher und moralischer Normen Widerstand bietet.

Dieser Widerstand hat sehr rasch dazu geführt, daß der große emanzipatorische Schwung des von der Basis aus vordrängenden Solidarisierungstrends, der zur Massenbewegung der Eltern-Kinder-Gruppen, progressiver Wohngemeinschaften, sozialpolitischer Spontangruppen, therapeutischer Selbsthilfegruppen bis hin zu den neuen Konzepten von therapeutischen Gemeinschaften, zu Familien- und Sozialtherapie geführt hatte, bald gebremst worden ist. Das spaltende Machtprinzip ist dabei, das in den neuen Bedürfnissen aktualisierte Solidaritätsprinzip wieder zurückzudrängen, zumindest in seiner Entfaltung zu behindern.

Am Beispiel der *Familientherapie* zeigt sich sehr deutlich, wie ein Arrangement, das im Kern ein wesentliches emanzipatorisches Element enthält, bereits wieder diverse paralysierende Beeinträchtigungen erfährt.

Für jedermann sichtbar ist zunächst die Weigerung der Behörden bzw. des Gesetzgebers, bei der zur Zeit gerade in Vorbereitung befindlichen gesetzlichen Neuregelung der Psychotherapie von der Familientherapie überhaupt nur Notiz zu nehmen. Die administrative Logik erkennt nach wie vor nur das Individuum als therapiebedürftigen Patienten an. Die Familie als gemeinsamer kranker Träger eines Konfliktes, der in einem jeweiligen individuellen Symptomträger nur einen lokalisierten Ausdruck findet, ist dieser Logik fremd. Denn die Administration braucht den abgrenzbaren einzelnen, dessen sie sich nach faßbaren Kriterien bemächtigen kann. Sie läßt deshalb einen gruppenbezogenen Krankheitsbegriff nicht zu. Der Symptomträger muß sich isoliert als Kranker deklarieren, um in das offizielle medizinische Versorgungssystem aufgenommen zu werden. Den äußerlich symptomfreien, aber in das gemeinsame pathogene Problem zu gleichen Teilen mitverwickelten Angehörigen wird das Recht verweigert, sich als Mitpatienten zu organisieren.

Desgleichen wird von der Administration her diejenige Zusammenarbeit unterschiedlicher helfender Berufe erschwert oder sogar unmöglich gemacht, mit der die Familientherapie steht und fällt. Die arbeitsteilige Aufspaltung von Zuständigkeiten bewirkt, daß man an dem Erwachsenen-Psychotherapeuten einerseits und dem Kinder- und Jugendlichen-Psychotherapeuten andererseits festhält. In der Familientherapie geht es aber darum, die krankheitserzeugenden Beziehungskonflikte *zwischen* Erwachsenen, Kindern und Jugendlichen *ganzheitlich* zu verstehen und zu behandeln. Und weiter: bei vielen familiären Störungen wirken ursächlich psychische und konkrete soziale Belastungen eng zusammen. Geldprobleme, Wohnungsschwierigkeiten, Verwicklungen in der Schule, am Arbeitsplatz oder mit Behörden schaffen Ängste und Bedrücktheit, die ihrerseits wiederum die Bewältigung der sozialen Probleme erschweren. Familientherapie muß daher in vielen Fällen sowohl eine psychische wie eine soziale Therapie sein, wobei die wechselseitige Durchdringung von Psychischem und Sozialem eine beide Aspekte verbindende Interventionsstrategie erforderlich macht. Der Stellenwert der sozialen Probleme für die psychischen Konflikte und die Bedeutung der psychischen Bedingungen für die Bewältigung der sozialen Faktoren müssen in ein sinnvolles ganzheitliches Behandlungskonzept eingehen, das eine Partizipation des Sozialarbeiters an der Psychotherapie und des Psychotherapeuten an der sozialen Beratung bzw. Therapie erfordert. Man muß es also einleuchtend finden, daß effiziente Familientherapie nur geleistet werden kann, wenn den Vertretern der einschlägigen helfenden Berufe in der Bestimmung ihrer Tätigkeitsfelder mehr Chancen für eine ganzheitliche Kooperation unter Nachbarberufen eingeräumt werden. Denn eine Familientherapie, in der Erwachsenen-Psychotherapeuten sich isoliert um die psychischen Belange der Eltern, Kindertherapeuten sich isoliert um die psychischen Belange der Kinder, Sozialarbeiter sich isoliert um die mit den psychischen Schwierigkeiten verbundenen materiellen Mängel kümmern, ist undenkbar. Wie soll einer Familie dazu verholfen werden, ihr *gemeinsames* Problem in Zusammenarbeit zu überwinden, wenn die therapierenden oder beratenden Helfer künstlich schmalspurig und dadurch stets mehr oder weniger konkurrierend nebeneinander herarbeiten? Aber genau diese absurde Isolierung der Arbeitsfelder ist von der Administration her fest programmiert. Das Prinzip der strikten hierarchischen Staffelung der Kompetenzen und der Tarifgruppen erschiene bedroht, wenn sich z. B. Psychotherapeuten und Sozialarbeiter jeweils des Gesamtkomplexes der psychosozialen Probleme von Familien in ungeteilter Verantwortung annehmen würden, obwohl nur diese interdisziplinäre ganzheitliche Arbeit sinnvoll ist.

Aber die unnatürliche Spaltung zwischen den Helfern wird nicht nur von der Administration her, sondern auch von manchen privilegierten Therapieberufen her politisch betrieben. Weil Familientherapie etwas ist, was sich kaum in der herkömmlichen Einzelpraxis verwirklichen läßt, sind viele privat niedergelassene Therapeuten und Nervenärzte nicht motiviert, sich für eine Förderung der Familientherapie einzusetzen. Sie selbst können diese Therapie nicht liefern. Wenn aber Familientherapie als hocheffizientes Verfahren, gar als Standardverfahren administrativ begünstigt werden würde, würde den Einzelpraktikern ein nicht geringer Teil ihrer Klientel entzogen werden und an solche Institutionen abwandern, in denen Familientherapie als Teamleistung angeboten werden kann. Dementsprechend sind es ja auch vorläufig vor allem Polikliniken und Beratungszentren, welche Familientherapie betreiben und dadurch diese Methode überhaupt bekannt machen.

Man greift indessen sicherlich zu kurz, wenn man den Widerstand gegen Familientherapie lediglich von formalen administrativen oder von finanziellen Erwägungen herleitet. Das Spannungsverhältnis zwischen Einzeltherapie und Familientherapie ist tatsächlich viel tiefer begründet und hängt sicherlich ganz wesentlich von der beschriebenen Orientierungskrise ab, wonach das alte Konzept einer Heilung und Befreiung des Individuums für sich allein als Monade, als homo clausus, als «Selbst im Gehäuse» und die neuartigen Wünsche einer Selbstverwirklichung innerhalb und zusammen mit einer Gemeinschaft gegeneinanderstehen. Und es ist letztlich dieser entscheidende Gegensatz, der auch in der kontroversen Diskussion an vielen psychotherapeutischen Ausbildungsinstituten weiterwirkt, wo man darum streitet, ob junge Therapeuten gleichzeitig mit oder erst nach einer abgeschlossenen einzeltherapeutischen Ausbildung an Familien- und Gruppentherapie herangelassen werden sollten. Dahinter steht der Zweifel: Gilt für Ausbildung und Therapie das Leitbild des primär in sich selbst zur Vollständigkeit ausreifenden einzelnen Menschen, dessen Chance zur Gestaltung eines intakten Gemeinschaftslebens sekundär von dieser vorhergehenden Individualverwirklichung abhängt? Oder nimmt man eine von vornherein bestehende unauflösliche Wechselbeziehung zwischen dem Entwicklungsprozeß der Gemeinschaft und den Entwicklungsprozessen der einzelnen an? Wäre es also eine Fiktion, daß der einzelne sich in einer langjährigen Einzelanalyse von seinen sozialen Beziehungen quasi abkoppeln könnte, um erst *nach* einer intraindividuellen Bearbeitung seiner Konflikte in das Gemeinschaftsleben zurückzukehren? – Aber in dieser Frage steckt bereits die Aufforderung zu jener zitierten lebensanschaulichen Stellungnahme. Denn natürlich kann sich z. B. ein Familienmitglied entscheiden, sich auch für längere Zeit weitgehend aus der psychischen Familiengemeinschaft zurückzuziehen und eine Distanz aufzubauen, die ihm eine relative Abschirmung seiner individuellen psychischen Welt ermöglicht. Indessen sprechen viele Erfahrungen dafür, daß diese künstliche Abschirmung oft eine Entfremdung von dem Partner der Zweierbeziehung und anderen Familienmitgliedern bewirkt, eben weil diese nicht mehr direkt daran Anteil nehmen können und sollen, was in demjenigen vor sich geht, der sich in eine individuelle Bearbeitung seiner Innenwelt zurückgezogen hat. Der Analysand bzw. Klient ändert sich. Und seine Partner verstehen nicht hinreichend, warum er sich ändert. Wenn er sich aber ändert, müßten sich auch alle anderen ändern, weil in einer Lebensgemeinschaft keiner seine Rolle neu definieren kann, ohne daß die Rollenverhältnisse aller anderen miteinander betroffen werden.

Es kann so sein, daß von dem behandelten einzelnen Anstöße ausgehen, denen die familiären Bezugspersonen gern folgen. Aber vielfach ist es genau umgekehrt. Die übrige Familie gerät in Angst, fühlt sich ratlos und gerät eher in einen Gegensatz zu den neuen Rollenerwartungen, von denen sie sich unerwartet vergewaltigt fühlt. So kommt es bekanntlich während oder infolge einer Individualtherapie relativ häufig zur Dekompensation familiärer Partner des Behandelten und auch oft genug zum Scheitern von Zweierbeziehungen. Die Bewertung dieser Phänomene kann wiederum von unterschiedlichen Kriterien aus erfolgen. Wer seinem individuellen Wohlbefinden eindeutige Priorität zuerkennt, der mag das Schicksal seiner familiären Beziehungen und die Reaktionen seiner Bezugspersonen generell als minder wichtig einschätzen. Die Belastungen, die er seinen Angehörigen indirekt bereitet, mag er als deren individuelle Schwierigkeiten verstehen, die diese für sich in einer Individualtherapie bearbeiten mögen. Anders ist es, wenn Menschen – was neuerdings eben häufig der Fall ist – die Qualität ihrer Zweierbeziehung oder ihrer Familiengemeinschaft von vornherein als wesentliches Element ihres persönlichen Wohlbefindens einschätzen und von diesem Zusammengehörigkeitsgefühl aus wünschen, einen therapeutischen Entwicklungsprozeß nur gemeinsam mit ihren Partnern zu vollziehen. Es bedeutet für sie bereits eine Beeinträchtigung ihres zentralen Solidaritätsbedürfnisses, wenn sie durch eine Einzeltherapie in sich wesentliche Vorgänge einleiten, die nicht unmittelbar in der innerfamilialen Kommunikation den anderen zugänglich sind und von den anderen mitbestimmt werden. Aus dieser Perspektive ist das Konzept einer einzeltherapeutischen Ausbildung, in der jemand sich selbst für mehrere Jahre in eine Analyse seiner psychischen Binnenwelt zurückzieht und therapeutische Erfahrungen ausschließlich mit den psychischen Konflikten von Einzelpatienten macht, bedenklich. Denn dieses Konzept ist eben nur auf der Basis jener anderen individualistischen Grundorientierung sinnvoll.

Es gibt viele Psychoanalytiker, welche im starren Festhalten an dem traditionellen Ausbildungsmodell die reine Psychoanalyse zu verteidigen glauben, während sie in Wirklichkeit unbemerkt nicht für die Psychoanalyse selbst, sondern für deren Bindung an die herkömmliche individualistische Lebensanschauung kämpfen, obwohl diese Bindung keineswegs als Essential der Psychoanalyse gelten kann. Ein primär sozialbezogenes Selbstverständnis des Menschen und eine Verantwortungszuteilung für psychische Konflikte und Störungen an Partnerschaften und soziale Gebilde allgemein verringern nicht, sondern erweitern den Bedarf für die Wissenschaft vom Unbewußten und für eine therapeutische Arbeit, welche die Kenntnis des Unbewußten und der Chancen der praktischen Einflußnahme auf Unbewußtes voraussetzt. Es heißt im Grunde, dem eigenen Ziel der Unterstützung psychischer Befreiung zu widersprechen, wenn therapeutische Konzepte nicht den neuartigen Wegen folgen, auf denen die Menschen im Zuge des sozialen Wandels ihre psychische Freiheit zu stabilisieren oder zu erweitern trachten.

Ein entscheidendes Novum der Familientherapie wie anderer psychosozialer Therapien und Selbsthilfearrangements besteht darin, daß Therapie von Leidenden nicht mehr nur *empfangen,* sondern zugleich aktiv *ausgeteilt* wird. Ein wesentlicher Heilungsfaktor ist die wechselseitige hilfreiche Unterstützung der Familienmitglieder. Ein jeder hat nicht nur die eigenen Schwierigkeiten zu bearbeiten, sondern muß auch etwas für die anderen tun, um die gemeinsame Gesundheit zu fördern. Die Schulung des Verantwortungsgefühls für das Ganze der Familie und das sensible hilfreiche Anteilnehmen an den Partnern gehören unmittelbar zum Heilungskonzept. Durch diese symmetrische Aufteilung von Aktivität und Passivität unter den Familienmitgliedern wird ein Abbau von einseitigen innerfamiliären Abhängigkeitsverhältnissen begünstigt. Und die angeregte eigenverantwortliche wechselseitige Selbsthilfe innerhalb der Familie bedeutet zugleich auch ein ausgeglicheneres Verhältnis zwischen der Familie als Patient und dem oder den Therapeuten. Die Therapeuten betätigen sich eher als Geburtshelfer, welche die eigentherapeutischen Energien, die aus dem Solidaritätsbedürfnis der Familie erwachsen, zu befreien versuchen. Aber gerade diese im Vergleich zur Einzeltherapie vermehrte Delegierung von therapeutischer Verantwortung an die Klienten selbst gehört sicher auch zu den uneingestandenen und oft wohl selbst unbewußten Widerstandsmotiven hochspezialisierter Einzeltherapeuten gegen analytische Familientherapie. Denn aus den Untersuchungen von BECKMANN wissen wir ja, daß bei einem bestimmten Typ von Einzeltherapeuten die Selbstbestätigung durch ausgeprägte Patientenabhängigkeit eine erwünschte Rolle spielt.

Damit gerät der Umstand ins Blickfeld, daß das emanzipatorische Element von Familientherapie nicht nur *äußere* Widerstände gegen diese Therapie seitens der Administration und seitens der Berufsverbände privilegierter Einzeltherapeuten weckt, sondern daß sich entsprechende Gegenkräfte auch *in einzelnen Familientherapie-Konzepten selbst* auswirken. Dazu gehört z. B. jene Form von Familientherapie, bei welcher der Therapeut bestimmte Kommunikationsmuster dressierend einpaukt, die in Analogie zu technischen Systemen als optimale Wechselbeziehungen zwischen Sendern und Empfängern errechnet worden sind. Der Therapeut drillt die Klienten auf «harmonische» Umgangsformen. Er lehrt sie, wie sie miteinander glatt funktionieren können, und infantilisiert sie dadurch, anstatt behutsam ihre Selbsthilfekräfte als familiäre Gruppe anzuregen und zu stärken. Aber nicht nur in solchen *methodischen* Auswüchsen, sondern auch in bestimmten *Zielvorstellungen,* die neuerdings vertreten werden, finden sich Zeichen einer rückwärts gerichteten Anpassungstendenz. Es wird stellenweise wieder Mode, die mittelalterliche abhängige Rolle der Frau zu idealisieren und obendrein die Dankesschuld der Kinder gegenüber den Eltern moralisierend zu betonen. Der Slogan: «Es muß wieder erzogen werden!» beschreibt eine Wiederauferstehung der Bejahung elterlicher Bevormundungstendenzen als Reaktion gegen die antiautoritäre Periode Ende der sechziger, Anfang der siebziger Jahre. Damit werden Tendenzen sichtbar, das sich in den neuen Heilungswünschen meldende Verlangen nach Abbau von hierarchischen Spaltungen bzw. nach einem symmetrischen Miteinandertragen von Verantwortung wieder zurückzudrängen und als gesunde Familie jene alte Struktur zu propagieren, die ein klar von oben nach unten durchorganisiertes Bevormundungssystem darstellte. Entsprechend werden die Impulse der Hilfesuchenden, die auf eine neue Form von solidarischer Gemeinschaft abzielen, in die alten Rollenmuster eines historischen Familienmodells zurückgelenkt. Und man darf sich nicht wundern, wenn die mit einer derartigen sogenannten Familientherapie traktierten Klienten am Ende doch wieder eine Einzeltherapie begehren, um sich von denjenigen Abhängigkeiten zu befreien, deren Restituierung Familientherapeuten des geschilderten Typs absichtlich oder ahnungslos betreiben.

Eine andere, noch schwerer durchschaubare Variante von Kapitulation vor den Gegenkräften des Machtprinzips stellt die Neigung dar, die Familie unabhängig von der Gesellschaft als eine Art neuer Monade, als ein großformatiges Individuum neuen Typs anzusehen. Es resultiert ein Therapiekonzept, bei welchem die Familie als ein in sich völlig geschlossenes System, losgelöst von ihren übergreifenden sozialen Wechselbeziehungen begriffen wird. Von der Familie wird gefordert, ihre Probleme ausschließlich als Angelegenheit ihres Binnenlebens zu erkennen und zu bearbeiten. Es wird als schuldhaftes Loyalitätsdefizit bewertet, wenn die Frau sich außerhalb der Familie in einer Frauengruppe zu stabilisieren versucht und wenn die heranwachsenden Kinder in ihre Altersgruppen allzu viel Beziehungsenergien investieren. Eine bestimmte Form von engem Zusammenleben wird gefordert und ein gemeinsamer Familienegozentrismus gutgeheißen, sofern er nur dem Ausgleich von Spannungen und eines Belastungsgefälles innerhalb der Familie dienlich ist.

Statt dessen kann nur eine *nach der Gesellschaft hin offene Familie* dem unteilbaren Solidaritätsprinzip gerecht werden, das einen neuen, sinnvolleren Begriff von sozialer Gesundheit bestimmt. Der emanzipatorische Ansatz in Familientherapie heißt, Familientherapie als erste Stufe einer Sozialtherapie zu bejahen, bei der die Familie gewissermaßen als vermittelnde Agentur zwischen Individuum und Gesellschaft eine sehr große, aber keineswegs die ausschließliche Beachtung beanspruchen kann.

Dererlei grundsätzliche Erwägungen fundieren den Plan, der Familientherapie auf eine Art voranzuhelfen, für die unsere beiden Gießener Tagungen als Beispiel angesehen werden können. Mit der im Thema gekennzeichneten «*analytischen* Familientherapie» ist nicht eine Vereinnahmung der Familientherapie durch die klassische Psychoanalyse gemeint – die ja aus den zitierten Gründen diese Adoption ohnehin scheut –, sondern eine deutliche Distanzierung von jenen autoritativ trainierenden Verfahren, die den Klienten eine Wahrnehmung und Bearbeitung pathogener Konflikte ersparen wollen. Der Zusatz «und Gesellschaft» soll von vornherein jener Gesichtskreiseinengung vorbeugen, die den «Patienten Familie» vom gesellschaftlichen Umfeld isoliert und dadurch das ausklammert, was die Gesellschaft der Familie an Problemen aufträgt und was die Familie ihrerseits der Gesellschaft an Fragen und Bedürfnissen übermittelt. Auch soll der Hinweis «und Gesellschaft» anklingen lassen, daß es neben der sogenannten vollständigen Familie *andere Lebensmodelle* in der Gesellschaft gibt, die stets mit beachtet und in ihren Interessen praktisch berücksichtigt werden müssen, wenn Familientherapeuten sich vor einer bestimmten spezialistischen Einäugigkeit bewahren wollen. Menschen in Problemen ihres Zusammenlebens zu helfen ist im weiteren Sinne derjenige Auftrag, dem sich Familientherapie verpflichtet fühlt, wobei Wohngemeinschaften, Paare, allein erziehende Mütter oder Väter mit Kindern, Heimgruppen oder noch andere Beziehungsformen eingeschlossen sind.

Da Familientherapie, wie sie hier verstanden wird, dem aktualisierten Bedürfnis nach einer Solidarität gerecht werden will, die Oben-unten-Verhältnisse abbaut und künstliche Bevormundungen überwindet, ist sie zugleich auf eine Unterstutzung aller Selbsthilfeinitiativen bedacht. Denn sie begrüßt prinzipiell die Ablösung professioneller Therapie überall dort, wo Menschen sich imstande fühlen, sich gruppenweise allein zu helfen. Wir Familientherapeuten halten die Selbstorganisation von Frauengruppen, Männergruppen, Gruppen von allein erziehenden Eltern, von Eltern behinderter Kinder, von Kinderläden, von Gruppen Drogengefährdeter, von alleinstehenden Älteren – um nur einige Beispiele zu nennen – für überaus wichtig. Deshalb diente auch gerade die zweite Gießener Arbeitstagung u. a. dem Ziel, das Gespräch zwischen professionellen Beratern und Therapeuten einerseits und Vertretern von Selbsthilfeinitiativen andererseits zu fördern. Daß wir aber auf allen Seiten noch viel zu lernen zu haben, um speziell dieses Gespräch ertragreich zu machen und die Möglichkeiten von professioneller Hilfe und Selbsthilfe genauer abzuklären, haben wir auf unserer Tagung erfahren. Man kann ein Zusammentreffen und gemeinsames Diskutieren organisieren, aber zugleich als Resultat feststellen, daß mangelhaft reflektierte Machtansprüche der Professionellen und ein ebensowenig bewältigter affektiver Antiprofessionalismus vieler engagierter «Selbsthelfer» wechselseitige Abstoßungskräfte darstellen, die eine Verständigung erheblich erschweren. Der Einsicht, daß die Bestrebungen beider Seiten eigentlich einander sinnvoll zu ergänzen hätten, stehen zum Teil unbewußte Ängste jeder der beiden Gruppen gegenüber, von der anderen Seite in dem eigenen Anspruch gefährdet zu werden. Modellhaft ist gerade auf der letzten Tagung sichtbar geworden, welche wichtige vermittelnde Funktion zwischen den hochspezialisierten Therapeuten und den reinen Laien-Selbsthilfe-Initiativkreisen diejenigen Berufsgruppen zu übernehmen bestimmt sind, die im pädagogischen, pflegerischen, fürsorgerischen, seelsorgerischen Bereich immer schon wichtige Funktionen der Konflikt- und Krisenhilfe unterhalb der Ebene der therapeutischen Fachberufe und -institutionen wahrgenommen haben.

7. Die Rolle und das Selbstverständnis des Arztes*

Die Tätigkeit des Arztes, seine soziale Stellung und die auf ihn gerichteten gesellschaftlichen Erwartungen haben sich im 19. Jahrhundert radikal geändert und werden, wie es scheint, gerade von einer erneuten kritischen Wandlung betroffen.

Am Anfang des 19. Jahrhunderts ging der Arzt noch als Hausarzt im eigentlichen Sinne in die Wohnungen seiner Patienten und behandelte diese dort. Erst Mitte des Jahrhunderts setzte sich nach und nach die Sprechstundenpraxis im Hause des Arztes durch. Mit dem Aufschwung der Naturwissenschaften erweiterten sich die Kenntnisse von den körperlichen Funktionen und dementsprechend die ärztlichen Untersuchungsaufgaben. Immer neue Geräte erlaubten dem Arzt eine verfeinerte Organdiagnostik, zu der er durch bloßes Befragen, Betrachten, Betasten, Beklopfen nicht gelangen konnte. Bis zum heutigen Tage dringt die Technik in den Praxen und Krankenhäusern stetig weiter vor. So ist entstanden, was wir gegenwärtig als «Apparatemedizin» bezeichnen. Damit hat der Rückzug des Arztes vom Patienten als Person einen gewissen Endpunkt erreicht: Erst ging der Arzt zum Patienten. Dann kam dieser zum Arzt. Nun delegiert ihn der Arzt noch an das Labor bzw. an die Apparate weiter, die seinen Zustand messen und über die Behandlung weitgehend entscheiden.

Durch seine überlegene technische Ausstattung ist inzwischen das Krankenhaus zu einer zentralen Einrichtung der medizinischen Versorgung geworden. Etwa die Hälfte der gesamten Gesundheitskosten fällt inzwischen im Krankenhaus an. Allein zwischen 1960 und 1976 hat

* Festvortrag auf dem 30. Deutschen Kongreß für ärztliche Fortbildung, Juni 1981 in Berlin. Erweiterte Fassung des Essays «Vom Selbstverständnis und den Aufgaben des Mediziners», Meyers Neues Lexikon Bd. 5, 1980

sich die Anzahl der in Krankenhäusern beschäftigten Ärzte verdoppelt.

Im Krankenhaus, dies ist die vorherrschende Meinung, findet die modernste Medizin statt. Der Grad der Technisierung bestimmt, was man modern, was man fortschrittlich heißt. Entsprechend häufen auch die Ärzte in ambulanten Praxen mehr und mehr Laborgerät an. Das allgemeine Streben zielt noch immer auf maximale Diagnostik. Die technischen Möglichkeiten immer differenzierterer diagnostischer Analysen werden voll, z. T. auch im Übermaß ausgeschöpft. Die Apparate definieren Krankheit durch die aus ihr zu abstrahierenden Zahlenwerte. Sie verwandeln den Kranken – um ein Wort von VON UEXKÜLL zu verwenden – in einen «Meßdaten-Patienten».

Diese Entwicklung folgt logisch der traditionellen Doktrin, Gesundheit und Krankheit seien wissenschaftlich durch meßbare Zustände des Organismus zu definieren, der seinerseits als eine Art von selbstgesteuerter Maschine aufgefaßt wird. Störungen dieses maschinellen Funktionssystems mit immer subtileren naturwissenschaftlichen Methoden zu analysieren und durch gezielten Eingriff in die pathologischen Kausalzusammenhänge zu reparieren gilt demnach als die primäre Aufgabe jedes rationalen ärztlichen Handelns.

Ohne Zweifel ist es dieser strikt naturwissenschaftliche Ansatz, dem die Medizin in erster Linie ihre revolutionären Erfolge in den letzten hundert Jahren verdankt, u. a. in der Behandlung und Verhütung zahlreicher Infektionskrankheiten und in der großartigen Entwicklung der Chirurgie. Erst dieser spektakuläre Aufschwung hat es ja seinerzeit den Ärzten erlaubt, die Fürsorge für die allgemeine Gesundheit glaubhaft als ihr Standesmonopol zu deklarieren und sich die Vorrechte eines freien, nicht gewerblichen Berufes mit eigener Standesgerichtsbarkeit zu sichern. Kraft Gesetzes haben sie eine weitgehende Eigenbestimmung durch die Institution der Ärztekammern erlangt. Mit Hilfe der Kassenärztlichen Vereinigungen steuern sie bekanntlich inzwischen zum großen Teil die ambulante medizinische Versorgung.

Bislang kam der traditionellen ärztlichen Standespolitik eine besondere Idealisierung der Medizin im allgemeinen Bewußtsein zur Hilfe. Wie in kaum einem anderen sozialen Bereich schien sich hier die Hoffnung auf unendliche Chancen von Naturwissenschaft und Technik überzeugend zu bestätigen. Die Zurückdrängung der Kindersterblichkeit, die Ausrottung einiger der gefährlichsten epidemischen

Krankheiten und viele weitere spektakuläre Siege wirkten auf weite Teile der Bevölkerung wie die sichere Verheißung, die Medizin werde unaufhaltsam bis zu dem Punkt voranschreiten können, ein unabsehbar langes Leben in permanenter Leistungsfrische garantieren zu können. So wurde der Arzt zu einer zentralen Symbolfigur jenes scheinbar unbegrenzt machbaren Fortschritts, der sich als lebensanschauliches Leitbild im Denken der westlichen Industriegesellschaft eingenistet hatte.

Diese einzigartige Idealisierung verschaffte den Ärzten einerseits eine lange gewünschte Selbstbestätigung, andererseits bürdete sie ihnen einen auf die Dauer unerfüllbaren Auftrag auf. Die Versuchung, sich die allgemeine Überschätzung gefallen zu lassen, bewirkte bei nicht wenigen Medizinern eine Verleugnung des Mißverhältnisses zwischen dem beschränkten eigenen Können und den ihnen von außen entgegengebrachten überhöhten Erwartungen. So half man von ärztlicher Seite mit, die Illusion zu nähren, man müsse nur ein Vielfaches der bisher aufgewendeten Mittel in die Laborforschung investieren, dann würden sich auch die bisher unergründeten Krankheiten bald ebenso wie die schon ausgerotteten Seuchen aufklären und besiegen lassen. Forschungszentren wuchsen wie Pilze empor, und viele Universitätskliniken haben sich inzwischen in eine Art von Großlaboratorien verwandelt. In der Tat stellen erfolgreiche Laborstudien auch längst eine wesentlich bessere Karrieregarantie für Ärzte dar als besonderes Engagement in fürsorglicher Krankenbetreuung. Habilitation und Berufung auf Professorenstellen erfolgen in der Medizin eher aus der theoretischen Qualifikation im Laboratorium als aus der Bewährung am Krankenbett. Dieses Ausleseprinzip unterstützte bisher wesentlich die Reproduktion einer einseitig naturwissenschaftlich-technischen Orientierung, die neuerdings nun aber wachsende Bedenken herausfordert. Es verbreitet sich der Vorwurf, das Krankenhaus drohe zu einer Stätte der Seelenlosigkeit und der puren mechanistischen Funktionalität zu verkommen.

Diese Kritik wäre indessen wohl noch lange nicht laut geworden, hätte die medizinische Forschung in den letzten Jahrzehnten wie zuvor einen Großerfolg an den anderen reihen können. Allmählich bemerkt man aber ein wachsendes Mißverhältnis zwischen den investierten Forschungsmilliarden einerseits und den inzwischen nur noch spärlich anfallenden praktisch nutzbaren Erkenntnisgewinnen andererseits. Die objektive Lage der medizinischen Forschung verlangt eine Ermäßigung der Ansprüche. Die Medizin wird gedrängt einzugestehen, daß sie trotz aller ihr eingeräumten Vorrechte und der ihr zugestandenen gewaltigen Mittel ohnmächtiger ist und bleiben muß, als die meisten – und auch viele ihrer eigenen Repräsentanten – je wahrhaben wollten. Sie wird ohne Zweifel in Zukunft noch mehr für die allgemeine Gesundheit tun können, als sie das heute vermag. Aber dazu wird sie nur in kleinen Schritten gelangen können. Und sie wird nach wie vor nicht wettzumachen vermögen, was laufend neu produzierte Umweltgifte, was lieblose Erziehung, überlastende Arbeitsbedingungen, diverse sonstige Notlagen sowie alle möglichen Formen von Risikoverhalten laufend an Gesundheitsschäden produzieren. So erscheint dem kritischen Betrachter die Einsicht unabweisbar, daß die Medizin nicht länger als zentraler Stützpfeiler der herkömmlichen Fortschrittsideologie taugt.

Aber eine Gesellschaft, die noch in weiten Teilen von eben dieser Hoffnung zehrt, daß Naturwissenschaft und Technik uns stetig mächtiger, größer und eben auch gesundheitlich stabiler machen könnten und müßten, schreckt davor zurück, diese kritische Einsicht zu akzeptieren. Sie bemüht sich noch immer unentwegt, die dem medizinischen Fortschritt gesetzten Grenzen zu verleugnen und sich einzureden, man müsse nur immer noch mehr Geld aufwenden, die Ärzte noch höher spezialisieren und perfektere Vorsorgeprogramme anbieten, um die unentbehrlichen Erfolge herbeizuzwingen. Es ist schwer, die Illusion vom alle Zeit herstellbaren Fortschritt aufzugeben, seitdem diese angesichts der fortgeschrittenen Glaubensverarmung zu einer entscheidenden Stütze der allgemeinen Selbstsicherheit geworden ist. Nahe liegt es da, die tröstende Selbsttäuschung immer wieder mit Scheinargumenten zu befestigen, nur um von den eingewurzelten Fehlerwartungen nicht ablassen zu müssen. Gelingt es der Medizin nicht, unser Leben stetig besser gegen Anfälligkeit und Gebrechen zu schützen und mehr und mehr zu verlängern, dann liegt immer noch der Ausweg nahe, Schuldige zu suchen und dingfest zu machen. Anstatt die eigenen Forderungen zu ermäßigen, beharrt man auf diesen und macht diejenigen zu Sündenböcken, denen man die Erfüllung der utopischen Ansprüche aufgetragen hat. Der sich ausbreitende Eifer, bei jedem ungünstigen Krankheitsverlauf nach ärztlichen Fahrlässigkeiten oder groben Kunstfehlern zu fahnden, die man juristisch verfolgen könnte, wird zweifellos durch die beschriebene tiefe Krise des allgemeinen Fortschrittsglaubens genährt, die unsere Zivilisation im ganzen befallen hat. Man müßte hinnehmen, daß Krankheit, Gebrechlichkeit und Sterblichkeit ein menschliches Los sind und daß der Traum von der medizinisch herstellbaren permanenten Fitness und Lebenskraft begraben werden muß. Man müßte lernen, bei anderen Werten als denjenigen der großartigen Stärke und der Herrschaft über die innere wie über die äußere Natur Halt zu suchen. Dann wäre man reif dafür, im Arzt nicht länger den unfehlbaren Superexperten, vielmehr einen einfühlsamen Helfer zu erwarten, dessen fachlicher Kunst natürliche Grenzen gezogen sind.

So ist im Augenblick die Situation des Arztes durch das Dilemma gekennzeichnet, daß sich die ihm zugewandten Ansprüche der Allgemeinheit aufgespalten haben. Der eine Teil der Bevölkerung, der von ihm nach wie vor die Wundertaten eines omnipotenten Gesundheitsingenieurs verlangt, strapaziert ihn durch fortbestehende ungeduldige Überansprüchlichkeit. Die andere Gruppe hat sich bereits in ihrer Grundhaltung gewandelt. Ihr ist der Arzt als der hektische Laboratoriumsmediziner, der hinter den Kurvenbildern und Zahlenreihen chemischer und physikalischer Analysen kaum mehr den Patienten als Person wahrnimmt, geschweige denn sich auf fürsorgliche Gespräche einläßt, eher ein Ärgernis geworden. Diese Patienten wünschen sich den ärztlichen Partner, der sich außer um ihre Organe auch um ihre Gefühle und um ihre mit der Krankheit verbundenen Lebensumstände kümmert. Sie sehen es als wesentlichen Teil seiner ärztlichen Aufgabe an, daß er sie gerade auch in unvermeidlichem Leiden und schließlich im Sterben mit persönlicher Anteilnahme unterstützt.

In das Wechselspiel von Patientenerwartungen und Angeboten der Medizin mischt sich nun indessen ein gewichtiger dritter Faktor ein, nämlich der wirtschaftliche. Fortschrittsideologie, auf die Medizin bezogen, bedeutet zu einem wesentlichen Teil die Hoffnung auf eine stetige Perfektionierung medizinischer Technologien und auf neue wunderbare Errungenschaften der Pharmakochemie. Diese Hoffnung hat sich nun bekanntlich längst in der Expansion entsprechender Industrien niedergeschlagen, die inzwischen wesentlich mitbestimmen, was aus der Medizin fernerhin wird. Diese Industrien wachsen und schrumpfen eben nicht automatisch, je nachdem, ob die Menschen in einer Phase nach immer mehr Technik und Chemie in der Medizin verlangen oder in einer neuen Phase vielleicht eine technisch bescheidenere, natürlichere Medizin haben wollen, in der das Gespräch bzw. der persönliche Arzt-Patient-Kontakt eine größere Rolle spielen sollte als alle technischen und pharmakochemischen Applikationen. Das zuletzt genannte Interesse, das zur Zeit allenthalben spürbarer wird, verfügt über keine einflußreiche Lobby. Ihm steht aber ein inzwischen sehr bedeutend gewordener Wirtschaftszweig gegenüber, der davon lebt, daß er zielstrebig immer neuen Bedarf für seine Produkte erzeugen kann. So ändern alle sich häufenden Klagen über die mechanistische Unpersönlichkeit der modernen Medizin vorläufig nichts daran, daß die Krankenhäuser und Praxen weiterhin mit immer noch kostspieligerem und komplizierterem Gerät vollgestopft werden. Und dies, obwohl als erwiesen gilt, daß rund 70 Prozent der diagnostischen Leistung durch Anamnese, 20 Prozent durch einfache körperliche Untersuchungen und der Rest durch Labor und Röntgen zu bewältigen wären.

Aber gerade diese unmittelbaren ärztlichen Leistungen des anamnestischen Gesprächs und der direkten körperlichen Untersuchung werden gegenüber den labortechnischen Maßnahmen gezielt finanziell unterbewertet. Ärztevereinigungen und Versicherungsträger haben zugestanden, daß in der ärztlichen Ambulanz alle apparativ-technischen Verrichtungen relativ besser bezahlt werden als die direkte ärztliche Untersuchung und das Gespräch. So setzt sich bis in die einzelne ambulante Praxis hinein eine wirtschaftliche Einflußnahme fort, die als eine harte materielle Determinante alle Versuche erschwert, dem Patienten eine andere Form der Kooperation als die sogenannte Fünf-Minuten-Medizin anzubieten. Der Arzt, der sich dem Patienten einfühlsam zuwendet, ihm geduldig zuhört, ihn sorgfältig direkt untersucht und ihm schließlich Klärendes und Ermutigendes zum Verstehen und zum Bewältigen seiner Krankheit sagt, wird seitens der Gebührenordnung weit niedriger eingestuft als ein anderer, der sich, wo immer es geht, hinter seine einträglicher arbeitenden Apparate zurückzieht. Jeder Arzt, der sich in ambulanter Praxis niederlassen will, hat den wirtschaftlichen Druck der Gebührenregelung als massive Einengung des Spielraums für die Gestaltung seiner Tätigkeit einzukalkulieren. Wird er z. B. Arzt für Allgemeinmedizin oder Kinderarzt, kann er in der Regel weniger profitable Laborleistungen anbieten als etwa Radiologen, Orthopäden oder reine Laborärzte. Dementsprechend landen Allgemeinärzte und Kinderärzte auch am untersten Ende der Einkommensskala niedergelassener Ärzte.

Die ökonomische Bevorzugung einer technisch-apparativen Medizin ist festgeschrieben, und es wäre naiv zu erwarten, daß ein bloßes diffuses Unbehagen an dem mechanistischen und zunehmend unpersönlichen Medizinbetrieb automatisch eine baldige Umstrukturierung bewirken könnte, sosehr diese auch einem wachsenden Teil des Publikums und auch zahlreichen kritischen Medizinern wünschenswert erscheint. Ich kenne zahlreiche junge Ärzte, die vor Jahren ausgezogen sind, um eine neue Form ambulanter patientenzentrierter Praxis durchzusetzen und die an den ökonomischen Zwängen verzweifeln oder diesen bereits erlegen sind, die sich ihren Bemühungen entgegengestellt haben.

Nun sollte man meinen, daß die zunehmend schlimme Finanzlage denjenigen Kräften hilfreich werden könnte, die eine einfachere und persönlichere an Stelle einer immer höher technisierten Labormedizin anstreben. Der allgemeine Sparzwang sollte sich als Bundesgenosse gegen die Mächte bewähren, denen ihre finanziellen Eigeninteressen wichtiger als das Ziel einer besseren Volksgesundheit sind. Aber bisher hat sich das SpTargument noch nicht als durchschlagskräftig erwiesen. Noch schreckt man davor zurück, eine schlichtere, technisch sparsamere Medizin zu wagen. Die Allgemeinheit möchte schon mehr persönliche Begegnung mit dem Arzt, mehr Gelegenheit, sich auszusprechen, mehr Information, mehr Wärme, Trost und Vermittlung von Geborgenheit. Aber alles dies erwartet man möglichst als *zusätzliche* Wohltaten, ohne Abstriche am Standard der neuesten Möglichkeiten der Labormedizin.

Noch verschließt man sich weitgehend der Erkenntnis, daß es hier nicht um zwei beliebig addierbare, vielmehr um zwei qualitativ grundsätzlich divergierende Perspektiven geht, von denen die eine der anderen untergeordnet werden muß. Diese Perspektiven wurzeln in zwei unterschiedlichen lebensanschaulichen Grundhaltungen. Und deren Konflikt bezeichnet den Kern der Krise nicht nur der Medizin, sondern des gesellschaftlichen Bewußtseins schlechthin. Die Unsicherheit über die Kursbestimmung einer künftigen Medizin ist in der Tat nur ein repräsentatives Abbild unserer viel tiefer reichenden Unsicherheit über unsere Werte und Ziele überhaupt. Deshalb sind weder wir Ärzte noch die anderen unmittelbar die Medizin mittragenden Gruppen und Kräfte in der Lage, allein untereinander auszuhandeln, wohin es mit der Medizin letztlich gehen soll. Profunder Zweifel an der Möglichkeit eines Fortschritts zu immer mehr Größe, Stärke und Macht des Individuums ist aufgebrochen. Die Furcht steigt, daß die Medizin mit ihrem wunderbaren technischen Instrumentarium alsbald ans Ende ihrer Möglichkeiten statt zur Garantie einer immer besseren Gesundheit und einer stetigen

Lebensverlängerung geraten könnte. Aber vielleicht könnte man lernen, sich auch und gerade eine Existenz als erfüllend vorzustellen, in der andere Werte als jene der höchsten und dauerhaftesten physischen Energie des einzelnen obenan gesetzt würden?

Es erscheint zunächst paradox, wenn man ausgerechnet in der Medizin eine traditionelle Wertorientierung in Zweifel zieht, auf die wir Ärzte auf ewig eingeschworen zu sein scheinen. Aber im Grunde ist es nur natürlich, ja notwendig, daß gerade unsere Berufsgruppe dieses Problem diskutiert. Denn wir haben täglich Menschen zum Sterben zu begleiten. Und dabei erfahren wir, daß zahlreiche Patienten – wie wir selbst – ungenügend gerüstet sind, diesen Schritt innerlich zu bewältigen. Ist der Tod nichts als ein Feind, den wir, wenn wir unsere Kunst nur schon weiterentwickelt hätten, üblicherweise besiegen müßten, können wir nur froh sein, wenn unsere Patienten es uns ersparen, ihnen gegebenenfalls die Unheilbarkeit ihrer Krankheit gestehen zu müssen. Denn dies wäre ja gleichbedeutend mit dem permanenten Eingeständnis unseres peinlichen Scheiterns. Und in der Tat passen die Verdrängungsbereitschaft von Kranken und die von Ärzten oft genau zueinander. Freilich pflegt Scham diese Scheu vor der Wahrheit zu begleiten. Und deshalb halten sich beiderseits hartnäckig projektive Vorwürfe zur Entlastung von diesen Schamgefühlen. Das Publikum beklagt die Unwahrhaftigkeit vieler Ärzte, und diese beharren in großer Zahl darauf, daß die Sterbenskranken meist die Wahrheit nicht hören wollten. In Wirklichkeit sind es nicht diese oder jene Urheber, die das fatale Schweigen verschulden. Wie kann man denn über das Sterben reden, wenn dieses anscheinend keinen Sinn mehr hat für eine Gesellschaft, die bereits Schwäche, Leiden, Ohnmacht als reine Negativität bewertet und die einseitig die grandiose, machtvolle Entfaltung des Individuums verherrlicht? Wo Behinderte, Gebrechliche, alte Menschen ständig darum bangen müssen, der umgebenden Fitness-Gesellschaft nicht beschwerlich zu werden und zuviel Angst einzujagen, ist wahrlich nicht zu erwarten, daß die große Mehrheit anders als unter Benutzung neurotischer Abwehrmechanismen dem Sterben zu begegnen vermag. Im Widerspruch zum allgemeinen Wissen von der Sterblichkeit unseres Geschlechtes benehmen wir uns noch immer weithin so, als käme der Tod im Einzelfall entweder völlig unerwartet – wie es auf vielen Traueranzeigen heißt – oder als vermeidbare Panne durch falsche Lebensführung, durch Fehler der Medizin oder dergleichen. Der Pathologe findet nichts als spezifische Todesursachen. Wie verblendet durch unseren soziokulturell eingewurzelten Größenwahn registrieren die meisten das Sterben um sich herum üblicherweise als tragisch zufälliges oder verschuldetes Unglück dieses oder jenes einzelnen. Im Kampf gegen die Feinde unserer Gesundheit und unseres Lebens gibt es – so denkt man weithin – eben Siege und Niederlagen. Niederlagen drohen, wo Menschen in ihrer Abwehrkraft versagen oder wo man den jeweiligen Feind nicht rechtzeitig aufgespürt oder bekämpft hat. Aber zum Trost kann man sich ja auch an Beispiele für spektakuläre Siege klammern, für geheilte Karzinome, wegoperierte Herzfehler, jahrzehntelang überlebte Infarkte usw. Und an diesen Beispielen mißt man, was man von uns Ärzten an weiteren Siegen gegen die Gesundheitsfeinde erwartet. Aber gleichzeitig stehen wir vielen Todkranken gegenüber, die uns zeigen, daß sie mit eben dieser Feindbildtheorie nicht sterben können. Wie soll man sich auch mit dem bevorstehenden Tod aussöhnen, wenn er nur als das schmähliche Erliegen gegenüber einem Feind verstanden werden soll, dem die anderen, die am Leben bleiben, mit besserer persönlicher Vorsicht oder wirksamerer Unterstützung wesentlich länger zu entgehen Aussicht haben?

Das macht ja eben die schmerzliche Einsamkeit vieler Sterbender aus, daß diejenigen, die sie zurücklassen, sich nicht innerlich mit ihrem Sterben verbinden können. Würden diese anderen mit ihrer Sterblichkeit ausgesöhnt sein, würden sie auch beim Abschiednehmen einem Sterbenden ganz nahe bleiben können. Sie könnten ihm helfen, zu akzeptieren, was sie auch für sich selbst innerlich akzeptiert haben. Und sie wären zugleich offen dafür, von ihm zu lernen, was er ihnen voraushaben mag, indem er bereits aktuell durchstehen mußte, worauf sie sich erst antizipierend vorbereitet haben. Aber eine solche Gemeinschaft mit Sterbenden setzt eben eine neue kollektive Grundhaltung voraus, in welcher der natürliche Tod bejaht werden kann.

Manchmal können wir Ärzte Familien begegnen, die zusammen mit einem Mitglied, das sterben muß und das mit allen das Wissen um sein Schicksal teilt, noch eine Phase des intensivsten Zusammenlebens durchmachen. Sie nutzen die noch verbleibende gemeinsame Zeit dazu aus, miteinander eine überaus enge Kommunikation zu pflegen, vieles bislang Ungesagte zusammen zu besprechen, manche nie bewältigten Konflikte zu klären und aufzulösen. So kann eine Sterbezeit für alle Beteiligten eine sehr erfüllende, eine als wesentlicher empfundene Phase als viele frühere der Familiengeschichte werden. Und alle fühlen sich am Ende genügend gestärkt, ohne diejenigen Schuldgefühle und unerledigten Konfliktreste voneinander Abschied nehmen zu können, die sonst den Sterbenden selbst oft unerträglich beschweren und in den Zurückbleibenden den Keim für alle möglichen Formen psychopathogener Dekompensation bilden.

Aber wir müssen zugestehen, daß ein derart bewältigtes Sterben und Sterbenlassen heute eher ein rarer Glücksfall ist. Immerhin weisen solche Erfahrungen, so meine ich, den Weg, welcher Wandlung unserer kollektiven Grundhaltung es bedarf, um Krankheit und Sterben in anderer Weise als bisher in unser gemeinsames Selbstverständnis einzuordnen. Das Problem ist nicht, *daß*, sondern *warum* man Todkranke in Krankenhaus-Badezimmern sterben läßt. Das Problem ist die Ratlosigkeit und die unbewältigte Angst einer immer noch von Größenillusionen besessenen Gesellschaft, die verdrängen muß, was sie noch nicht aushalten kann. Das Abschieben ins Badezimmer ist nichts anderes als der augenfällig gewordene Ausdruck einer Verdrängung, die täglich millionenfach unsichtbar stattfindet, indem man sich überall panikartig innerlich von denen zurückzieht, die der Masse der noch Gesunden abspiegelt, was diese als eigene Bestimmung nicht anzuschauen wagen.

Eine echte fundamentale Revision dieses kollektiven Verhaltensmusters, dem wir Ärzte in höchst konfliktträchtiger Weise ausgesetzt sind, erfordert also eine breite radikale Wandlung unseres gesellschaftlichen Selbstverständnisses. Sterben kann nur akzeptabel werden, wenn es nicht länger den absoluten Gegensatz zu den Aspekten des Lebens darstellt, auf deren Verherrlichung wir bisher eingeschworen sind. Wir müssen lernen, daß zu uns die Ohnmacht wie die Macht gehört, das Leiden wie das Fitsein, die Schwachheit wie die Stärke. Wer das Leiden haßt, muß den Tod verteufeln. Die fatale einseitige Fixierung auf die Ideale von Macht und Größe reproduziert in der politischen Dimension ein ewiges expansionistisches Rivalisieren und die Niederhaltung der Schwachen und Armen, auf deren Kosten sich die jeweils Mächtigeren in Richtung ihrer Ideale zu stabilisieren versuchen. Und gleiches vollzieht der einzelne Mensch in seinem Innern, indem er sich seiner Selbstachtung dadurch vergewissern will, daß er die Seite seiner Zerbrechlichkeit und seiner Hinfälligkeit durch Verdrängung, Überkompensation oder Feindbild-Projektion zu tilgen versucht. Wir müssen also lernen, unser Selbstbild auf ein neues Maß zu bringen und unsere Position gegenüber den Mitmenschen und der Natur mit derjenigen Bescheidenheit zu bestimmen, die uns erlaubt, auch unsere Zartheit, unsere Anfälligkeit und eben auch unsere Sterblichkeit zu akzeptieren.

Dieses Umlernen ist indessen, wie gesagt, nicht als eine einfache Kurs-korrektur vorstellbar, auf die man sich gewissermaßen schmerzlos ver-ständigen und einstellen könnte. Sie bedeutet einen radikalen Bruch mit der herrschenden individuellen und kollektiven Orientierung in unserer sogenannten Fortschrittsgesellschaft. Es geht um eine Umkehr von kul-turrevolutionärem Ausmaß. Als Überwindung unseres soziokulturell verankerten «Gotteskomplexes» habe ich die Aufgabe dieser Umkehr in meinem letzten Buch zu beschreiben versucht. Dabei sehe ich mich in der Nähe zu Vorstellungen des Münsteraner Theologen JOHANN BAP-TIST METZ, der ähnliches kürzlich unter dem Begriff einer allfälligen «anthropologischen Revolution» formuliert hat. «Die Verdrängung des Todes», so schreibt er, «hat uns zu hemmungslosen Unterwerfern ge-macht. Sind wir inzwischen aber nicht längst unserem eigenen Unter-werfungsprinzip unterworfen, jenem Herrschaftsprinzip, das den Tod nur verdrängen kann, indem es selbst immer neue tote Verhältnisse pro-duziert und so die Frage nach einem Leben vor dem Tod immer mehr zur Frage des reinen Überlebens reduziert?» Die «anthropologische Revo-lution», die ihm vorschwebt, nennt er einen «revolutionären Bildungs-prozeß einer neuen Subjektivität». «Es geht dabei», wie er ausführt, «nicht um eine Befreiung von unserer Ohnmacht, sondern von unserer Art der Übermacht; nicht um eine Befreiung von unserem Beherrscht-sein, sondern von unserem Herrschen; es geht nicht um Befreiung von unserem Leiden, sondern von unserer Apathie.»

Kernstück dieser erwarteten grundlegenden Umkehr wäre jedenfalls ein neues Verhältnis zum Leiden. Wer schicksalhaftes Leiden nicht selbst tragen kann, muß es stets anderen zuteilen und dort isolieren – bis er selbst eines Tages dieser Isolation ausgeliefert sein wird, indem schließlich auch die anderen bei ihm nicht werden mittragen wollen, was er bislang verpönt hatte. Aber hier wird sichtbar, daß die er-wünschte «anthropologische Revolution» nicht von den einzelnen Menschen geleistet werden kann. Im «Gotteskomplex» habe ich ge-schrieben, daß man sich die Wandlung nur als einen gemeinsamen Pro-zeß vorstellen könne, «bei welchem man einander hilft, die Angst vor der Ohnmacht und dem Leiden und die Idealisierung der Omnipotenz abzubauen. Vom einzelnen aus gesehen ist an eine kontinuierliche Wechselbeziehung zu denken: Er kann durch offene Anteilnahme an fremder Schwäche lernen, seine eigene Schwäche zu tragen. Aber das Akzeptieren der eigenen Schwäche stärkt wiederum als Voraussetzung die Möglichkeit, sich fremder Schwäche zuzuwenden.» Wie solche

Prozesse, die ja eben auch in die wirtschaftlichen und politischen Strukturen eingreifen müssen, wirksam gefördert werden können, dafür kann heute niemand strategische Lösungsvorschläge machen. Ohne ein Hervorbrechen entsprechender gesellschaftlicher Selbstheilungskräfte, die von unten her kommen müßten und gewiß nicht von oben her herbeiorganisiert oder gar durch Experten ins Leben gerufen werden könnten, wird eine solche Umwälzung nicht zustande kommen. So bemerkenswert manche neue Gedanken sind, die innerhalb der sogenannten alternativen Bewegung produziert werden oder die in der Dritten Welt in manchen Basisgemeinden aufleben, sowenig darf man verkennen, daß noch allenthalben eher abgekapselt und an den gesellschaftlichen Rand gedrängt wird, was diejenigen Verdrängungen gefährdet, welche die Mehrheit der Mächtigen zur unbewußten Selbstschädigung ahnungslos verteidigt.

Weit hinter die Medizin haben diese Überlegungen geführt, aber nicht von ihr fort, sondern geradewegs zu dem Punkt, wo auch und gerade über sie entschieden wird und wo sie selbst mitbestimmen muß, von welchem Menschenbild sie sich in ihrem Tun künftig leiten lassen soll. Sie kann nicht gleichzeitig mit einer absoluten Feindbildtheorie gegen Krankheit und Tod zu Felde ziehen und auf der anderen Seite diejenigen Todkranken partnerschaftlich und einfühlsam begleiten, die ihr Sterben annehmen wollen, um davon nicht wie von einer sinnlosen Katastrophe zerschmettert zu werden. Wir Ärzte benötigen dringend den Beistand der Gesellschaft, wenn wir uns gegenüber Patienten mit unheilbaren Krankheiten und gegenüber Sterbenden zu einer offeneren Haltung bereitfinden sollen. Diese Haltung haben wir ja bislang nicht etwa deswegen verfehlt, weil sie uns unsinnig schien. Aber solange wir noch von einem in letzter Zeit eher angestiegenen allgemeinen Mißtrauen überwacht und unnachsichtig mit Prozessen bedroht werden, sofern wir nicht überall und jederzeit optimale Heilerfolge erzielen, so lange müssen wir verständlicherweise defensiv auf der Hut sein. Wie sollen wir Patienten und Angehörige zum Akzeptieren eines tödlichen Krankheitsverlaufs ermutigen, der uns selbst als unverzeihliches Versagen angelastet zu werden droht? So ist noch immer für viele Ärzte leichter der Vorwurf zu tragen, eine intensivmedizinische künstliche Lebenserhaltung im Einzelfall über Gebühr lange betrieben, als irgendeine auch nur minimal lebensverlängernde Maßnahme unterlassen zu haben, die indessen den geschwächten Kranken ungemein gequält hätte.

Wir müssen diesen Widerspruch einer Gesellschaft täglich austragen, die zwar allenthalben nach mehr Menschlichkeit und nach einem würdigeren Sterben in der Medizin schreit, im gleichen Augenblick indessen Gesunderhaltung um jeden Preis verlangt und uns mit Hilfe juristischer Einschüchterungen unter einen kaum erträglichen Erfolgszwang setzt. Einerseits sollen wir mehr Zeit für geduldige Zuwendung, für einfühlsames Gespräch aufbringen, andererseits maximale Energie darauf verwenden, als Gesundheitsingenieure unfehlbar zu werden. Selbst gehetzt von gewaltigen mißtrauensbesetzten Erwartungen, sollen wir gleichzeitig ein mildes, kommunikatives Klima stiften und den Menschen tröstend jene Ängste nehmen, mit denen sie uns gleichzeitig den Atem rauben.

Wir Ärzte könnten uns also leicht auf das Argument zurückziehen, das Publikum solle vorerst den Widerspruch in den eigenen Erwartungen auflösen, statt uns zu Sündenböcken zu machen. Die Menschen sollten erst einmal mit sich selbst, miteinander und mit uns humaner, nachsichtiger und bescheidener umgehen, statt von uns das menschliche Klima quasi als Therapie zusätzlich zu einer obendrein perfekten Reparatur der Maschine Organismus geliefert bekommen zu wollen. Gerechterweise müssen wir uns indessen in diese Aufgabe einbezogen fühlen, und zwar nicht nur, um unserer Therapeutenrolle besser zu genügen. Es geht ja auch um unser eigenes Wohl. Wir haben es bitter nötig, uns mitzuverändern, um den Zustand des permanenten Gehetztseins und der inneren Spannung zu überwinden, der zweifellos ein maßgeblicher Grund für die statistisch bekannten besonders hohen Gesundheitsrisiken darstellt, die wir zu tragen haben. Und wie kann einer glaubwürdig ein guter Arzt sein, der sich durch permanente Selbstüberforderung fortschreitend gesundheitlich ruiniert und seine Lebenserwartung verkürzt? Bislang wird die erschreckende eigene Mortalität in unserem Berufsstand vielfach noch als Beleg für unsere heroische Selbstaufopferung moralisch verherrlicht. Es schien immer wie eine unwiderlegliche Rechtfertigung unseres altruistischen Engagements, daß wir Ärzte die eigene Gesundheit so augenfällig aufs Spiel setzen. Die Absurdität dieser Perspektive wird indessen nun unabweisbar. Aus der psychosomatischen Medizin wissen wir, daß ein innerlich unausgeglichener Arzt unfähig ist, Patienten zur Lösung derjenigen psychischen Spannungen zu verhelfen, die sich zumal in der ambulanten Praxis so oft als pathogener Hintergrund von Beschwerden erweisen. Unabhängig davon, was der Arzt sagt und rät, beeinflußt er den Patienten psychisch entscheidend dadurch, wie sanft oder wie gewaltsam er mit sich selber umgeht. Subtiler und nachdrücklicher, als man lange Zeit angenommen hat, werden diese mehr atmosphärischen Charakteristika des Arztes vom Kranken aufgenommen und bilden also je nachdem einen positiven oder negativen therapeutischen Faktor. So kann man sagen, daß der Arzt auch seinen Patienten etwas Gutes antut, indem er pfleglicher auf sich selbst achtet, als er dies bislang üblicherweise getan hat. Aber es ist beileibe nicht von nachgeordneter Wichtigkeit, daß er – statt, wie man sagt, sich in seiner Tätigkeit zu verzehren – sich auch darum bemüht, um seiner selbst willen mit sich als Person ins reine zu kommen. Er braucht, um dem Druck der vielen ängstlich mißtrauischen oder ihn trügerisch überidealisierenden Patienten standzuhalten, eine klare und feste Position. Um sich nicht mit den auf ihn eindringenden Rollenerwartungen zu verwechseln, benötigt er eine eindeutige Identität als Mensch wie als Arzt. Er muß das Leben lieben, aber auch seinem Sterben offen entgegensehen können. Und er muß seiner Kunst mit jener Selbstgewißheit vertrauen, welche die Bescheidenheit des Wissens einschließt, daß eben nicht alles für und von Menschen machbar ist, die Geschöpfe mit ewigen natürlichen Schwächen sind. Er wird die ihm zu Gebote stehenden Hilfsmittel der naturwissenschaftlichen Medizin anwenden, aber nicht aus Angst jeden Patienten durch die sogenannte Mühle einer apparativen Maximaldiagnostik drehen, nur um sich selbst und den Kranken durch polypragmatischen Eifer zu beschwichtigen. Und er wird bei aller sorgfältiger Nutzung labormedizinischer Hilfsmittel dem Patienten deutlich machen, daß nicht dieses Instrumentarium an sich, sondern daß primär sie beide, Arzt und Patient, miteinander letztlich zu klären haben, wo die Krankheit herkommt, wie man etwa die pathologischen Laborbefunde in Beziehung setzen muß zu einer Krise in der Ehe, zu einem Ärger am Arbeitsplatz, zu finanziellen Bedrängnissen usf. Und er wird mit dem Patienten einfühlsam abstimmen, was der Kranke für sich oder etwa auch zusammen mit seinen Angehörigen zur Förderung seiner Gesundheit tun kann und was für sie beide, Arzt und Patient, gegebenenfalls an therapeutischer Kooperation zu tun übrigbleibt. Und der Arzt wird den Ratsuchenden spüren lassen, daß alles, was auch immer gemacht werden soll, nur etwas Gutes stiften kann, wenn es in Geduld, in Vertrauen, in Hoffnung, aber auch in der Gewißheit geschieht, daß man nichts erzwingen kann. Er wird sich von dem Kranken innerlich berühren lassen und sich auch selbst nicht als Mensch verbergen, also auch seine Teilnahme spüren lassen. Und dies im Wissen um die Distanz, die durch seine Sachautorität als Experte und durch seine gutachterliche Funktion gegeben ist. Denn er ist ja eben auch – wie dies VIKTOR VON WEIZSÄCKER genannt hat – ein Halbrichter über den Kranken, über dessen Arbeits- und Erwerbsfähigkeit er oft zu entscheiden hat. Aber gerade weil Arbeitsfähigkeit nicht unmittelbar ablesbar aus pathophysiologischen Befunden ist, sondern ebenso mit dem unbewußten und bewußten Wollen des Kranken wie mit den Bedingungen der Arbeit bzw. des Arbeitsmarktes zu tun hat, muß sich der Arzt wiederum der Person seines Patienten nähern, sich in ihn und seine soziale Situation einfühlen, um mit ihm gemeinsam herauszufinden, was für ihn möglich und zumutbar ist.

Der Patient benötigt jedenfalls eine Medizin, die ihn ganzheitlich wahrnimmt in den Wechselbeziehungen von seelischer und körperlicher Verfassung, eingebettet in eine bestimmte soziale Situation. Die in den letzten Jahrzehnten fortgeschrittene Spezialisierung innerhalb des reinen Praxisfeldes steht nicht in notwendigem Widerspruch zu dem ärztlichen Ziel, den Patienten und seine Lebensumstände als Ganzheit zu sehen und zu behandeln. Wesentlich ist die grundlegende Einsicht für jeden Arzt, daß er infolge der unerläßlichen Beschränktheit der eigenen Ausbildung stets der kollegialen Kooperation bedarf, um sein diagnostisches und therapeutisches Gesichtsfeld zu erweitern. Die meisten jungen Ärzte, die sich heute in der Praxis niederlassen, haben zuvor einen Facharzttitel («Gebietsbezeichnung») erworben. Indessen wächst die Zahl derjenigen, die der Gefahr der Vereinseitigung bewußt dadurch entgegenzuwirken versuchen, daß sie sich von vornherein mit Kollegen benachbarter Fachgebiete oder mit Allgemeinärzten zu einer Gemeinschaftspraxis zusammentun. In der Gemeinschaft läßt sich eher eine gewisse Ganzheitlichkeit in der Arbeitsperspektive verwirklichen. Einige Ärzte versuchen obendrein, Psychologen und Sozialarbeiter in ihr Team aufzunehmen. Diese vom Konzept her sehr plausibel erscheinende Ergänzung der Praxisgemeinschaft wird freilich immer noch durch widrige Kostenregelungen erschwert, wenn nicht verhindert.

Auch in den Krankenhäusern wird zum Teil mit neuen Kooperationsmodellen experimentiert. Man erkennt es als sinnvoll an, wenn Ärzte, Schwestern, Pfleger, Klinikpfarrer und Sozialarbeiter sich regelmäßig zusammensetzen, ihre Erfahrungen mit den Patienten austauschen und ihre Konzepte aufeinander abstimmen. Der einzelne Patient fühlt sich eher als Ganzheit behandelt, wenn er spürt, daß die Vertreter der verschiedenen Personalgruppen nicht isoliert nebeneinander herarbeiten, sondern ihn als kooperierende Gemeinschaft betreuen.

Überhaupt gewinnt die Aufgabe der partnerschaftlichen Kooperation nicht nur in der eigenen Kollegenschaft, sondern zugleich mit anderen Heilberufen und sozialen Nachbarberufen für den Arzt eine steigende Bedeutung. Krankenschwestern und Pfleger bilden nur noch rund die Hälfte der über 300 000 Menschen, die sich in vielen zum Teil erst neuentwickelten nichtärztlichen Heilberufen ausgebildet haben. Schon jetzt zeigt sich, daß einzelne andere Berufsgruppen durch Aus- und Fortbildung sogar in die Qualifikation für selbständige therapeutische Aufgaben hineinwachsen, denen sich die Ärzte selbst nur ungenügend widmen. Ein Beispiel stellen die psychotherapeutisch weitergebildeten Psychologen dar, die bereits vor einer definitiven gesetzlichen Regelung praktisch die Versorgung psychisch Kranker in eigener Verantwortung mittragen. Sofern die Verselbständigung weiterer Heilberufe nicht zur Abspaltung zentraler ärztlicher Aufgaben führt, was im Falle der klinischen Psychologen allerdings durchaus als Gefahr bedacht werden muß, eröffnet diese Entwicklung manche sinnvollen Perspektiven. Als eine Folge ist u. a. eine Revision der absoluten Sonderstellung des ärztlichen Berufsstandes abzusehen. Vielleicht könnte diese dazu beitragen, den Mediziner von den ihn immer noch einseitig idealisierenden und zugleich überfordernden gesellschaftlichen Erwartungen allmählich zu entlasten.

Auf der Patientenseite gewinnt neuerdings eine Strömung an Bedeutung, die bereits eine sehr deutliche Abkehr von der traditionellen Arztvergötterung demonstriert. Das ist die Bewegung der Selbsthilfegruppen. Immer mehr Menschen, die mit chronischen Krankheiten, psychischen Beeinträchtigungen, Behinderungen, Süchten behaftet sind, schließen sich zu Selbsthilfegruppen oder auch größeren Selbsthilfeorganisationen zusammen. Der Arzt sieht sich durch diese Bewegung zum Teil von Anspruchsdruck entbunden, zum Teil muß er sich erst daran gewöhnen, daß manche seiner Angebote nicht mehr angenommen werden. Und es mag ihn auch irritieren, daß man sich in manchen Selbsthilfegruppen nicht nur stützend und ermutigend umeinander kümmert, sondern zugleich mit wachsender kritischer Wachsamkeit verfolgt, was in der professionellen Medizin vor sich geht.

Jedenfalls findet der Arzt gegenwärtig um sich herum zahlreiche Anzeichen, die ihm helfen könnten, seine Tätigkeit und seine Stellung so zu verändern, daß sie sich sinnvoll in die Ansätze zu gewissen positiven sozialen Wandlungen einfügen. Zweifellos verbleibt ihm die Aufgabe, sein Vermögen und sein Nichtvermögen kritischer als zuvor einzuschätzen und in größerer Offenheit zu deklarieren. Darüber hinaus muß er erkennen, daß der Ertrag seines Wirkens zu jeder Zeit davon abhängt, ob sich in der Gesellschaft krankheitsverhütende bzw. rehabilitationsfördernde Lebensverhältnisse vermehrt durchsetzen können, wozu er freilich nach den Maßstäben seines fachlichen Wissens und mit persönlichem Engagement sein Teil beharrlich beizusteuern versuchen sollte.

Damit ist die politische Mitverantwortung des Arztes angesprochen. Gestatten Sie mir, dieser noch ein abschließendes Wort zu widmen. Denn gerade auch an diesem Punkt gilt es, wie mir scheint, daß wir gegenwärtig das Selbstverständnis unseres Berufsstandes kritisch überprüfen. Noch immer ist es weithin üblich, absolute politische Abstinenz für ein nahezu selbstverständliches Gebot ärztlicher Ethik zu halten. Es heißt, nur wer sich von politischen Kontroversen fernhalte, könne der gesellschaftlichen Rolle eines Helfers für alle gerecht werden. Als Patienten seien alle Menschen gleich. Und jedermann, wo er auch immer politisch stehe, habe denselben Anspruch auf engagierte ärztliche Zuwendung. Aber setzt die Erfüllung dieses Anspruchs, deren Notwendigkeit niemand ernstlich bestreiten kann, tatsächlich beim Arzt die Vermeidung politischer Stellungnahme voraus? Verlangt nicht vielmehr umgekehrt diese Verantwortung für das Wohl der Gesamtheit eine stetige kritische Anteilnahme an solchen politischen Entscheidungen, von denen die gesundheitlichen Interessen großer Gruppen oder gar der gesamten Bevölkerung unmittelbar berührt werden? Sind wir nicht auf Grund unserer Kompetenz diejenige Berufsgruppe, die unablässig darüber zu wachen hätte, daß bei der immer totaleren Durchorganisation unserer Lebensverhältnisse die Gesundheitsvorsorge für die Menschen nicht laufend hinter ökonomisch-technische Zweckmäßigkeiten zurückgestellt wird? Droht uns etwa nicht eine Gesellschaft, in der Gesundheit nur noch als das augenblickliche reibungslose Mitfunktionieren der Bürger in einem total programmierten und bürokratisierten Betrieb verstanden wird? Eine Gesellschaft, die immer weniger danach fragt, wie die einzelnen sich als Personen wirklich fühlen und befinden und wie sie ihre Kräfte vor vorzeitigem Verschleiß bewahren können? Spiegelt sich diese Entwicklung nicht deutlich genug in der Förderung von Verhaltensweisen, die unsere Forschung als gravierende Risikofaktoren bei verschiedenen gefährlichen Volkskrankheiten, wie etwa bei der Koronarerkrankung, entlarvt hat?

Viele bislang mangelhaft gelösten Aufgaben der präventiven und der rehabilitativen Medizin verlangen eine intensivere und aktivere ärztliche Einmischung in die Gestaltung der Bedingungen für Arbeiten und Wohnen, für die Freizeiterholung, für die Erfüllung der speziellen Bedürfnisse von Kindern, von alten Leuten, von Behinderten, chronisch Kranken usw. Die Meinung, ein so hochspezialisierter Berufsstand sollte sich zu schade sein, um Zeit in derlei profanen und mühseligen politischen Geschäften zu vergeuden, ist gefährlich und gewiß auch eher Rationalisierung jener Realitätsblindheit und Konfliktscheu, wie sie sich leicht in Tätigkeiten einstellen, die sich in abgeschirmten privilegierten sozialen Feldern abspielen.

Was am Ende geschehen kann, wenn die Ärzteschaft die ihr aufgegebene besondere politische Mitverantwortung verkennt, darüber sind wir ja gerade in unserem Lande unlängst wahrlich furchtbar belehrt worden. Da ließen sich bekanntlich Teile einer sich als unpolitisch verstehenden Medizin für die unheilvollsten Zwecke instrumentalisieren. Nahezu kampflos fügte man sich in die verordnete Mitwirkung bei den Massensterilisationen und schließlich gar bei dem entsetzlichen Euthanasieprogramm. Es mag in gewisser Hinsicht berechtigt sein, in denjenigen Ärzten, die damals konformistisch viel Böses mittaten, die wehrlosen Opfer eines diabolischen Systems zu sehen. Aber eben diese Wehrlosigkeit war selbst verschuldet. Vor der Möglichkeit ahnungsloser Anpassung an inhumane Zumutungen vermag sich in der Tat dauerhaft nur eine Ärzteschaft zu schützen, die sich mit geschärftem Sinn und in mutiger Konfliktbereitschaft kontinuierlich überall dort in Politik einmischt, wo das physische, das psychische und das soziale Wohlbefinden der Menschen auf dem Spiele stehen. Man hat gegen den Gesundheitsbegriff der WHO, der diese drei Dimensionen in der offiziellen Definition in sich vereinigt, oft wegen seiner weiten Fassung polemisiert. Ich meine, daß dieser Begriff als Aufruf immerhin einen wichtigen Sinn erfüllt, indem wir ihn als Ermutigung verstehen können, uns einer gesellschaftlichen Verantwortung zu stellen, die wir von uns aus, alter Tradition folgend, eher zu eng auszulegen gewöhnt sind.

Literatur

BREDDEMANN, J.: Das Krankenhaus zwischen humanistischem Anspruch und ökonomischer Realität. In: Vernachlässigte Gesundheit. Hg. H. U. Deppe. Verlag Kiepenheuer & Witsch, Köln 1980

METZ, J. B.: Jenseits bürgerlicher Religion. Kaiser Verlag, München 1980

RICHTER, H. E.: Der Gotteskomplex. Rowohlt Verlag, Reinbek 1979

SCHAGEN, U.: Ambulante medizinische Versorgung. In: Vernachlässigte Gesundheit. Hg. H. U. Deppe. Verlag Kiepenheuer & Witsch, Köln 1980

UEXKÜLL, TH. V.: Diskussionsbemerkung in: Grundprobleme und Prioritäten einer kostenorientierten Versorgung. Hg. Zentralinstitut f. d. Kassenärztl. Versorgung. Deutscher Ärzte-Verlag, Köln-Lövenich 1979

WEIZSÄCKER, V. V.: Soziale Krankheit und soziale Gesundung (1930). Vandenhoeck & Ruprecht, Göttingen, 2. Aufl. 1955

8. Lernen,
aufeinander angewiesen zu sein *

Der Frage nachzugehen, wie wir mehr aneinander Anteil nehmen und mehr füreinander tun können, dazu werden wir durch die augenblickliche weltpolitische Lage nicht gerade ermutigt. Angst und Mißtrauen gehen um. Umfragen besagen, daß nahezu die Hälfte unseres Volkes die Möglichkeit eines Krieges ins Auge faßt. Wir starren auf eine grauenhafte Gefahr, die uns von außen zu bedrohen scheint. Pessimismus folgt aus der resignativen Einschätzung: Wie friedlich und kooperativ ich mir selbst auch immer das Zusammenleben mit anderen Menschen und Völkern auf dieser Erde wünsche – ich fühle mich wehrlos gegenüber einer destruktiven weltpolitischen Entwicklung, sosehr ich diese auch verabscheuen mag.

So oder ähnlich dürften die Menschen in allen in die derzeitige Konfliktlage verwickelten Ländern ihre Situation empfinden. Abgesehen von wenigen Gruppen aufgeputschter Fanatiker, wird man nirgends die Verbreitung einer kriegsbejahenden Stimmung finden. Die Menschen sehen sich in der Art, wie sie leben wollen, durch etwas gefährdet, was sie wie ein völlig unberechenbares Naturereignis überfallen könnte.

Dabei wird vielfach verkannt, daß wir unablässig von einer expansionistischen Machtpolitik umgeben sind, in der beträchtliche Risiken stecken. Beide Weltmächte sind darin verwickelt. Sie rivalisieren um die Behauptung oder Eroberung wirtschaftlich oder militärisch wichtiger Grauzonen, die noch nicht von der einen oder anderen Seite definitiv dem eigenen Einfluß unterworfen werden konnten. Da wird, wie immer getarnt, mit aufwendigen Einsätzen der Geheimdienste und allen möglichen Formen politischen und wirtschaftlichen Drucks gerun-

---

* Rede anläßlich des Empfangs des Theodor-Heuss-Preises, März 1980 in München

gen. Regionale militärische Aktionen sind nur die sichtbare Eskalationsstufe eines unablässigen erbitterten Kampfes, der sich sonst im dunkeln abspielt. Kurz gesagt: Es bedeutet eine Verleugnung der Realität, wenn wir uns einreden, die von Zeit zu Zeit über uns hereinbrechenden weltpolitischen Krisenlagen seien für uns ganz und gar rätselhaft. Da seien irgendwelche fremden Mächte am Werke, von denen wir nichts wüßten und mit denen wir auch nichts zu tun hätten.

Aber wir verleugnen eben nicht allein die Gefahrenpotentiale einer uns umgebenden Machtpolitik, die sich nicht nur gelegentlich, vielmehr ständig am Rande von brisanten Konfliktfällen bewegt. Wir geben uns obendrein alle Mühe, jeglichen Zusammenhang zwischen unseren persönlichen Motiven und diesen bedrohlichen politischen Prozessen zu übersehen. Oder wir akzeptieren diesen Zusammenhang eben allenfalls einseitig in der Rolle von passiv Betroffenen. Wir glauben, daß da nur von oben her etwas mit uns oder gegen uns gemacht werde. Tatsächlich gehen wir aber auf den Wegen dieses Machens insgeheim willig mit und reagieren regelmäßig erst dann erschreckt als vermeintlich Vergewaltigte, wenn der Kurs, was sich hätte vorhersehen lassen, immer wieder nahe an fürchterliche Abgründe heranführt. Es ist bezeichnend, daß uns dieses Erschrecken dann eher veranlaßt, uns ängstlich zu ducken und wie gelähmt abzuwarten, was nun weiter passiert. Vermutlich wird dieser resignative Fatalismus von der zumindest unbewußten Ahnung mitbestimmt, daß jeder von uns doch persönlich in die Prinzipien verwickelt ist, die diesen unheilvollen Lauf der Dinge möglich gemacht haben.

Imperialistische Expansionspolitik ist schließlich nichts anderes als die indirekte Manifestation einer Lebenshaltung, die seit der Renaissance unsere gesamte Zivilisation entscheidend bestimmt. Es ist die einseitige Ausrichtung auf Größe und Macht als Ziele der menschlichen Selbstverwirklichung. Je mehr nun in der modernen bürokratisierten Massengesellschaft die Möglichkeit geschwunden ist, dieses expansionistische Ideal als einzelner direkt zu verwirklichen, um so eher hängen sich solche Hoffnungen ersatzweise an kollektive Gebilde. Für die Unerfüllbarkeit individueller egoistischer Wünsche soll dann ein erfolgreicher Kollektivegoismus entschädigen, an welchem man durch Identifizierung teilnimmt. Und die jeweiligen Träger der Führungsämter werden danach gewählt und in ihrer Beliebtheit laufend daran gemessen, inwieweit sie für das Kollektiv stellvertretend erreichen, was die einzelnen nicht mehr vermögen. So spiegelt sich schließlich selbst im Bild der großen Politik vieles davon wider, wie wir selber sind und welche Ziele wir verfolgen.

Trotz aller Komplizierung der politischen Materien und der Automatik mancher sozioökonomischer Abläufe enthüllt sich gerade in Krisenzeiten eine wichtige dynamische Beziehung zwischen dem Befinden und den Erwartungen der Massen einerseits und den ihre Geschicke lenkenden politischen Führern andererseits. Seit geraumer Zeit erleben wir etwa mit Bangen und Hoffen mit, was sich in Amerika, von dessen Politik wir hier abhängig sind, an aufschlußreichen sozialpsychologischen Prozessen zwischen dem Volk und seinem Präsidenten abzuspielen scheint. Vieles davon können wir durchaus als repräsentativ auch für unsere eigene Situation ansehen. Lassen Sie mich bitte diese Betrachtung noch einen Schritt weiter verfolgen, um dadurch einen bestimmten Gedanken verdeutlichen zu können:

Vor der letzten Präsidentschaftswahl steckte man in den Vereinigten Staaten noch tief in der Scham über die Debakel von Vietnam und Watergate. So hielt man Ausschau nach einem Kandidaten, der in erster Linie moralische Integrität repräsentieren sollte. Von dem frommen Carter, der im Gegensatz zu Ford nicht mehr durch den Nixon-Skandal belastet war, erwartete man vor allem, daß er der Nation die Rolle der moralischen Führungsinstanz in der Welt zurückgewinnen sollte. Man wollte durch ihn das Selbstbild des guten Amerikaners wie des anständigen, sauberen Amerikaners restaurieren. Die Flucht von Nixon zum Gegentyp Carter wies auf die angstbetonte Phantasie hin, daß nur radikaler Moralismus imstande sein würde, vor dem neuerlichen Durchbruch rücksichtslosen Machtwillens zu schützen. Aber als Carter dann, ohne die Erwartungen an seine moralische Festigkeit zu enttäuschen, nach außen wie nach innen beträchtliche Durchsetzungsschwierigkeiten erkennen ließ, verlor er bekanntlich rasch an Beliebtheit. Man verübelte ihm, was man im frischen Schock nach Vietnam und Watergate noch anders bewertet hatte, daß er nämlich offensichtlich mit der Macht schlechter als mit der Moral umzugehen wußte. Unversehens verschoben sich in der öffentlichen Meinung wieder die Prioritäten. Man wünschte sich zwar ein gutes, aber zuvor doch ein starkes Amerika, also eben auch einen starken und machtpolitisch erfolgreichen Präsidenten. Jetzt genügte offensichtlich der hochempfindliche Moralist nicht mehr, den man vor kurzem noch vorrangig gesucht hatte. Und man vermißte um so mehr die soeben noch weniger beachteten Qualitäten des robusten, dominanten Siegertyps. – Aber da kam es nun zu der unerwarteten großen Herausforderung durch den sowjetischen Afghanistan-Überfall. Dieser bot Carter die einzigartige Chance zum Einsatz der spezifischen Variante von Stärke, die seiner Struktur eigen ist. Das ist die unbeirrbare, bis zur Rigidität steigerungsfähige Härte in der Abwehr des eindeutig moralisch Bösen. Das ist derjenige Feind, an welchem er zum unbeugsamen Gegner wachsen kann. Und das danken ihm nun die Amerikaner, die sich damit endlich wieder seit Vietnam zugleich als gut wie als stark und kämpferisch darstellen dürfen. Nämlich in der Pose der großen wehrhaften Beschützer, die das Böse machtvoll in Schach halten und bestrafen. Als der unerbittliche moralische Ankläger ist Carter wieder ihr Mann. Und durch ihren Applaus bestärkten sie ihn in dem Kurs, der ihm die schon verlorenen geglaubte Chance zur Wiederwahl zurückzubringen scheint.

Aber mit der Psychologie des moralischen Rigorismus ist stets die Gefahr unkritischer Selbstgerechtigkeit und einer irrationalen Polarisierung verbunden. Moralischer Rigorismus kann eine Unversöhnlichkeit hervorbringen, die gerade dasjenige Böse fixiert oder gar verstärkt, dessen Überwindung ihr erklärtes Anliegen ist. Sie kann zur Eskalation treiben, was eigentlich entschärft werden sollte. Der hartnäckige Drang, Unrecht zu bestrafen, kann sich selbst in Unmoral verwandeln, wenn damit auf der Gegenseite die Chance, sich zurückzunehmen, verbaut wird.

So wie noch unlängst die Amerikaner wegen Vietnam haben nunmehr die Sowjets wegen Afghanistan erfahren müssen, daß solche imperialistischen Akte ohne eine verhängnisvolle Selbstisolierung in der Welt und ohne Destabilisierung sogar innerhalb des eigenen Bündnissystems nicht mehr möglich sind. Was die einen schon gelernt haben, müssen die anderen jetzt wohl oder übel nachvollziehen. Solche Lernprozesse von außen mit einer besonnenen Reaktionsweise zu fördern bietet in einer Krisenlage wie der jetzigen die einzige Chance zur Abwendung des Schlimmsten. Nur wenn man zu unterstellen hätte, daß regelrechte megalomane Verblendung jegliche entsprechende Lernfähigkeit ausschlösse, wäre der Vergleich mit der Nazi-Geschichte korrekt. Aber zum Glück sprechen die Anzeichen dafür, daß diese Voraussetzungen zur Zeit nicht gegeben sind.

M. D. u. H., wo ist nun der Zusammenhang zwischen diesem Exkurs und dem mir aufgegebenen Thema? Mir ging es darum darzutun, daß wir uns durch die bedrückenden Prozesse der Weltpolitik gerade nicht davon abhalten lassen dürfen, unser gemeinsames Selbstverständnis zu klären. Die psychische Grundhaltung der Menschen wirkt sich bis weit in den politischen Bereich hinein aus. Nur wenn wir uns selbst ändern, können wir glaubwürdig eine verläßlichere Friedenpolitik verlangen. Diese folgt natürlich nicht automatisch aus einer gewandelten Motivation der Bürger. Aber dieser Motivationswandel ist eine vielfach unterschätzte Bedingung. *Rückschläge der Entspannungspolitik, was sie auch immer sonst für Gründe haben mögen, sind zugleich ein Zeugnis für unser aller soziale Unreife.* Das allgemeine Selbstbild des braven Bürgers, der ausschließlich zu einem friedvollen Zusammenleben mit den Nächsten und Ferneren in aller Welt motiviert ist, trügt. Zwar wünschen wir uns durchweg im Kleinen wie im Großen ein entspanntes Zusammenleben in schöner Eintracht, gewiß. Aber wir alle sind in dieser Einstellung noch keineswegs verläßlich. Das Pendeln zwischen den Haltungen, die ungefähr durch das Bild Nixons und ungefähr durch das Bild Carters repräsentiert werden, ist in gewisser Weise für unser aller Mentalität symptomatisch. Zwar regt sich in letzter Zeit mehr Unbehagen über Äußerungen ungezügelten Machtwillens. Aber in der Sehnsucht nach einem Miteinander in Menschlichkeit und Solidarität schwingt allenthalben noch die große Angst mit, diesem Ideal nicht gewachsen zu sein. Zugleich fehlt überwiegend noch der Mut, sich eben dieses Selbst-Mißtrauen einzugestehen. Deshalb wendet sich der Argwohn allzuleicht nach außen und heftet sich ausschließlich an äußere Feindbilder. Daß man einander durch immer gefährlichere Aufrüstung in Furcht hält, rechtfertigt man wie eh und je mit dem erstrebten Schutz vor der einseitigen Unverläßlichkeit der anderen. Angst und verdrängte Selbstvorwürfe sind auch die Quelle jeglichen moralischen Rigorismus, dem stets die Funktion zufällt, einen unverarbeiteten Teil von Selbstzweifeln zu kompensieren. So kann es dann leicht passieren, daß trotz beharrlicher Beschwörung der Menschlichkeit und der Menschenrechte das Unheil gefördert wird, das gerade abgewendet werden soll. In Kleinformat ereignet sich dies täglich millionenfach in den Familien, wo Eltern die Selbstkontrolle ihrer Kinder unbewußt gerade dadurch schwächen, daß sie diese fortwährend mit übertriebenen Drohungen davor warnen, was sie selbst als unterdrückte eigene Triebgefahr in sich fürchten. Einer ähnlichen Selbsttäuschung unterliegt die kollektive Reaktion, unter dem Vorwand der Erhaltung der Staatssicherheit unterbittlich überall registrieren, observieren und disziplinieren zu wollen, wo immer sich radikale Kritik an unseren gesellschaftlichen Verhältnissen artikuliert. Dabei liegt eine große Schwierigkeit allemal darin, daß diejenigen, die hier oder dort solche einschüchternden Überreaktionen praktizieren, sich kaum je durch Hinweis auf den Schaden umstimmen lassen, den sie anrichten. Die Aufhebung der Sündenbockprojektion erscheint als unerträgliche Bedrohung der Selbstachtung. In der Psychotherapie eines einzelnen oder einer Familie kann es unter mancherlei Mühe mit der Zeit gelingen, einen moralistischen Fanatiker allmählich dazu zu ermutigen, die Projektion seines verdrängten Selbstmißtrauens und Selbsthasses zurückzunehmen und sich daraufhin mehr Versöhnlichkeit in seinen sozialen Beziehungen zu gestatten. Aber der Psychoanalytiker weiß wohl, daß sich daraus kein praktisches Rezept ableiten läßt, diesem Phänomen im gesellschaftlichen Maßstab beizukommen.

Immerhin ist es zumindest sinnvoll, daß wir unablässig denjenigen unserer üblichen Selbsttäuschungen nachspüren, die uns im Kleinen wie im Großen daran hindern, uns wechselseitig in der Fähigkeit zu einem kooperativen Zusammenleben zu stärken. Die Kette dieser Illusionen beginnt bereits bei denjenigen Elementen unseres Selbstverständnisses, die den allermeisten als absolut unstrittig erscheinen. Etwa bei dem Begriff der *Selbstverwirklichung* oder dem Begriff der *freien Selbstentfaltung der Persönlichkeit.* So eindeutig man diese Zielvorstellung bejahen kann, ja muß, so unerläßlich ist es, ihren Sinn kritisch zu überprüfen.

Jeder einzelne von uns ist noch zutiefst beeinflußt von einer seit der Renaissance etablierten Grundhaltung, die Größe, Stärke und absolute Unabhängigkeit als Ziele der individuellen Entfaltung verherrlicht. In jeweils unterschiedlicher Weise spiegelt sich diese Grundhaltung in Nietzsches Vision des Übermenschen und Herbert Marcuses Utopie von dem befreiten Wesen, das sich schmerzlos alle Bedürfnisse befriedigt und sich in einem grandiosen narzißtischen Selbstgefühl ergehen kann. Jedenfalls ist nicht zu verkennen, daß sich seit dem Mittelalter in den westlichen Gesellschaften ein Selbstkonzept verbreitet hat, das für den einzelnen durch egozentrische Größenideen, für unsere Zivilisation im ganzen durch entsprechende kollektive Größenvorstellungen im Sinne eines unendlich machbaren Fortschritts gekennzeichnet ist. Ohnmacht, Schwäche, Krankheit und Leiden erscheinen in diesem Selbstbild weithin als vermeidbar oder gar als aufhebbar. Das hat praktisch dazu geführt, daß jeweils die Mächtigeren durch Unterdrükkung die Schwäche und das Leiden bei anderen gewissermaßen deponieren wollen, um sich selbst davon freizuhalten. Das ist der psychologische Hintergrund einer im Prinzip imperialistischen Grundhaltung, die sich auf allen Ebenen vom Mann-Frau-Verhältnis bis zu sämtlichen Varianten von ausbeuterischem Kollektivegoismus wiederholt. Der ausgeprägt egozentrische Zug der Zielvorstellung bedingt automatisch ein Klima sozialen Mißtrauens. Man benötigt Schutzvorkehrungen, daß nicht die Selbstentfaltung des einen die des anderen blockiert. In dem tradierten Leitbild von der persönlichen Selbstverwirklichung steckt also ein potentiell antisoziales Element, das offensichtlich durch moralische und gesetzliche Normen streng kontrolliert werden muß. In diesem Sinne heißt es denn auch in Artikel 2 unseres Grundgesetzes: «Jeder hat das Recht auf die freie Entfaltung seiner Persönlichkeit, soweit er nicht die Rechte anderer verletzt ...» Die voll entfaltete freie Persönlichkeit wäre also unter Umständen ein sozialer Schädling. Selbstverwirklichung und Solidarität stehen demnach in einem grundsätzlichen Spannungsverhältnis zueinander.

Dieses tradierte Konzept führt auch ganz zwangsläufig zu einer bestimmten einseitigen Interpretation des *sozialen Helfens*. Dieses bekommt automatisch einen Akzent von Selbstüberwindung, von Verzicht und Opfersinn. Denn wer seine Persönlichkeitsentfaltung nicht erst dort begrenzt, wo er andere nicht verletzt, sondern schon viel früher, indem er gewissermaßen das Wachstum anderer auf Kosten des eigenen fördert, der scheint eine besonders hohe moralische Achtung zu verdienen. Denn offenbar hat er sich einen Verzicht auf natürliche Selbstverwirklichung zugunsten einer altruistischen Haltung abgerungen, die zu jener in Widerspruch steht.

In letzter Zeit hat man freilich unter Wiederaufnahme von Ideen NIETZSCHES, SCHELERS und FREUDS aufs neue entdeckt, daß sich soziales Helfen sogar durchaus auch, und zwar in verschiedenartiger Weise, in das klassische egozentrische Lebenskonzept einfügen kann. Mit Hilfe einer Mitleidsmoral können die Schwächeren die Stärkeren in der Gesellschaft entwerten und damit über diese triumphieren. Und im sozialen Helfen läßt sich auch insgeheim Macht und Größe gegenüber den ohnmächtigen und schwachen Hilfsbedürftigen genießen. So kann sich scheinbarer Altruismus als eine besonders raffinierte Strategie egoistischer Selbstverwirklichung entlarven. Kritische und selbstkritische Analysen dieser Art sind überaus nützlich, weil sie mit der falschen Verklärung eines Phänomens ein Ende machen, das immer wieder als Zeugnis dazu mißbraucht wurde, das Bild einer radikal egozentrischen und imperialistischen Gesellschaftstradition schönfärbend zu verfälschen. Die verlogene Idealisierung von vermeintlichen Repräsentanten eines reinen altruistischen Edelsinns entstammt der Scham einer Gesellschaft, welche mit der Häßlichkeit des ewigen brutalen Miteinander-Rivalisierens nicht fertig wurde und diesen Defekt durch eine Kontrastillusion kompensieren mußte. KANT durchschaute diese Verlogenheit übrigens früh, indem er unter zeitgemäßer Voraussetzung einer im Prinzip egoistischen Bedürfnisstruktur des Menschen lediglich Achtung für die sittliche Pflicht und nicht etwa altruistische Neigungen als Bedingung moralischen Verhaltens akzeptierte.

Nun scheinen wir freilich in eine Phase einzutreten, in der sich Zweifel an der traditionellen Wertorientierung mehren. Der ewige Zwang zum Rivalisieren widerspricht so offensichtlich unserer gemeinsamen Lage, daß sich die Wünsche nach einer anderen, nach einer kooperativeren Form des Zusammenlebens verstärken. Indessen herrscht da offensichtlich noch große Zwiespältigkeit. Dieser charakteristischen Ambivalenz begegnet der Psychotherapeut in steigendem Maße bei jungen, aber auch bei älteren Menschen, die hin und her schwanken, ob sie sich nach wie vor den vorgefundenen Strukturen und Normen der Rivalitätsgesellschaft beugen sollen oder ob sie nicht einen tieferen Sinn in einer kommunikativeren, am Prinzip der Solidarität ausgerichteten Lebensform finden können. Andere bekunden, daß sie sich bereits ganz sicher darin fühlen, eine neue Art von Selbstverwirklichung zu suchen. In der sogenannten alternativen Bewegung artikuliert sich ja bereits sehr deutlich eine von der bisherigen abweichende Lebenshaltung. Sich selbst zu verwirklichen und sich miteinander gemeinsam zu verwirklichen, das erscheint hier nicht mehr als zweierlei, sondern als ein und dasselbe Bedürfnis. Ein charakteristisches Lebensmodell, das diesem Ansatz folgt, ist die Selbsthilfegruppe, auch die Selbsthilfeorganisation: *Ich kann mit mir selbst nur weiterkommen, wenn ich Hilfe annehme und zugleich anderen helfe.* Der Antagonismus von Egoismus und Altruismus verliert dadurch seine Bedeutung. In dieser neuen Perspektive kann man sich optimale Selbstentfaltung gar nicht anders als in kommunikativer Verbundenheit, als in einem permanenten Austausch von Geben und Nehmen vorstellen. Das bedeutet keineswegs, sich resignativ einem nivellierenden Kollektivismus auszuliefern, dem Individualität zum Opfer gebracht werden müßte. Vielmehr ist man davon überzeugt, daß der einzelne dem Druck der modernen Massengesellschaft mit ihren ökonomisch-technischen Zwängen überhaupt nur noch innerhalb einer Solidargemeinschaft standhalten und auf diese Weise ein Höchstmaß an Freiheit bewahren könne. Indem man sich in der Eigenentfaltung unmittelbar aufeinander angewiesen fühlt, stellt sich diese Art von alternativer Selbstverwirklichung jedenfalls nicht mehr als etwas dar, was jeder neben den anderen oder gar gegen die anderen für sich macht. Beziehungsweise was jeder nur bis zu einer gewissen Grenze machen *darf*, um mit den Wachstumsbedürfnissen der anderen nicht zu kollidieren.

Der Soziologe NORBERT ELIAS, dessen Werk erst neuerdings allmählich zu gebührender Beachtung gelangt, unterstützt die Revision des herkömmlichen egozentrischen Selbstverständnisses, indem er sagt: «Die Vorstellung von den absolut unabhängig voneinander entscheidenden, agierenden und ‹existierenden› Einzelmenschen ist ein Kunstprodukt der Menschen, das für eine bestimmte Stufe in der Entwicklung ihrer Selbsterfahrung charakteristisch ist.» Das zu entwickelnde neue Menschenbild skizziert er so: «An die Stelle des Bildes vom Menschen als einer ‹geschlossenen Persönlichkeit› tritt dann das Bild des Menschen als einer offenen Persönlichkeit, ... die in der Tat von Grund auf zeit ihres Lebens auf andere Menschen ausgerichtet und angewiesen, von anderen Menschen abhängig ist.» – ELIAS verweist darauf, daß der Mensch ja in der Tat überall nur in Pluralitäten und Figurationen lebe. Er komme nur in einem Miteinander vor, nicht als einzeln abgekapselter «homo clausus», als ein «Selbst im Gehäuse».

Wenn Selbstverwirklichung in diesem Sinne begriffen würde als eine gemeinsame Verwirklichung aufeinander ausgerichteter und sich primär aufeinander angewiesen fühlender Menschen, dann verlöre der angeführte Passus im Artikel 2 des Grundgesetzes seinen Sinn. Dann erschiene nicht mehr die vollkommen frei entfaltete Persönlichkeit, sondern umgekehrt nur die unfreie Persönlichkeit als eine Gefahr für die Gemeinschaft. Denn freie Entfaltung und destruktives Rivalisieren wären nunmehr ein Gegensatz in sich.

Beachtenswert erscheint, daß die sich in letzter Zeit verstärkt artikulierenden Vorstellungen von einer alternativen solidarischen Selbstverwirklichung weder von missionierenden Ideologen herrühren noch an einer bestimmten theoretischen Schule hängen. Im Gegensatz zur Phase der Studentenbewegung, in der man nichts so sehr wie Pragmatismus fürchtete und alles, was man machte – wenn man überhaupt etwas praktisch machte –, zuvor lang und breit theoretisch ausdiskutiert haben wollte, probiert man jetzt eher, unmittelbar in einer praktischen

Lebensform auszudrücken, wie man selbst und miteinander sinnvoller als in der etablierten Rivalitätsgesellschaft existieren zu können hofft. Man tut sich mit anderen zusammen, nicht nur zum Wohnen, sondern, wo es geht, auch zu gemeinsamem Tun. In der sich leise, aber beharrlich ausbreitenden alternativen Bewegung ist ja inzwischen mancherorts schon eine regelrechte spezielle Kultur entstanden mit Gruppen, die handwerklich Gegenstände herstellen, mit Reparaturwerkstätten aller Art, mit Märkten, Druckereien, Kontaktzentren, Beratungsstellen usw. Allen diesen netzartig verbundenen Gruppen liegt ein zwar in sich nicht völlig einheitliches, dennoch ähnliches Lebenskonzept zugrunde. Darin spielen emotionale Werte eine hervorragende Rolle. Man will miteinander spontan, kommunikativ, sensibel, echt und offen umgehen. Was man macht, soll ökologisch, gesund und einfach sein. Partnerschaftlich und emanzipativ wünscht man sich die Beziehungen zwischen den Geschlechtern und den Generationen, ebenfalls die Verhältnisse zwischen Betreuern und Betreuten in spontanen sozialen Projekten. Dort, wo man Initiativen zur Unterstützung von sozial Schwachen, von Alten, von Ausländern, mißhandelten Frauen und Kindern oder von psychisch Kranken entfaltet, verändert man die Strukturen, in denen soziales Helfen üblicherweise erfolgt. Man geht davon aus, daß nicht die einen nur an den anderen etwas tun, sondern daß man etwas gemeinsam macht, daß man gemeinsam für dieses Tun verantwortlich ist und daß dabei das Wohlbefinden aller wichtig ist. Voraussetzung ist eine gewandelte Einstellung zu Krankheit, Schwäche und Verhaltensschwierigkeiten. Man kann sich von seiten der Helfer deshalb auf besondere Nähe mit den Betroffenen einlassen, weil man es nicht mehr zur Selbststabilisierung nötig hat, sich von deren Problemen abzuschirmen. Man muß bei Identifizierung mit Schwäche nicht mehr um die eigene Stärke besorgt sein, wenn man die Vergötterung von Größe und Stärke überwunden hat. Letztlich fügen sich alle diese Projekte in das Konzept gemeinsamer Selbsthilfe ein. Der, der heute mehr Hilfe gibt, weiß, daß er morgen seinerseits Unterstützung braucht. Von Gebrechlichen kann man lernen, die eigene irgendwann bevorstehende Gebrechlichkeit tragen zu können. Es ist also weder Altruismus noch die Achtung vor dem Moralprinzip Kants, wodurch sich dieses Beziehungsmuster charakterisieren läßt. Die Mitglieder solcher sozialen Projekte machen gern, was sie als einen sinnvollen Austausch von Geben und Nehmen erleben.

Bis zu einer gewissen Grenze sind solche alternativen Ansätze auch in institutionell organisierte Arbeitsbereiche eingedrungen. In manchen Kliniken, Gemeinschaftspraxen, Bildungseinrichtungen und Jugendzentren experimentiert man mit entsprechenden neuartigen Kooperationsmodellen. Schwierig wird es für diese Versuche freilich immer da, wo sie mit bürokratischen Vorschriften kollidieren und wo man ihnen zutraut, sie legten es in dem jeweiligen Bereich darauf an, das gesamte hierarchische Personalgefüge ins Wanken zu bringen. Deshalb halten sich erfahrungsgemäß solche Modelle am ehesten, die gegebene Spielräume an der Basis maximal nutzen und sich zunächst in horizontaler Ebene weiter auszubreiten versuchen. Nach diesem Prinzip entwickeln sich zur Zeit vielerorts sogenannte *Psychosoziale Arbeitsgemeinschaften*. In einer begrenzten Region tun sich die Mitglieder möglichst aller hier arbeitenden Einrichtungen zusammen, die mit der Prävention, Therapie und Rehabilitation von psychisch Kranken, Süchtigen, Behinderten oder Menschen in sozialen Krisensituationen zu tun haben. Sie treffen sich regelmäßig, bilden Untergruppen, treiben gemeinsam Fortbildung, entwickeln institutionsübergreifende Projekte. Auf jegliche erdenkliche Weise versuchen sie, ihre Isolation voneinander abzubauen und ihre Arbeit besser miteinander zu koordinieren.

Dennoch ist nicht zu verkennen, daß alle diese als alternativ zu bezeichnenden Modelle neuer Lebens- und Arbeitsgemeinschaften, die ansatzweise so etwas wie eine Selbsthilfekultur probieren, sich vorerst nur in einer gesellschaftlichen Randzone abspielen. Punktuelle Durchbrüche erfolgen, wo etwa konkrete ökologische Probleme eine Politisierung und Vereinigung zahlreicher Spontaninitiativen auslösen, was etwa zur Massenbewegung der Grünen geführt hat. Im ganzen gesehen fristen die alternativen Initiativen indessen nach wie vor eher ein Schattendasein an der Peripherie eines im wesentlichen unerschütterten gesellschaftlichen Betriebs, der eisern von ökonomisch-technischen Zweckmäßigkeiten bestimmt wird. Denn wie sich etwa von Jahr zu Jahr die Arbeitswelt in unseren Industriegesellschaften verändert, richtet sich bekanntlich bisher nur selten danach, wie sich die Arbeitenden selbst eine Humanisierung ihrer Arbeitssituation vorstellen, vielmehr vorrangig danach, was wirtschaftlich vorteilhaft ist. Aus der elektronischen Revolution folgt sogar, daß arbeitende Menschen vielerorts überhaupt unwirtschaftlich geworden sind. Eben wegen ihrer Bedürfnisse sind sie z. B. den bedürfnislosen elektronisch gesteuerten Robotern unterlegen und werden diesen in den nächsten Jahren vielleicht Hunderttausende von Plätzen zu räumen haben. Man kann diese Entwicklung durch Hochrechnung prognostizieren. Sie geschieht, so scheint es, automatisch aus der Eigendynamik des technischen Wandels heraus.

Viele reden sich nun ein, wirtschaftliche Zwänge und technische Erfindungen bestimmten den gesellschaftlichen Prozeß von sich aus, und sie beschwichtigen sich mit der Unterstellung, daß Nutzung neuer technischer Möglichkeiten schon Fortschritt schlechthin sei, also auch, wie indirekt auch immer, ein Fortschritt für uns Menschen. Dabei sind es ja doch *wir*, die jeweils einen von verschiedenen möglichen Wegen der Technik zu bestimmen haben. Wenn wir uns, um es in den Worten von HANS JONAS zu sagen, von expansionistischen auf «homöostatische» Ziele im Mensch-Umwelt-Verhältnis umstellen könnten, würde dies keineswegs heißen, die technische Entwicklung als solche zu hemmen. Aber die *Art* der neu zu entwickelnden Technologien wäre eine andere. Bisher ist es ja doch unsere expansionistische Grundhaltung zur Welt, die ich in meinem Buch «Der Gotteskomplex» als inneren Zwang zur Allmacht aus unbewußten Ohnmachtsängsten zu beschreiben und zu erklären versucht habe, die uns ausschließlich auf eine entsprechende expansionistische Entwicklung von Wirtschaft und Technik festlegt. Es ist dies die gleiche kollektivpsychische Disposition, die uns einerseits in einen immer gefährlicheren ökonomisch-technischen Gigantismus treibt und uns andererseits periodisch jenen machtpolitischen Konfrontationen ausliefert, von denen eingangs die Rede war.

Grundsätzlich wäre es uns möglich, diese Disposition zu ändern. Wir könnten noch umdenken. Eine unbeeinflußbare Eigengesetzlichkeit der ökonomisch-technischen Entwicklung anzunehmen heißt, daß man sich den Mut oder die Kraft zum Widerstand nur nicht mehr zutraut. Hält man diesen Widerstand gar für undenkbar, so bedeutet dies, daß das Denken selbst sich durch einen Verinnerlichungsprozeß so mechanisiert hat, daß sich in ihm gar nicht mehr die Spannung schmerzlicher Selbstentfremdung spiegeln kann. Die lebensfähigen, d. h. ökonomisch tragfähigen Modelle der alternativen Kultur sind ein entscheidendes Gegenargument gegen die Theorien von der absoluten Unentrinnbarkeit der ökonomisch-technischen Zwänge des Expansionismus. So unscheinbar und kleinformatig sich diese Initiativen auch ausnehmen – sie belegen, daß man nicht nur anders denken, sondern sich auch in einer anderen Praxis des Lebens und Arbeitens halten kann. Bemerkenswert ist, daß diese Gruppen im Gegensatz zu den flüchtenden Sektierern und Suchtgefährdeten *in* der Gesellschaft verweilen können. Sie bilden allmählich unverdrossen in aller Stille ein netzförmig zusammenhängendes gesellschaftliches Subsystem, das für viele, die des etablierten Rivalitätsbetriebs überdrüssig sind, zunehmend attraktiv wird. Dabei ist von untergeordneter Bedeutung, welche unterschiedlichen Mängel den einzelnen alternativen Modellen anhaften. Sie stellen ja nicht als solche gesellschaftliche Heilsrezepte dar. Ernst zu nehmen sind sie als ermutigendes Zeugnis dafür, daß die Idee einer kommunikativen solidarischen Selbstverwirklichung *überhaupt* lebendig ist und daß in ihr Energien stecken, die solchen Modellen ein Standhalten, wenn auch am Rande, so doch immerhin unter uns, möglich machen.

Aber eines ist klar. Alle noch so positiven Befunde bei der Betrachtung solcher Modelle können nicht als Beweise objektiv darüber entscheiden, ob es ein ursprüngliches Bedürfnis nach einer kommunikativen Selbstverwirklichung in Gemeinschaft gibt oder ob es sich hier nur um schöne Träume von naiven Solidaritätsenthusiasten handelt. Hier geht es grundsätzlich um eine Frage, die sinnvollerweise gar nicht aus der Position eines neutralen Beobachters theoretisch zu beantworten ist. Wer wie einen vorfindbaren Gegenstand untersuchen will, was ihn selbst zur Entscheidung auffordert, verfehlt bereits das eigentliche Problem. *Die Frage ist doch, ob und in welchem Maße du und ich entscheiden, nach den vorgegebenen Prinzipien des egozentrischen Expansionismus oder anders zu leben.* Ob du und ich mit positivem Sinngefühl anfangen, im Zusammenleben von Mann und Frau, von Eltern, Großeltern und Kindern, von Bürger zu Mitbürger etwas zu ändern. Ob wir uns etwa von einem wechselseitigen Helfen und Hilfeannehmen mehr Genugtuung verschaffen als von der weiteren Befolgung des Ideals von egozentrischer Größe, Stärke und Macht. Ob wir in sozialer Offenheit dasjenige Klima von Wärme und Zusammengehörigkeit verwirklichen, das wir doch gemeinhin im Sinn haben, wenn wir davon reden, unsere Welt vermenschlichen zu wollen. *Die Frage also, ob so etwas möglich ist, lautet eigentlich: Will ich dies hier und jetzt, und verbünde ich mich mit anderen, um es zu tun?* Im praktischen Handeln habe ich, haben wir auf die Probe zu stellen, was neu ausgearbeitete Leitvorstellungen taugen, oder, besser, inwieweit wir selbst für sie reif sind. Nur in einer Wechselbeziehung von Denken und Machen wird Solidarität ein verbindlicher Wert.

Auch wenn man persönlich das Glück hat, in einem Kreis von Gleichgesinnten einige Zuversicht in die Möglichkeiten eines alternativen Denkens und Handelns entwickeln zu können, sollte man sich indessen nicht darüber täuschen, daß vielen ein Zugang zu dieser Orientierung vorläufig schwerfallen muß. Wer z. B. noch unbeirrt in der anerzogenen Perspektive der herkömmlichen Größenträume rackert und rivalisiert und endlich ein bißchen mehr nach oben will, um sich gegen untere zu stabilisieren, der wird sich eher scheuen, sich von jenen Gegenmodellen irritieren zu lassen. Erst recht werden viele, die sich in diesem mörderischen Wettlauf endlich ein wenig Größe und Macht erstritten haben, die traditionellen Normen verteidigen wollen, denen sie es verdanken, diese Triumphe eben als Triumphe zur Abstützung ihrer Selbstachtung werten zu können. Aber auch diejenigen, die umgekehrt als die Opfer der Rivalitätsgesellschaft nach unten gedrückt worden sind und sich dort, um nicht vollends herauszufallen, widerwillig arrangiert haben, mögen oft davor zurückschrecken, ihre Situation durch ein Gegenbild in Frage stellen zu lassen, das ihre niedergehaltene Verzweiflung hervorbrechen lassen könnte. Es ist leichter, eine schlimme Lage zu ertragen, wenn man etwas, was man im Grunde möchte, aber nicht verwirklichen zu können glaubt, als unrealistische Traumtänzerei entwerten kann.

Und da ist schließlich die große Zahl derer, die sich allmählich selbst schon in perfekte Abbilder unserer technokratisch durchorganisierten Gesellschaft verwandelt haben. Der Anblick von Beispielen einer anderen Lebenshaltung fordert sie zu gar keiner, weder zu einer erstaunten noch zu einer ärgerlichen oder ressentimenthaften Reaktion heraus. Sie interessiert, wie sie persönlich in dem technokratisch geregelten Betrieb dort, wo sie gerade eingespannt sind, mechanisch glatt mitfunktionieren können. Was sich außerhalb an unangepaßten Lebensweisen regt, macht sie nicht persönlich betroffen. Aber ohne Wimperzucken billigen sie alle Strategien, die solcherlei lästige Auffälligkeiten entweder als exotische Extravaganzen abzukapseln oder mit Hilfe der Psychiatrie, der Sozialadministration oder der Justiz zu disziplinieren versuchen. Wer in der Psychiatrie oder in der Sozialtherapie tätig ist, wird mir recht geben, daß diese gleichgültige technokratische Haltung, unempfindlich für die eigene Inhumanität, in der Bevölkerung, erst recht in den Bürokratien, weithin wirksam ist. In Wechselwirkung zwischen dem Apparat und den Menschen werden Abstumpfung und psychische Verarmung unablässig als Massenphänomene reproduziert. Derartige allmähliche Entdifferenzierungsvorgänge zählen zu den beklemmendsten Erfahrungen in einer jahrzehntelangen Psychotherapeutenpraxis.

Damit bin ich an dem Punkt, Ihnen am Ende eine zentrale Wurzel des Interesses eines analytischen Psychotherapeuten an der Klärung des Ziels und der Möglichkeiten von Selbstverwirklichung zu bekennen. In unserem Beruf sieht man täglich mit an, was das übliche rivalitätsbestimmte Gedrücktwerden und Eifern, das ewige unfrohe Hetzen, Taktieren und Manipuliertwerden oder auch nur das bloße monotone technokratische Mitfunktionieren an psychischen und psychosomatischen Zerstörungen anrichtet. Viele unserer Patienten sind dabei psychisch mit Ängsten oder Depressionen dekompensiert, andere werden bei imposanter fassadärer Stärke und Fitness von unsichtbaren Verschleißkrankheiten wie Bluthochdruck, Koronarschäden und Magenkrankheiten zermürbt. Wieder andere erkaufen sich soeben noch den äußeren Anschein von Stabilität durch ruinöse Abhängigkeit von Psychopharmaka oder Rauschmitteln. In Partnerschaften muß oft der eine zusammenbrechen, weil der andere ihm obendrein zu tragen aufbürdet, was dieser bei sich selbst an Leiden verdrängt. Alle diese Varianten von unbewältigten Konflikten und psychosozialem Scheitern gefährden das Gleichgewicht des mitfühlenden Psychotherapeuten, dem fälschlicherweise oft zugetraut wird, daß er über den Problemen stehe, die er tagtäglich analysiert. Der Psychotherapeut erlebt, daß er seinen Patienten in deren vielfältigen Ängsten, Verbitterungen und Verzweiflungen nur Halt bieten kann, wenn auch er selbst einen solchen Halt erfährt. Diesen kann er sich notdürftig dadurch schaffen, daß er sich allmählich in eine Art von technokratischem Psychoingenieur verwandelt, der den Druck der Probleme durch filternde Theoretisierung und nüchterne handwerkliche Bearbeitung auffängt. Aber genau damit würde er diejenigen Prinzipien unseres gesellschaftlichen Betriebs in sich reproduzieren, welche eben die psychische Abstumpfung und Mechanisierung erzeugen, von denen zuvor die Rede war. Will er sich indessen trotz der ihm zugetragenen Fülle von Konflikten und Leiden Offenheit und soziale Sensibilität bewahren, wird er sich als Betroffener wiederfinden, der andere braucht, die mittragen, was von unbewältigten fremden zusätzlich zu den eigenen Schwierigkeiten ihn überlastet. So ist es zu dem Brauch gekommen, daß manche Therapeuten sich jahrzehntelang wechselseitig therapieren, um ihre Stabilität zu bewahren. Aber – wer immer nur Therapeut oder Patient ist, der isoliert sich in einer artifiziellen skotomisierten Lebensperspektive. Im bloßen fortgesetzten Wechsel zwischen Therapeutensessel und Analysencouch und zurück verschwimmen für den Betreffenden die konkreten sozialen Probleme, die seine Klienten drücken und krank machen, zu einer Nebensache, eben weil er selbst sich in diese Welt kaum noch begibt und sich deshalb darin auch nicht mehr auskennt. So führt dieser Weg schließlich ebenfalls in eine Art Krankheit, nämlich in eine weltflüchtige narzißtische Eindimensionalität.

Freilich ist eine stetig wachsende Zahl unzufriedener Menschen bereit, mit Therapeuten das Leben in diesem heimlichen Exil zu teilen. Von einigen amerikanischen Großstädten her breitet sich allmählich so etwas wie eine psychotherapeutische Sektenkultur aus, die das Arrangement der Psychotherapie als einzige menschliche Lebensform erklärt, die in einer unerträglich gewordenen Welt noch Wohlbefinden ermögliche. Sich im Schutzraum therapeutischer Beziehungen auszudrücken und auszuleben gilt als das Höchste, was manche sich noch wünschen. Entsprechende Patienten bringen es zuwege, sich in einer Dauertherapie heimisch einzurichten oder allenfalls jeweils nach einigen Jahren von einem Therapeuten zum nächsten zu wechseln. Und es gibt wahrlich genügend Therapeuten, die ihren eigenen sozialen Rückzug allzugern von solchen Patienten rechtfertigen lassen, die Therapie als die eigentliche Lebenserfüllung idealisieren und den Vermittlern dieser Therapie als Heilbringern huldigen.

In genau umgekehrter Richtung verlaufen Versuche, die Selbstisolierung bestimmter Therapie- oder Betreuungssysteme aufzubrechen. Da erkennen Ärzte ebenso wie Psychologen, Lehrer, Sozialarbeiter, Berater, Pfarrer, Jugendrichter, Laienhelfer usw., daß sie viel enger zusammenarbeiten sollten, um die in zahlreichen Fällen komplexen Bedingungen für Prävention, Therapie und Rehabilitation positiv beeinflussen zu können. Im Anteilnehmen aller an den Problemen der anderen, die aus vielen unterschiedlichen Feldern psychosozialer Tätigkeit kommen, kann man sowohl zu einem ganzheitlicheren Verständnis der Zusammenhänge von Krankwerden und Gesundwerden wie auch zu der Genugtuung gelangen, daß die sich wechselseitig ergänzende Arbeit aller den Ertrag der Bemühungen des einzelnen um ein Vielfaches vermehren kann. Diese Erfahrungen setzen indessen voraus, daß man miteinander – auch im Betreuer-Klient-Verhältnis – die künstlich übertriebenen Asymmetrien von Lehren und Belehrtwerden, von Helfen und Hilfe-Annehmen verändert. Erreicht man diese Nähe und das damit verbundene ungemein entlastende Zusammengehörigkeitsbewußtsein, empfindet man im Kontrast geradezu leibhaftig die Unsinnigkeit vieler Normen und Regelungen, die uns einen distanzierten

Umgang in Oben-unten-Verhältnissen selbst dort auferlegen, wo dadurch die dringliche Wechselseitigkeit der Unterstützung verhindert wird.

Es ist nebensächlich, wo der erste Durchbruch eines Menschen durch die konventionellen Beziehungsmuster erfolgt, ob in der Arbeitswelt oder in der privaten Zweierbeziehung, im Eltern-Kind-Verhältnis, in einer Wohngemeinschaft oder in einer Selbsthilfegruppe. Die Grunderfahrung des wechselseitig Aufeinander-angewiesen-Seins, verbunden mit dem Willen zu *gemeinsamer* Selbstentfaltung, strahlt automatisch auf alle Lebensbereiche des Betreffenden aus. Sie wandelt sein Verhältnis als Mann zur Frau, als Frau zum Mann, als Mutter oder Vater zum Kind, als Kollege zum Kollegen und auf jeden Fall auch als Betreuer zum Betreuten. Die Mutter wird mit mehr Sensibilität und zum eigenen Nutzen registrieren, daß ihr Kind sie nicht selten besser durchschaut als sie sich selbst. Und sie wird sich zugestehen, daß sie nicht allein von sich aus, sondern erst mit Unterstützung des Kindes herauszufinden vermag, wie sie sich als Mutter gut fühlen kann. Und dem Psychiater wird die Erfahrung helfen, daß kaum einer ihm Wesentlicheres und Hilfreicheres über ihn und seine Probleme sagen kann als manche seiner Patienten. Indem in solchen Beziehungen jeder für den anderen gleichermaßen wichtig wird, kehren sich weder das Eltern-Kind-Verhältnis noch das Arzt-Patient-Verhältnis um. Aber diesen wie allen vergleichbaren Rollenbeziehungen wird der Zwang genommen, daß immer nur der eine für den anderen einzustehen und dessen Wohl zu hüten hat, was den Aktiven überlastet und den Passiven schwach erhält und beide unweigerlich voneinander entfremdet. Am Ende schält sich klar als Lernziel heraus: *Das Grundmuster unserer menschlichen Verhältnisse ist die Einheit von Selbstverantwortung der einzelnen und gemeinsamer Verantwortung in einer letztlich unteilbaren menschlichen Gemeinschaft.*

Lassen Sie mich mit einem Blick auf ein aktuelles politisches Beispiel unserer Tage schließen, m. D. u. H. Eine Probe für uns, ob wir wenigstens *einen* Schritt zur Überwindung einer für uns alle schädlichen gesellschaftlichen Spaltung in Richtung eines Zuwachses an Solidarität tun wollen oder können, ist unsere Haltung gegenüber der in unserem Lande überfälligen Reform der Psychiatrie. Es geht hier darum, ob wir die Chance wahrzunehmen fähig sind, mit Hilfe erheblicher vom Bundesfinanzminister angebotener Gelder unser Zusammenleben mit psychisch Gefährdeten, Kranken und Behinderten zu verbessern. Vor neun Jahren hat der Deutsche Bundestag die Psychiatrie-Enquête in Auftrag gegeben. Vor vier Jahren sind alle notwendigen Vorschläge für die Durchführung der Reform von den Sachverständigen abgeliefert worden. Vor wenigen Monaten endlich hat der Bundestag den Sachverständigenbericht diskutiert und sich in seltener Einmütigkeit der Parteien für die Reform ausgesprochen. Allerdings waren dabei unter den Parlamentariern die einschlägigen Spezialisten nahezu unter sich. Die Bank der Ländervertreter war leer. Und ob die Länder die vom Bundesfinanzminister für eine großzügige Modellförderung angebotenen 470 Millionen auch tatsächlich im Sinne der Reform zu verwenden bereit sind, ist seit gestern höchst zweifelhaft. Im Oktober noch hatten alle Ländergesundheitsminister das Reformprogramm einstimmig gutgeheißen, das vom Bundesgesundheitsministerium als breit angelegte Modellaktion auf der Basis der Enquête-Empfehlungen ausgearbeitet worden war. Aber dann versagten zuerst die Finanzminister der unionsgeführten Länder ihre Zustimmung. Und gestern haben nun auch die Ministerpräsidenten dieser Länder das Programm abgelehnt, das ihre eigenen Gesundheitsminister zuvor akzeptiert hatten. Sie warfen dem Bund vor, mit seinem großzügigen Hilfsangebot seine verfassungsmäßige Kompetenz zu überschreiten. Damit ist nach neunjähriger intensiver Vorbereitungsarbeit das wohl dringendste gesundheitspolitische Reformvorhaben in der Bundesrepublik erst wieder blockiert. Zwar möchten alle Länder das vom Bund in Aussicht gestellte Geld durchaus haben, aber in der Mehrzahl möchten sie damit – entgegen dem Sinn der Reform – nur wieder die Gettos der großen Landeskrankenhäuser ausbauen. Diese müßten sie aber gerade schrumpfen lassen, und die Hilfe müßte statt dessen dorthin getragen werden, wo krisengefährdete oder kranke Menschen diese brauchen, um nicht erst aus ihren sozialen Bindungen herausgerissen und fernab in Anstalten isoliert werden zu müssen.

Wir brauchen Kontaktstellen, Klubs, Übergangsheime, beschützende Wohngemeinschaften und Werkstätten in den Gemeinden. Wir benötigen in Stadt und Land überhaupt nicht mehr Psychiatrie, dafür mehr örtliche Koordination und Kooperation zwischen den zahlreichen zersplitterten Diensten der psychosozialen Versorgung; zwischen Ärzten, Psychologen, Beratern, Sozialarbeitern, Bewährungshelfern, Pfarrern, Lehrern, Gemeindehelfern usw. Und wir brauchen moderne Fortbildungsprogramme, damit diese vielen, die heute noch allzu schmalspurig und isoliert nebeneinander herarbeiten, eine solche Kooperation lernen. Dazu müssen freilich auch die Behörden und die Trägerverbände umdenken, die ihre Einrichtungen einschließlich der darin tätigen Mitarbeiter oft wie exklusive Besitztümer regieren und hermetisch nach außen abschirmen.

Sämtliche notwendigen Reformmaßnahmen könnten aber ohnehin nur voll wirksam werden, wenn wir uns alle dazu bereit fänden, Menschen mit psychischen Schwierigkeiten, Krankheiten und Behinderungen bei uns in den Familien und in den Gemeinden zu halten und durch die bewahrte Gemeinschaft ihnen wie uns selbst zu helfen. Das Zögern der politischen und administrativen Gremien, die gesellschaftliche Reintegration der psychisch Kranken und Behinderten durch eine entsprechende Reform zu unterstützten, hängt ja doch mit dem Verdacht zusammen, daß wir, die Bürger, diese Menschen gar nicht so nahe bei uns haben wollten und ganz zufrieden damit wären, das Problem nach wie vor den großen Anstaltsghettos zuteilen zu können, wenn man diese zu unserer Gewissensentlastung nur ein wenig gefälliger und moderner ausstatten würde. Eigentlich sind also wir alle gefragt. Es fällt in unser aller Mitverantwortung, welche endgültige Grundsatzentscheidung in den Bundesländern getroffen und was davon verwirklicht werden wird. Und zwar sind wir gefragt, ob wir mehrheitlich schon fähig sind, unseren Sinn für Solidarität nicht nur in Verbindung mit Hoffnungen auf die Fernsehlotterie der «Aktion Sorgenkind» zu bekunden, sondern auch und vor allem durch den Willen zu praktischer nachbarlicher Gemeinschaft mit solchen Menschen, die uns die Verleugnung unserer eigenen Anfälligkeit und Brüchigkeit verwehren.

Literatur

Bericht über die Lage der Psychiatrie in der Bundesrepublik Deutschland – Zur psychiatrischen und psychotherapeutisch/psychosomatischen Versorgung der Bevölkerung. Bundesdrucksache 1975, 7/4200, 4201

ELIAS, N.: Über den Prozeß der Zivilisation, I. Band, Einleitung. Suhrkamp Taschenbuch Verlag, Frankfurt 1976

JONAS, H.: Das Prinzip Verantwortung. Insel-Verlag, Frankfurt 1979

RICHTER, H. E.: Der Gotteskomplex. Rowohlt Verlag, Reinbek 1979

Mancher, der ein Buch liest, murrt ...

... wenn er Werbung findet, wo er Literatur suchte. Reklame in Büchern!!!? Warum nicht auch zwischen den Akten in Bayreuth oder neben den Gemälden in der Pinakothek?

«Rowohlts Idee mit der Zigarettenreklame im Buch (finde ich) gar nicht anfechtbar, vielmehr sehr modern. Hauptsache, es hat Erfolg und nützt dem Buch, was die deutsche Innerlichkeit dazu sagt, ist allmählich völlig gleichgültig, die will ihren Schlafrock und ihre Ruh und will ihre Kinder dußlig halten und verkriecht sich hinter Salbadern und Gepflegtheit und möchte das Geistige in den Formen eines Bridgeclubs halten – dagegen muß man angehen ...»

Das schrieb Ende 1950 – Gottfried Benn.

An Stelle der «Zigarettenreklame» findet man nun in diesen Taschenbüchern Werbung für Pfandbriefe und Kommunalobligationen. «Hauptsache, es hat Erfolg und nützt dem Buch.» Und es nützt auch dem Leser. (Für die Jahreszinsen eines einzigen 100-Mark-Pfandbriefs kann man sich beispielsweise zwei Taschenbücher kaufen.)

9. Wir brauchen eine starke Friedensbewegung*

In der internationalen Presse wird offen diskutiert, daß die derzeitige Weltlage stark an die Vorphase des Ersten Weltkrieges 1914 erinnere. Unser Bundeskanzler hat sich dieser Beurteilung angeschlossen. Und er hat obendrein darauf hingewiesen, daß die beiden Weltmächte sich bisher zu keinem Verfahren entschlossen hätten, um die gefährliche Krise gemeinsam unter Kontrolle zu halten. Wir alle können aus den täglichen Nachrichten ein bedenkliches Mißverhältnis ablesen zwischen der Bedrohlichkeit der Weltlage einerseits und einer Politik der Großmächte, die das Risiko einer Katastrophe in letzter Zeit laufend erhöht statt vermindert hat. Wir sehen uns einer eskalierenden Strategie der Konfrontation ausgeliefert, obwohl aus weltpolitischer Verantwortung genau umgekehrt mit allen Energien um die Wiederherstellung von Kooperation und Vertrauen gerungen werden müßte.

Wie reagieren wir Bürger nun auf diese Situation? Nahezu die Hälfte unserer Bevölkerung glaubt laut Umfrage an die Möglichkeit eines Krieges. Die Leute sind betroffen, aber sie rühren sich kaum. Was hat das eigentlich zu bedeuten? Wie können die Menschen in Passivität und zumindest äußerlicher Gelassenheit auf demoskopischen Fragebögen bejahen, daß ein großer Krieg bevorstehen könnte? Warum reagieren wir so, als handele es sich hier um ein unbeeinflußbares Naturereignis, obwohl in dieser Angelegenheit doch alles, was geschieht, in der Macht menschlicher Berechnung und Entscheidung liegt?

Ich möchte hier bereits meine Auffassung kundtun, daß wir diese Lethargie abstreifen sollten. Wir sollten mehr Mut zu einer kritischen Diskussion der Situation aufbringen und unseren Widerstandswillen

---

* Vortrag, gehalten in der Universität Gießen, Mai 1980

klar artikulieren. Ich meine damit ausdrücklich uns, die Bürger, die wir im Grunde darüber tief entsetzt sind, was da über uns bzw. mit uns gemacht wird. Auch wenn wir gewiß keine Aussicht haben, die weltpolitischen Prozesse direkt zu beeinflussen, so ist doch der Zustand unserer Sprachlosigkeit und unserer stumpfen Unbeweglichkeit absolut unangemessen. Wir widersprechen unserem eigenen Selbstbild einer mündigen demokratischen Gesellschaft, wenn wir gegen hunderterlei harmlosere Mißstände mit imposanten Bürgerinitiativen aufbegehren, dagegen dem Anschein nach willig und unkritisch hinnehmen, was unsere Existenz mehr als alles sonst bedroht. Aber wenn es nötig erscheint, daß wir unser Verhalten ändern, so fragt es sich, warum uns das so schwerfällt?

Einer der Gründe für die weitverbreitete resignative Passivität dürfte darin liegen, daß die Atomkriegsgefahr für das menschliche Vorstellungsvermögen kaum noch zu fassen ist. Das Vernichtungspotential, das die Atommächte bereits jetzt angesammelt haben, ist zu ungeheuerlich, als daß man es noch auszuhalten wagt, sich seine Ausmaße vor Augen zu halten. Es gibt Wahrheiten, die so entsetzlich sind, daß man alle Anstrengungen daran wendet, sie zu verdrängen bzw. zu verharmlosen. Diese unsere Verdrängungs- bzw. Verharmlosungstendenz läßt sich leicht belegen.

Kürzlich befand ich mich in einem Kreis von Mitgliedern unserer Universität, die der Physiker HORST LÖB aufforderte zu schätzen, wieviel Sprengkraft auf jedes Mitglied der Weltbevölkerung entfalle, wenn man die Energie aller bereits zur Verfügung stehenden Sprengköpfe zusammenrechne. Wir sollten angeben, welcher Dynamitmenge diese Zerstörungsenergie etwa entspreche. Unsere Schätzungen lagen in der Größenordnung von Gramm oder Kilogramm. In Wahrheit indessen, so erfuhren wir aus einer neuen Expertenstudie, werde jeder einzelne Mensch dieser Welt bereits heute von einer Dynamitladung in der Größenordnung von 15 Tonnen bedroht. Das sei ein Dynamitwürfel von etwa 2½ m Kantenlänge.

Wo immer man dieses Experiment wiederholt, stellt man fest, daß niemand sich über das wahnwitzige Ausmaß der Atomrüstung wirklich im klaren ist. Wir wissen nicht, was wir nicht wissen wollen. Die Vorstellung ist ja auch wahrhaftig unerträglich, daß jeder einzelne quasi auf einer allein für ihn speziell bereitgehaltenen Sprengladung von umgerechnet 15 Tonnen Dynamit sitzt und daß dieses Zerstörungspotential im Zuge des ungebrochenen Wettrüstens von Tag zu Tag weiter ansteigt.

Vor 22 Jahren schrieb KARL JASPERS in seinem berühmt gewordenen Buch «Die Atombombe und die Zukunft des Menschen»: «Es geht eine Tendenz durch die Welt, gefördert von den Regierungen, die Dinge nicht zur Beunruhigung ihrer Völker werden zu lassen.» Und er formulierte weiter: «Ich kann etwas wissen, aber kapsle dieses Wissen gleichsam ein, lasse es nicht zur Geltung kommen; ich lebe, als ob es nicht da sei.» – Dagegen setzte er den Appell: «Wir müssen täglich daran denken, wenn ein Wissen in uns Folgen haben soll.»

JASPERS machte sich große Sorgen, indem er die weitverbreitete Bereitschaft registrierte, die Bedrohung der Menschheit durch einen Atomkrieg aus den Augen zu verlieren. Er warnte vor jeder Verschleierung. Wörtlich: «Von dem eigentlich neuen, alles, was geschah und geschieht, übergreifenden Tatbestand wird die Aufmerksamkeit abgelenkt auf die großen, aber ihm gegenüber vordergründigen Gefahren.» Zu den Ablenkungen von der Atomkriegsgefahr zählte er ausdrücklich die Erregung über die Risiken der friedlichen Erzeugung und Verwendung der Atomenergie. Dabei schätzte er diese Risiken keineswegs als gering ein. Aber er sorgte sich um die Möglichkeit, daß gewissermaßen die gesamte Atomangst sich an den Kernkraftwerken festmachen und sich von dem ungleich schlimmeren Übel, nämlich der Kernwaffenrüstung, abwenden würde.

In der Tat ist genau der Fall eingetreten, den JASPERS vorausgesehen hat. Seit der Zeit der Ostermärsche ist die Atomkriegsgefahr allmählich von anderen Besorgnissen überwuchert oder gar verdrängt worden. Da handelt es sich zwar auch durchweg um legitime Befürchtungen. Wer wollte leugnen, daß man den Schutzeinrichtungen der Kernkraftwerke zu mißtrauen hat. Und auch viele andere moderne Befürchtungen, die vor allem der Gesundheitsvorsorge gelten, haben eine reale Grundlage. Ich denke an die plötzlich massenhaft aufgeloderten Ängste vor Tabak und künstlich Gedüngtem, vor Gewichtszunahme, Bewegungsmangel, vor schlechter Luft und verunreinigtem Wasser. Niemand wird den Sinn der Initiativen bestreiten, die sich zur Abwendung solcher und anderer Gefahren aufgetan haben. Aber wenn das Gesamt dieser Initiativen am Ende zu einer Erschöpfung der Widerstandskräfte führt, von denen ein großer Teil sich gegen die wichtigste aller Bedrohungen wenden müßte, dann liegt hier in der Tat ein unheilvoller Verschiebungsmechanismus vor. Man reagiert sich in der Bekämpfung von vergleichsweise greifbaren Schädlichkeiten ab, die unbewußt das bei weitem gefährlichste, aber eben deshalb unerträglich gewordene Angstobjekt ersetzen. Man verstellt sich den Blick auf den wichtigsten Feind der Menschheit durch kleinere Feinde, die weniger Grauen erregen. Es belastet uns zu sehr, was KARL JASPERS 1958 von uns forderte, daß man nämlich täglich an die tödliche Drohung des Atomkrieges denken müsse. Wir stecken den Kopf in den Sand und halten an dieser Reaktion bislang um so beharrlicher fest, je größeres Entsetzen durch die fortdauernde Rüstungseskalation unser psychisches Gleichgewicht bedroht.

Aber durch die leichtfertige Konfrontationspolitik der Großen wird diese gigantische Verdrängung gegenwärtig ein Stück weit durchbrochen. Die Diskussion um die Stationierung neuer Mittelstreckenraketen in Europa und die düstere Analyse des Generals BASTIAN erschweren uns die Verleugnung der schrecklichen Wahrheit. In dem Kommentar der sowjetischen Agentur Nowosti, der kürzlich so viel Aufsehen erregte, wurde uns Deutschen vorgerechnet, daß in der Bundesrepublik 6000 Kernraketen und -bomben stationiert seien, die sich gegen die Sowjetunion richteten. Also müßten wir in der Bundesrepublik notwendigerweise eine primäre Zielscheibe für einen Gegenschlag im Kriegsfall sein. Ich habe nicht gelesen, daß die unheimliche Zahl 6000 irgendwo dementiert worden wäre. Wäre sie selbst ein Stück übertrieben, würde der Kommentar unser Risiko prinzipiell immer noch hinreichend belegen. Und insofern bedeutet die in unserem Lande ausgelöste Aufregung doch nur, daß ein erschreckender Tatbestand einmal ausdrücklich benannt worden ist, an den zu denken wir bislang krampfhaft vermieden haben.

Solche Informationen bewirken jedenfalls, daß wir aus unserer verdrängungsbedingten Gelassenheit aufgestört werden. Wir Psychotherapeuten erleben, daß unsere Klienten immer häufiger von Krieg phantasieren und träumen. Das Thema drängt sich auf, wo immer heute Menschen miteinander reden. Indessen, wie wird das Thema eigentlich in solchen Gesprächen behandelt?

Sehr oft findet man dabei die Bemühung, mit der Unruhe so umzugehen, daß aus der schwachmachenden Angst eine selbstgerechte Entrüstung wird. Man redet sich ein, die Nuklearrüstung innerhalb des eigenen Bündnissystems sei harmlos und gewissermaßen nur gut gemeint. Sie solle ja nur schützen und abschrecken. Schlimm seien nur die Atomwaffen der Gegenseite. Denn allein den Sowjets müsse man zutrauen, daß sie sich dieses Potentials bei einer ihnen günstig erscheinenden Gelegenheit zur Erringung der Weltherrschaft bedienen würden. Diese einseitige Projektion der Gefahr auf den Außenfeind vollzieht sich in einer Atmosphäre, die wir in der Psychopathologie als paranoid zu bezeichnen gewohnt sind. Das Hauptmerkmal des Paranoids besteht darin, daß in einem Beziehungskonflikt jede Seite sich eine Verfolgungstheorie zurechtmacht. Abgründiges Mißtrauen fordert dazu auf, daß man die von teuflischer Bösartigkeit erfüllte andere Seite jederzeit in Schach halten muß. Die eigene Rüstung dient dann wie selbstverständlich dem Guten in der Welt, weil man ja eben nur das Gute wolle. Diese wechselseitige Sündenbock- bzw. Verfolgungstheorie verfestigt und eskaliert automatisch ein Rivalitätsverhältnis, das für beide schließlich in eine selbstmörderische Sackgasse zu führen droht. Denn ist erst einmal die definitive Aufspaltung in Gut und Böse vollzogen, kann man ja einander nicht mehr die Hand reichen. Denn wie sollte das Gute ernstlich mit dem Bösen paktieren? Da ist es logisch, daß man nicht mehr redet und miteinander verhandelt. Die Guten fühlen sich gezwungen, über die Bösen zu triumphieren. Das Böse muß bestraft und unterworfen werden.

Die Verrücktheit dieses Konzeptes wird ersichtlich, wenn der eine nicht mehr den anderen niederwerfen kann, sondern wenn der Kampf nur noch auf eine wechselseitige Vernichtung beider hinauslaufen würde. Aber das paranoide Rivalitätsdenken blendet diese Wahrheit aus. Es ist kaum faßbar, wie schwer es vielen fällt, sich von einem für uns alle lebensgefährlichen Denkmuster zu lösen und zu begreifen, daß es nicht mehr um Sieg oder Niederlage gehen kann. Selbst Persönlichkeiten, die es wahrhaftig besser wissen müßten, schüren um sich weiterhin eine wahnhafte Verkennung der Situation. Als eklatantes Beispiel sei auf ein dieser Tage erschienenes Interview von CLAUS JACOBI mit dem amerikanischen Expräsidenten NIXON verwiesen. Da sagt NIXON: Alles, was der Westen tun müsse, um den dritten Weltkrieg nicht zu verlieren, sei: er müsse entschlossen sein, ihn zu gewinnen. Denn – nun wörtlich: «Wie sagte einst General MCARTHUR? Es gibt keinen Ersatz für den Sieg.» – Der renommierte Interviewer JACOBI führt diesen NIXON in seinem Interview als Persönlichkeit ein, die jetzt wieder gehört werde und deren Worten Gewicht zukomme. Kaum glaublich, aber wahr. Indes, man muß NIXON zugute halten, daß sich Weltpolitik praktisch ja noch immer weitgehend nach den Grundsätzen vollzieht, die er unverhüllt beim Namen nennt.

Denn wie ist die faktische Lage? Beide Weltmächte ringen immer noch beharrlich, wie dies kürzlich auch wieder CARL FRIEDRICH VON

Weizsäcker nüchtern registriert hat, um die Vorherrschaft in der Welt. Vietnam und neuerdings Afghanistan legen mal auf dieser, mal auf jener Seite diese maßgebliche Philosophie des Machtwillens bloß, wie sehr diese auch hüben und drüben propagandistisch verschleiert wird. Jede Labilisierung innerhalb oder am Rande des eigenen Dominanzbereichs regt noch immer jede der beiden Hegemonialmächte an, unverzüglich im Dienste der eigenen Herrschaftsinteressen zu intervenieren. Dann sieht es so aus, als ob sich mal die eine – wie in Vietnam –, dann wieder die andere – wie in Afghanistan – ganz plötzlich in einen machthungrigen Aggressor verwandele, obwohl es sich bei den jeweiligen imperialistischen Handlungen nur um die logische Fortsetzung einer permanenten und sonst nur nach außen verhüllten Strategie handelt.

Warum fallen die Menschen auf diese Verhüllung noch immer weitgehend herein? Gewiß nicht allein deshalb, weil hier wie dort eine in Verfälschungstechniken routinierte Propaganda am Werk ist. In den unmittelbar verwickelten Völkern besteht eben noch ein starkes Bedürfnis, sich täuschen zu lassen. – Machtwille und sozialer Verantwortungssinn sind unvereinbare Gegensätze. Vieles spricht dafür, daß die soziale Sensibilität im allgemeinen Bewußtsein zunimmt. Aber eben dadurch gerät sie immer mehr in Konflikt mit einer sozialen Wirklichkeit, die nach wie vor von dem Prinzip einer expansionistischen Rivalität dominiert wird. Im kleinen wie im großen scheinen sich doch immer nur diejenigen behaupten zu können, die sich gegen andere durchsetzen. Man möchte daran glauben, daß Gemeinschaftssinn und soziale Rücksichtnahme die Oberhand gewinnen. Aber tatsächlich findet man sich immer noch in der Feststellung bestätigt, daß die praktische Wirklichkeit allenthalben durch Kampf um die Macht bestimmt wird. Es ist nun schwer auszuhalten, daß sich die Diskrepanz zwischen dem Ideal und der diesem widersprechenden Praxis verschärft. Man müßte aus diesem Druck heraus darauf dringen, die Realität so zu ändern, daß sie den sozialen Bedürfnissen der Menschen besser gerecht wird. Statt dessen überwiegt eine Selbstbeschwichtigung durch jene verfälschende Umdeutung der Realität. Man sieht sich und den Teil der Welt, mit dem man identifiziert ist, in bestem Einklang mit den Prinzipien sozialen Verantwortungssinns und redet sich ein, Machtwille und Imperialismus kämen nur von außen. Man belügt sich, aber man kann damit besser schlafen.

Sich einzugestehen, williger oder unwilliger Handlanger einer weitgehend von machtpolitischen Grundsätzen bestimmten Politik zu sein, ist mit einer unbeschädigten Selbstachtung schwer vereinbar. So sind wir stets in Versuchung, unseren Selbstwert kontinuierlich zu bestätigen durch den Glauben an die absolute Integrität der Politik, die in unserem Namen und unter unserer Mitverantwortung betrieben wird. Je weniger man selbst das System beeinflussen kann, in das man eingeordnet und von dem das eigene Tun in erheblichem Maße bestimmt wird, um so mehr möchte man darauf bauen, daß das gute Gewissen in dem System selbst steckt. Man versucht alles mögliche, um diese Überzeugung gegen gegenteilige Erfahrungen zu verteidigen, und konsumiert deshalb dankbar eine entsprechende Propaganda des Systems.

Wenn dieses Zusammenspiel von Täuschung und Selbsttäuschung nun zur Zeit schlechter funktioniert, so liegt die Ursache offensichtlich in der alles Dagewesene überschreitenden Katastrophengefahr. Unsere Versuche, uns mit Hilfe gewohnter Sündenbockprojektion auf Kosten des Ostens in alter Selbstgerechtigkeit zu wiegen, werden mehr und mehr durch Entgleisungen der amerikanischen Politik irritiert. Wir fühlen uns vital gefährdet und lesen zwischen den Zeilen der Verlautbarungen unserer verantwortlichen Politiker, daß auch diese nur mühsam verbergen, wie entsetzt sie über unkoordinierte und höchst riskante politische Manöver der amerikanischen Führungsmacht sind. Die täglichen Aufrufe zu treuer Gefolgschaft werden in wachsendem Maße peinlich, weil sie eine berechtigte Opposition niederhalten wollen und weil sie obendrein wie eine Einschüchterung klingen, jede deutliche Kritik zu verschweigen, die indessen von den Amerikanern durch ihre bedenkliche Strategie objektiv herausgefordert wird. So müssen wir uns gewissermaßen selbst dazu ermutigen, zu dieser Kritik zu stehen. Wir sollten uns dabei auch nicht durch die große Zahl derer verunsichern lassen, die ganz in der gezüchteten paranoiden Stimmung befangen geblieben sind und jeden prompt des Treuebruchs bzw. der Kommunismusanfälligkeit verdächtigen, der aus dem Freund-Feind-Denkschema aussteigt. Für diese Gruppe ist es in der Tat bereits unverzeihlich, danach zu fragen, ob nicht auch die Russen, die im letzten Krieg über 20 Millionen Menschen verloren haben, von ähnlicher Angst motiviert sind, wie wir sie im Westen als legitim nur für uns in Anspruch zu nehmen gewöhnt sind. Hier aber sei gefragt: Was geht eigentlich in Amerika vor, und wie ist es dazu gekommen?

Da hat man zunächst zu bedenken, daß die Amerikaner niemals vor Vietnam daran gezweifelt hatten, nicht nur die stärkste, sondern auch die einzig berufene moralische Führungsmacht der Welt zu sein. In unerschütterter Selbstgewißheit glauben sie daran, durch kontinuierlichen Export des American Way of Life alle Übel dieser Welt tilgen zu können. Vietnam vermittelte ihnen dann erstmals neben der Kränkung einer verheerenden militärischen Niederlage zugleich eine katastrophale moralische Demütigung. Völlig unvorbereitet fanden sie sich, die scheinbar unbestrittenen Moralhüter dieser Welt, in der umgekehrten Rolle wieder, nämlich vom Weltgewissen angeprangert für die Grausamkeiten ihrer Kriegsführung mit Napalm, mit der Entlaubung und mit Vergeltungsaktionen à la My Lai. Und dann folgte Watergate, die Enthüllung der verbrecherischen Praktiken innerhalb des Weißen Hauses. Plötzlich konfrontiert mit dem grotesken Widerspruch zwischen dem bislang nie gefährdeten idealen Selbstbild und einer höchst blamablen Wirklichkeit, gerieten die Amerikaner in eine Verwirrung, von der sie sich bis heute – wie ich meine – genausowenig erholt haben wie wir Deutschen von den Belastungen unserer eigenen Vergangenheit.

Verständlicherweise suchte man in den Staaten bei der letzten Präsidentschaftswahl nach einem Kandidaten, der vor allem anderen die furchtbare moralische Demütigung reparieren sollte. So verfielen die Amerikaner auf den frommen CARTER, der nicht mehr durch den NIXON-Skandal belastet war. Er sollte ihnen das Selbstbild des anständigen, des sauberen Amerikaners zurückgeben. Der radikale Moralismus CARTERS erschien als die sicherste Garantie, weitere Blamagen vom Typ Vietnam oder Watergate vermeiden zu können. Aber bald griff Verwirrung durch die schwankende und unsichere Politik des neuen Präsidenten um sich. Die Amerikaner registrierten zwar seine gute Absicht, sich überall für moralische Prinzipien einsetzen zu wollen, zugleich bemerkten sie indessen seine Durchsetzungsschwierigkeiten und sein Ungeschick im Managen von Konfliktlagen. Allmählich verschoben sich wieder die Prioritäten in den Erwartungen des Publikums. Man wünschte sich ein gutes, aber inzwischen wieder sehr nachdrücklich ein unangefochten starkes und dominierendes Amerika. CARTER wurde mehr und mehr unbeliebt, bis ihm die Ereignisse von Afghanistan und Teheran in dieser Hinsicht wenigstens zu Hilfe kamen. Vor allem der Afghanistan-Überfall bot ihm paradoxerweise eine große Chance zur Stabilisierung seiner schwer angeschlagenen Position. Denn jetzt konnte er endlich die Härte zeigen, die seiner Struktur spezifischerweise eignet. Das ist die unbeirrbare Rigidität in der Abwehr des eindeutig moralisch Bösen. Und er konnte sich auf den wichtigen Teil seines Volkes stützen, dem die Russen jetzt ganz unerwartet die Hoffnung zugespielt hatten, sich definitiv von der Schmach der Vietnam-Angeklagtenrolle lösen und plötzlich wieder selbst in die Anklägerposition hinüberwechseln zu können. Unverzüglich machten sich die Amerikaner daran, sich wieder als die guten Beschützer zu profilieren, die dem Vordringen des Bösen in der Welt Einhalt gebieten. Frei von Gewissenszweifeln, ja nunmehr sogar um des guten Gewissens willen, ließ sich machtpolitisch auftrumpfen. So wurde der unerbittliche Moralist CARTER zum Mann der Stunde. Die Amerikaner bestätigten und bestätigen ihn noch immer in dem Kurs, der ihm die schon verloren geglaubte Chance zur Wiederwahl zurückgegeben hat.

So wie seinerzeit die Amerikaner mit Vietnam, so haben sich jetzt offensichtlich die Sowjets mit Afghanistan insofern gründlich verrechnet, als sie die Toleranzbreite nicht nur der Weltöffentlichkeit, sondern bereits innerhalb des eigenen Einflußgebietes unterschätzt haben. Die kritische Haltung Kubas und Rumäniens und die spürbare Reserve in zahlreichen anderen Warschauer-Pakt-Mächten signalisieren den Sowjets neben einer höchst unangenehmen Ächtung in den UN die Gefahr einer Destabilisierung innerhalb des eigenen Bündnissystems. So wie die Franzosen aus Algerien, die Amerikaner aus Vietnam lernen mußten, so haben nunmehr auch die Sowjets ihren Kurs zu revidieren, dessen Auswirkung sie vorher ungenügend bedacht haben. Jedenfalls ist zu hoffen, daß dort die Vertreter einer gemäßigten Politik, die im Falle Afghanistan den Falken unterlegen waren, ihren Einfluß stärken können. Und es käme im allgemeinen Interesse darauf an, diese Lernprozesse auf sowjetischer Seite auf alle erdenkliche Art zu unterstützen. Man vergesse dabei nicht, wie viele Jahre die Amerikaner gebraucht haben, um ihre imperialistische Vietnam-Strategie zu revidieren. Daß man eine solche Umstellung mit einer ultimativen Konfrontationspolitik womöglich eher hindert, anstatt sie zu beschleunigen, ist eine inzwischen weitverbreitete legitime Befürchtung. Beide Weltmächte tragen, ob sie es wollen oder nicht, gemeinsam die Verantwortung für die Wahrung und schließlich für eine bessere Sicherung des Friedens. Daraus ergibt sich scheinbar paradoxerweise, daß sie gerade schwerwiegende Fehler der einen oder anderen Seite als Zwang zu einer besonders intensiven Kooperation verstehen müssen. Denn speziell solche gefährlichen Fehler können sie nur zusammen überwinden.

Um so schlimmer ist es, daß diese Kooperation zur Zeit nahezu zerstört ist. Mit der Haltung des radikalen Moralismus, die von Amerika praktiziert wird, paart sich eine kurzsichtige Unversöhnlichkeit, die gerade das Böse zu fixieren droht, dessen Überwindung erklärtes Ziel eben dieses Moralismus ist. Der hartnäckige Drang, Unrecht um jeden Preis zu bestrafen, kann sich selbst in Unmoral verwandeln, wenn damit auf der Gegenseite die Chance, sich unter Wahrung des Gesichts zurückzunehmen, verbaut wird. In der Inszenierung hier Polizist, dort Missetäter kann es schwerlich zu einem guten Ende kommen.

Nun gibt es allerdings nahezu täglich Zeichen dafür, daß sich hüben wie drüben die kleineren Verbündeten diskret bemühen, eine weitere Eskalation zu verhindern. Da ist die Abrüstungsinitiative der Polen. Da werden Versuche der Westeuropäer bekannt, auf CARTER mäßigend einzuwirken und ihm von weiteren militärischen Gesten abzuraten. Aber die jeweiligen Abhängigkeiten und Rücksichtnahmen auf die Empfindlichkeiten der Mächtigen, deren Gunst man sich erhalten muß, fördern einen diplomatischen Stil, durch den sich das große Publikum von der Weltpolitik in einem Augenblick total abgehängt sieht, in dem es um Entscheidungen von größter Tragweite geht. Wir Bürger fühlen uns in einen seltsam unmündigen Zustand versetzt, der uns zugleich die Sprache verschlägt. Aber offensichtlich fühlen nicht nur wir als Publikum uns abgehängt. Anscheinend geht es den Staatsmännern der mittleren und kleineren Bündnismächte nicht viel besser. Wie anders sollte man den Notruf von HELMUT SCHMIDT verstehen, der sich mit seinem Vorwurf in die Öffentlichkeit flüchtet, die Großen benutzten trotz der mit 1914 vergleichbaren Krisenlage nicht die verfügbaren Instrumente zur Krisensteuerung.

Man könnte nun sagen: Wenn nicht einmal Staatsmänner dieses Formats sich mit ihren Ratschlägen Gehör verschaffen können, um wieviel geringer ist dann erst die Chance des manipulierten Publikums, etwas zu bewirken. Wie nutzlos könnten dann analytische Überlegungen wie die vorgetragenen erscheinen. Aber steht es uns eigentlich an, uns wie Kinder zu benehmen, die sehenden Auges dazu schweigen, wenn ihre Eltern über ihren Köpfen eine für die gesamte Familie existentielle Krise leichtfertig hochspielen? Müssen wir nicht artikulieren, was wir wahrnehmen? Müssen wir nicht gerade deshalb unsere Empfindungen und unsere Forderungen laut vernehmlich machen, weil wir bisher nicht erkennen können, daß alle diskreten Mäßigungs- und Beschwichtigungsversuche auf den offiziellen diplomatischen Kanälen etwas Durchschlagendes bewirken? Schließlich geht es um unser aller Kopf und Kragen. Was soll da die moralisch klingende Mahnung, wir sollten den großen Bruder, der soviel Gutes uns tue, jetzt nicht im Stich lassen, da er Schwierigkeiten habe? Wir sind doch schließlich diejenigen, die zuallererst und am schwersten von einer Katastrophe geschlagen würden, an deren Rand sich die Welt befindet. Da kann es doch nicht um eine Art von therapeutischer Unterstützung für den Kurs eines Präsidenten gehen, dessen Risiken uns Angst und Schrecken einjagen. Wir sind doch, wenn man so will, die Patienten, die in der Lage sind, um Hilfe rufen zu müssen, um nicht im Stich gelassen zu werden.

Wir alle sind dazu erzogen, daran zu glauben, «die da oben», die stellvertretend für uns die große Politik machen, seien durch ihren Vorsprung an Information und Erfahrung in jedem Falle besser als die Massen an der Basis gerüstet, die politischen Probleme richtig einzuschätzen und vernünftig zu handhaben. Aber in dieser geschichtlichen Phase sehen wir, daß die Techniken der klassischen Machtpolitik in Geleisen festgefahren sind, die jenes qualitative Umdenken äußerst erschweren, das durch die Atomgefahr geboten ist. Denn selbst wenn die Afghanistan-Krise, was zu hoffen ist, irgendwann überwunden sein wird, drohen weitere krisenhafte Verwicklungen in Gebieten, die sich für die Weltmächte als Streitobjekte im Rivalisieren um Vorherrschaft anbieten. Erkennbar wird die Notwendigkeit einer alternativen Politik mit gewandelten Leitvorstellungen und gegenüber den bisherigen Ritualen wesentlich veränderten Kommunikationsformen (so daß es beispielsweise nicht mehr einer Trauerfeier wie jetzt in Belgrad bedarf, um in Krisenlagen die Hemmschwelle für Gespräche zu überwinden).

Die ökologischen Bürgerinitiativen sind ein Modellfall dafür, wie Bürger, wenn sie vitale Interessen verraten sehen, durch die Form spontaner Massenbewegungen politischen Einfluß nehmen können und müssen. Daß ökologische Kriterien ein zentrales Prinzip für alle politischen Planungen sein müssen, lernen, wenn es gut geht, nicht etwa die Bürger von den Politikern, sondern umgekehrt die politischen Profis von den Bürgern. Auch die expansionistische Rüstungspolitik wird so lange automatisch weiter eskalieren, solange sich nicht die Menschen hier wie dort massenweise aufraffen, um sich diesem Wahnwitz entgegenzustemmen. Denn auch hier ist die professionelle Politik grundsätzlich falsch programmiert.

Wir brauchen auf jeden Fall eine engere Ankopplung der Politik an das unmittelbare Befinden, Fühlen und Wollen der Menschen, damit die professionelle Politik aus ihrer Selbstregelung durch rein technisch-ökonomische Zwänge herausgerissen wird, die in kaum noch durchschaubarer Weise vom Prinzip eines anachronistischen Expansionismus gesteuert werden. Und dieser Ankopplung wäre eine breite spontane Selbsthilfebewegung dienlich, die ins Bewußtsein rückt, daß es über die Grenzen hinweg die eine Atomkriegsgefahr für die eine und einzige Menschheit gibt, der alle unterworfen sind und gegen die sich alle gemeinsam wenden müssen. Mir scheint, daß im Rahmen der alternativen Bewegung in aller Stille manche vielversprechende neue Denkmuster eingeübt worden sind bzw. eingeübt werden, die in etwa richtungweisend werden könnten für eine Politik, die im Augenblick mehr und mehr zu einem sinnleeren Managen verkommt.

Eine echte Aussöhnung und eine solidarische Kooperation der Mächtigen um der gemeinsamen Fürsorge für die bedrohte Menschheit willen werden nur zustande kommen, wenn eines Tages der Druck von den Menschen her groß genug wird, um die Eigendynamik der Techniken des machtpolitischen Rivalisierens zu stoppen. Ob es dazu noch rechtzeitig kommen wird, ist freilich die Frage. Aber dies ist keine Frage, deren Antwort sich errechnen läßt. Sondern es ist letztlich eine Frage an uns selbst, ob, was und wie entschieden wir etwas tun wollen. Und hier muß jeder bei sich selbst ansetzen. Ich für meinen Teil habe mich in den letzten Wochen mit einer Reihe von kritischen Schriftstellern, Politikern, Politologen, Fachkollegen und Leuten aus Bürgerinitiativen ausgetauscht. Wir haben gefunden: Man kann Resolutionen machen, Intellektuellenbriefe schreiben, Abordnungen an die Regierung schicken, Veranstaltungen aufziehen, in den Medien tätig werden. Aber die allgemeine Sprachlosigkeit in der Hauptfrage wird nicht dadurch verändert, sondern vielleicht sogar stabilisiert, wenn einige, die ohnehin gut schreiben und reden können, in der Öffentlichkeit das artikulieren, was eigentlich alle gemeinsam sagen sollten. Und es geht ja eben auch nicht nur um das Sagen, wie wichtig das auch immer ist. Sondern es geht um die Kontinuität eines gemeinsamen zielstrebigen Engagements für eine alternative Politik, in der nukleare Abrüstung nicht isolierter politischer Programmpunkt ist, denn als solche ist sie nicht möglich, vielmehr unerläßliche Konsequenz einer Wandlung der politischen Wertvorstellungen überhaupt.

10. Sexualstörungen – Beziehungskonflikte*

Vieles an unserer Einstellung zur Sexualität hat sich im Verlauf dieses Jahrhunderts geändert. Nahezu unfaßbar erscheint uns heute die hektische moralische Entrüstung, die FREUD noch vor dem Ersten Weltkrieg entgegenschlug, als er der Sexualität eine bedeutende Rolle für die psychische Entwicklung und für die Entstehung von Neurosen beilegte. Es galt bereits als moralische Entgleisung, FREUDS Thesen auf wissenschaftlichen Tagungen auch nur erörtern zu wollen. «Dies ist kein Diskussionsthema für eine wissenschaftliche Versammlung, dies ist Sache der Polizei!», so artikulierte der Geheime Medizinalrat Prof. WEYGANDT die offizielle Meinung auf dem Kongreß Deutscher Neurologen und Psychiater 1910 in Hamburg. Die bedeutendsten Nervenärzte jener Zeit wie ZIEHEN, der Jenenser BINSWANGER und ISSERLIN hielten FREUDS Sexualtheorie einer fachlichen Kritik nicht für würdig. Sie betrachteten sie als auszurottendes Übel. Der berühmte Neurologe OPPENHEIM schlug allen Ernstes vor, man solle jede Anstalt boykottieren, in der FREUDS Anschauungen etwa geduldet würden.[2]

Wie sehr hat sich die Szene seitdem gewandelt! Damals noch nicht einmal unter Fachleuten offiziell diskussionsfähig, ist die Sexualität inzwischen zu einem Lieblingsthema in der Öffentlichkeit geworden. Mit großem geschäftlichem Erfolg beuten Zeitschriftenproduzenten, Filmemacher, Show-Unternehmer und die Erzeuger der hunderterlei Sex-Shop-Artikel eine Art von Sexkult aus, der nach Abbau der traditionellen Sexualtabus ausgebrochen ist. Das ehedem Verpönte ist zur Mode geworden. Neue Normen scheinen sich zu etablieren, die sich zu den alten in direkten Widerspruch setzen.

---

* Nach einem Vortrag auf der 4. Fortbildungstagung für praktische Sexualmedizin, Juni 1980 in Heidelberg

An Stelle langen enthaltsamen Abwartens wird unter jungen Leuten eher eine frühe und experimentierfreudige sexuelle Aktivität als positiv bewertet. Bekanntlich haben SCHORSCH und SCHMIDT ermittelt, daß bei deutschen Oberschülerinnen und Oberschülern der erste Sexualverkehr allein zwischen 1963 und 1973 von ca. 21 Jahren auf ca. 17 Jahre vorgerückt ist.[5] Und nach dem RALF-Report von EICHNER und HABERMEHL ist inzwischen eine weitere Vorverlegung bei beiden Geschlechtern auf 16 Jahre eingetreten.[1] Freilich betrifft dieser Verhaltenswandel nicht allein die Sexualität. Man kann bei den Jugendlichen die Tendenz beobachten, sich ganz allgemein früher aus der Kindesrolle zu lösen. Innerhalb der peer-group melden sich zeitig Bestrebungen, sich nicht nur von elterlicher Bevormundung zu befreien, sondern eine neue, eine selbstbestimmte Lebensform zu finden. Man distanziert sich nicht nur von den Eltern, sondern ganz allgemein von eingefahrenen Verhaltensmustern, deren Übernahme die Erwachsenengesellschaft erwartet. Die Sexualität ist in diesen Prozeß eingeschlossen, der von SHORTER als wachsende Diskontinuität zwischen den Generationen beschrieben wird.[6] Aber es geht diesem eigene Wege suchenden Teil der Jugend nicht primär darum, mit unkonventionellem Sexualverhalten einen spektakulären Protest zu artikulieren, wie dies noch in der antiautoritären Bewegung der Fall war. Man hat die pubertären Provokationen nicht mehr nötig, mit denen man in der Phase der Kommunegründungen gegen mangelhaft bewältigte infantile Abhängigkeiten anzukämpfen versuchte. In der heutigen alternativen Strömung ist der freiere Umgang mit der Sexualität nicht mehr an sich ein primäres Leitmotiv. Entscheidend ist vielmehr das Streben nach neuen zwischenmenschlichen Umgangsformen überhaupt. Man sucht einfach mehr Nähe, man geht spontaner aufeinander zu, man will miteinander mehr Freude haben, enger miteinander kommunizieren. Und da ist alles lästig, was bislang an moralistischen Zwängen ein solches unbefangeneres und offeneres Miteinander-Umgehen unterbunden hat. Ein freizügigeres Sexualverhalten ergibt sich bei diesem Umstellungsversuch gleichsam wie von selbst. Es ist somit Teil eines sehr viel generelleren und tiefer reichenden Neuorientierungsprozesses, der inzwischen nicht deshalb wachsende Aufmerksamkeit erregt, weil die jungen Leute auf diesen Effekt besonders bedacht wären, sondern weil die alternative Bewegung, in die dieser Prozeß eingebettet ist, zwar langsam, aber stetig immer weitere Kreise zu ziehen scheint. Nur in gewissen ländlichen Gegenden, in denen noch eine streng konservative Sexualmoral verteidigt wird, wehrt sich die Jugend gelegentlich nach wie vor in der Form provokativer Proteste. Aus einer kleineren Provinzstadt wurde ich vor kurzem von den Redakteuren einer Schülerzeitung um eine Stellungnahme zu einem Artikel gebeten, der die Überschrift trug: «Über den Wahnsinn, mit dreizehn noch Jungfrau zu sein.» – Darin wurde die frühe Aufnahme des Sexualverkehrs als sicheres Mittel nicht nur zur Verhütung sexueller Schwierigkeiten, sondern darüber hinaus zur Vorbeugung seelischer Hemmungen schlechthin gefordert. Man sieht, wie hier die unbewältigte Sexualangst dazu führt, daß der eine Zwang nur mit einem Gegenzwang vertauscht wird. An die Stelle traditioneller Sexualverbote werden nicht minder traumatische neue sexuelle Leistungszwänge gesetzt. Man muß früh sexuell aktiv sein und toll funktionieren, um okay zu sein. So wird Angst nicht reduziert, sondern nur verschoben. Und man ersetzt lediglich die klassischen Bedingungen für die Entstehung neurotischer Sexualstörungen durch neue.

Allerdings werden die noch vor kurzem üblichen Formen von pubertärer Rebellion, wie gesagt, mehr und mehr von jener eher in der Stille verlaufenden Wandlung verdrängt, die zuvor geschildert wurde.

Anders und verwirrender ist das Bild in der mittleren Generation. Deren längere Erfahrung gesellschaftlichen Anpassungsdrucks vermindert ihren Spielraum zu einer nennenswerten Revision ihrer Grundhaltung. Dies scheint auf den ersten Blick der Tatsache zu widersprechen, daß doch gerade weite Teile der mittleren Generation jenen Boom der Sex- und Porno-Industrie entfacht haben, der noch immer nicht abgeebbt ist. Freilich brachen gerade auch in dieser Altersgruppe zunächst Hoffnungen durch, mit Hilfe forciert ausgelebter Sexualität nicht nur einen Nachholbedarf an Triebabfuhr stillen, vielmehr so etwas wie eine entscheidende Erlösung von bedrückender Einengung des Lebens überhaupt gewinnen zu können. Allerdings zielte man in der mittleren Generation nicht auf eine in toto gewandelte Lebensform, sondern man besetzte die Sexualität gewissermaßen punktuell als entschädigendes Kontrastprogramm zu einem in Rollenzwängen erstarrten frustrierenden Alltag. Die zugrundeliegende Phantasie läßt sich etwa durch die Formel beschreiben: Wenn ich schon sonst in meinem allenthalben durch funktionale Zwänge eingeschnürten und sinnverarmten Leben wenig zu ändern vermag, so kann ich mir doch vielleicht wenigstens im Sexualbereich ersatzweise neue Befriedigungsmöglichkeiten arrangieren, die mich meine übrige Misere eher verschmerzen lassen.

Dieses Konzept bedeutet im Grunde eine Umkehr der alten Verdrängungstheorie von FREUD, so wie diese sich jedenfalls in vereinfachter Form im allgemeinen Bewußtsein festgesetzt hat. Die alte Vorstellung besagte, aus der Verdrängung sexueller Bedürfnisse entstehe Krankheit und psychisches Elend. Das Gegenstück dazu lautet: Um psychisches Elend verdrängen zu können, flüchtet man in suchtartige Sexualhektik. Ursache und Wirkung haben sich scheinbar verkehrt. Was als Krankheitsursache galt, erscheint nun seinerseits als Symptom. Die Sexualität wird zur Droge, die eine noch tiefer verwurzelte Lebensnot vergessen machen soll.

Dabei handelt es sich um einen aus der Suchtpsychologie lange bekannten Mechanismus, den übrigens als erster der Philosoph MAX SCHELER systematisch theoretisch analysiert hat.[4] Und zwar hat er von einem Gesetz gesprochen, wonach ein Anstieg an tiefinnerlicher Bedrücktheit und Unerfülltheit automatisch dazu führe, sinnliche Befriedigungsmöglichkeiten dort gesteigert auszunutzen, wo man sie willkürlich technisch arrangieren könne. Das heißt: je mutloser, isolierter und entfremdeter sich Menschen in dieser Gesellschaft fühlen, um so eher sind sie versucht, sich kompensatorisch an Lustquellen zu klammern, die sie selber wenigstens halbwegs manipulieren können. Dieses Schema bietet sich als plausibles Erklärungsmuster für jene dem Sex-Konsum zufließenden übersteigerten Erlösungswünsche an, die freilich ihren Höhepunkt bereits überschritten zu haben scheinen. Der Traum, allein mit Hilfe der Durchbrechung alter Sexualverbote entschwundene Lebensfreude und Spannungsfreiheit wiedergewinnen zu können, wird inzwischen weithin als trügerisch durchschaut. Es hat sich notwendigerweise herausgestellt, daß die Überladung der Sexualsphäre mit übersteigerten Befreiungserwartungen weder der sexuellen Erlebnisfähigkeit selbst zugute kommt noch die Aufhebung derjenigen Entfremdung bewirken kann, die sich aus dem Gesamt der psychosozialen Lage ergibt.

Im übrigen läßt sich feststellen, daß das an das traditionelle kirchliche Sexualtabu gebundene Angstpotential mit der Lockerung der Sexualsitten keineswegs verschwunden ist. Die Angst ist zum großen Teil nur verschoben worden. Die alte Sündenangst taucht in gewandelter Form an neuer Stelle auf. Das Schicksal dieser Angst ist verflochten mit einer allgemeinen Metamorphose der Über-Ich-Inhalte. Die Verletzung des kirchlichen Reinheitsideals schreckt die Menschen nicht mehr sonderlich, dafür die Durchbrechung medizinischer Gesundheitsvorschriften. Die Projektionsfigur des Gewissens ist ja weithin nicht mehr der Priester, sondern der Arzt. Richtig zu essen, das richtige Gewicht zu haben, sich vorschriftsmäßig zu trimmen, das sind die neuen Stabilisatoren des Selbstwertbewußtseins. Unter den Einfluß dieses Trends sind längst auch die sexuellen Normvorstellungen geraten. Man will wissen, wie man es richtig macht. Die Gesundheitsexperten sollen verkünden, wann, wie und wieviel Sex man praktizieren soll, um sich gesundheitsbewußt zu verhalten. So wie Kalorien-, Gewichts- und Blutdrucktabellen bereits zu alltäglichen Lebensbegleitern geworden sind, so hungern viele nach kompetenten Lehrfibeln für Sex. Solange man das Sexualverhalten nicht nach Maßstäben steuert, die man für objektiv gültig halten kann, lebt man in Unsicherheit. Es ist eine wahrhaft groteske Paradoxie, daß selbst die wenigen verbliebenen Freiräume für spontanes, kreatives, spielerisches Verhalten nicht mehr unbefangen genutzt werden können. Daran gewöhnt, daß unser sonstiges Leben immer totaler verplant, durchorganisiert und kontrolliert wird, zweifeln wir daran, ob irgend etwas noch gut und heilvoll sein kann, was noch nicht berechnet und normiert ist. Die Sexualwissenschaft soll endlich klarstellen, wie eine gesunde und technisch optimale Sexualität aussieht und welche Risikofaktoren man zu meiden hat. Die Sexualität ordnet sich damit ein in die mehr und mehr in den Vordergrund drängende Fitness-Moral. Und das bringt es mit sich, daß plötzlich gewissermaßen hintenherum die alten Verbotstafeln wieder auftauchen. Hat man sich endlich einer endlosen Tradition priesterlicher Einschüchterung entledigt, unterwirft man sich freiwillig einer neuen sonderbaren Medizin-Ethik, in der sich wiederum mehr und mehr asketistische Züge durchzusetzen scheinen. Sie sind Wesensmerkmale einer eigentümlichen «Natürlichkeitsideologie». Man will natürlich leben, aber man vertraut eben nicht der Natürlichkeit der eigenen spontanen Bedürfnisse, sondern läßt sich von Experten definieren, was normal und hygienisch ist für beide Geschlechter, für alle Altersgruppen und Lebenslagen. Das Hygienische wird zu einem religiösen Wert verklärt. Aber es ist nicht Gott, der die Gesundheit heiligt. Sondern es ist der Traum von unserer eigenen omnipotenten Göttlichkeit, zu dem der Besitz ewiger jugendlicher Kraft und Fitness gehört. Es ist die irrationale Vision der expansionistischen Fortschrittsgesellschaft, daß die Medizin uns zusätzlich zu ihren eigenen ins Unermeßliche zu steigernden Wundertaten schließlich die absoluten Lebensvorschriften für eine risikofreie Existenz von unabsehbarer Dauer in Potenz und Frische vermittelt.

Der Gott, von dem wir in diesem Sinne bestraft zu werden fürchten, ist unsere eigene narzißtische Projektion. Es ist unser heimliches, ins Grandiose gesteigertes Selbstbild, das wir durch unhygienischen Lebenswandel zu verraten drohen. So kommt es eben auch zu der verwirrenden Doppelgesichtigkeit unserer sexuellen Leitvorstellungen: Auf der einen Seite will man die Sexualität im Dienste einer allgemeinen Gesundheits- und Fitnessvorsorge nach Hygienevorschriften optimal regulieren. Auf der anderen Seite sind ja eben Potenz und Orgasmus selbst das Ziel allen präventiven Trainings. Denn sie sind ja der Inbegriff der grandiosen Vitalkraft, die man erringen und nach Möglichkeit ewig festhalten will. Sie bilden den Kern jener Idealphantasien, deren Zugkraft die Produzenten der unendlich vielen angeblich luststeigernden Mittel noch immer gigantische Profite verdanken.

Aber es scheint, daß diese Zugkraft allmählich nachläßt. Der Umschwung, der sich andeutet, hängt wesentlich mit einer im Gange befindlichen Umstrukturierung des Geschlechterverhältnisses zusammen. Die Dominanzposition der Männer ist erschüttert, vorläufig noch weniger in den konkreten sozialen Strukturen, dafür schon sehr viel deutlicher im psychischen Hintergrund. Und es ist bezeichnend, daß wir Psychotherapeuten ausgeprägte und chronische Potenzschwierigkeiten vorzugsweise bei solchen Männern finden, die noch besonders hartnäckig an jenen Omnipotenzvisionen hängen, die ihnen die Aussöhnung mit ihrer faktischen Schwäche und Gebrechlichkeit verwehren. Die Kraftprotze der Illustriertenwerbung, James Bond und die vielen ähnlichen Superman-Helden infantiler Abenteuerfilme müssen ihre Faszination einbüßen, je weiter sie sich für die Masse der Männer von deren realer Befindlichkeit entfernen.

Dennoch ist zu registrieren, daß es nicht primär die Männer sind, welche von sich aus die unhaltbar gewordenen Ideale der paternalistischen westlichen Gesellschaften abzubauen angefangen haben. Sie sind dazu genötigt, weil sie auf die aktiv gewordenen Frauen reagieren müssen, die ihrerseits eine Umorientierung verlangen. Die Frauen haben erfolgreich darauf gedrungen, ihre Sexualität nicht länger von den Männern definieren zu lassen, sondern selbst zu definieren. Sogar der überaus kritische und scharfsichtige Freud war, wie wir heute sehen, noch der Versuchung erlegen, die weibliche Entwicklung den männlichen Sexualvorurteilen seiner Zeit anzupassen. Angesichts der männlichen Vergötterung des Penis als Inbegriff von Macht und Potenz ließ er die Frau psychologisch ganz und gar von dem Problem bestimmt sein, mit der Minderwertigkeit des Penismangels fertig zu werden und ihren furchtbaren Penisneid zu bewältigen. Die Frauen selbst und schon die ersten Schülerinnen FREUDS wie KARIN HORNEY, JEANNE LAMPL-DE GROOT und HELENE DEUTSCH haben diese illusionäre Theorie Stück um Stück abgebaut. Und wirksamer als durch theoretischen Streit haben die Frauen die vorurteilshafte Fehleinschätzung ihrer Sexualität und ihrer weiblichen Identität schlechthin dadurch entkräftet, daß sie ihr *Sozialverhalten* geändert haben.

Nun ist es durch diesen Aufbruch der Frauen aber nicht zu einem neuen ganzheitlichen, die Geschlechterbeziehung umgreifenden Begriff der Sexualität gekommen, wo alles schön zueinander paßt wie in der alten FREUDschen Theorie. Vielmehr herrscht im Augenblick eher Verwirrung. Die Perversionen sind keine Perversionen mehr. Die Homosexualität, selbst die männliche, erringt, wenn auch nur langsam und in zäher Anstrengung, Fortschritte im Kampf um gesellschaftliche Anerkennung. Für die heterosexuelle Beziehung mangelt es zwar nicht an schön klingenden und wohlgemeinten Anpreisungen einer harmonischen Neuaufteilung von Aktivität und Passivität. Das Zauberwort der ebenbürtigen Partnerschaft beschwört eine neue ideale Balance zwischen Mann und Frau, die indessen dem realen aktuellen Verhältnis zwischen den Geschlechtern weit vorausgreift. Dieses Verhältnis befindet sich noch in einer kritischen Phase. In ihm bildet sich notwendigerweise die gesamte Werte- und Normenproblematik unserer Gesellschaft in verdichteter Form ab. Das traditionelle Unterdrückungsverhältnis zwischen den Geschlechtern war ja durch die ganze Neuzeit hindurch zugleich eine Abspiegelung der Unterdrückung einer «weiblichen» emotionalen Weltansicht durch eine «männliche» Wille-zur-Macht-Perspektive. Diese dominante «männliche» Grundhaltung eines maßlosen Expansionismus, verbunden mit rücksichtsloser technischer Naturvergewaltigung, wird nun erst ganz allmählich in ihrer Bedenklichkeit erkannt. Wie sich auch immer die Gegenperspektive definiert, die sich dieser traditionellen männlich-expansionistischen Ideologie widersetzt – sie enthält vorrangig solche Werte, die man bislang als «weiblich» etikettiert und in den Hintergrund gedrängt hatte. Hier ist die Rede von Gefühl, von Sanftheit, Friedlichkeit, Zärtlichkeit, Kommunikation usw. Aber nun wollen und müssen die Frauen den Männern das Machtmonopol streitig machen. Wie sonst sollen sie es fertigbringen, die an sie in langer kultureller Tradition abgespaltenen Werte durchzusetzen? Sie müssen für den Frieden, für eine menschlichere

Umwelt aktiv demonstrieren und kämpfen, wie umgekehrt die Männer ihre Identität nach der sogenannten weiblichen Seite hin im Selbstverständnis und im praktischen Sozialverhalten revidieren müssen. Diese haben in sich zu akzeptieren, was sie bisher als schwach und minderwertig verdrängt hatten. Und sie müssen, was sie in ihrem Innern rehabilitieren, auch gemeinsam mit den Frauen – wie man heute sagt – politisch umsetzen. Sie müssen lernen, eine andere, sanftere, maßvollere, versöhnlichere und friedlichere Organisation des gesellschaftlichen Zusammenlebens zu bewerkstelligen.

Aber eben dies sind im Augenblick noch nicht viel mehr als Wunschbilder, die nicht einmal allgemeiner Zustimmung, noch weniger aktiver Einsatzwilligkeit zu ihrer Durchsetzung sicher sein können. Vor allem auf seiten der Männer sind Zweifel und Beharrungstendenzen allenthalben wirksam. Die männlichen Fürsprecher einer entsprechenden gründlichen Umorientierung werden außerhalb der Alternativen und der Grünen noch überwiegend als Träumer, Romantiker oder Utopisten belächelt und isoliert. Wo sie gelegentlich in der großen Politik hohe Verantwortung erlangen, stürzen sie meist alsbald wieder über ihre vermeintliche zu große Weichheit, ihren als illusionär diffamierten Versöhnungs- und Entspannungsglauben sowie ihre des Utopismus verdächtigten ökologischen Vorstellungen. Man entmachtet sie praktisch, aber präsentiert ihre Konterfeis nach wie vor scheinheilig einer unzufriedenen Jugend zum Gebrauch als symbolische Projektionsfiguren.

Was haben diese ausgreifenden Überlegungen aber eigentlich noch mit der Sexualität zu tun, werden manche von Ihnen sich fragen. Wir sind es weithin gewöhnt, die Probleme unserer Lebensgestaltung nur noch innerhalb enger fachlicher Areale zu bedenken, zumal dann, wenn wir selbst als Experten das eine oder andere Fach zu repräsentieren haben. Aber die Sexualwissenschaft hat den Vorteil, daß sie als verhältnismäßig junges Fach noch nicht der üblicherweise von Generation zu Generation fortschreitenden Selbstisolierung ausgesetzt war. Und noch ragen in ihr glücklicherweise solche Vertreter heraus, die darauf insistieren, die menschliche Sexualität in enger Beziehung zu übergreifenden sozialen und kulturellen Faktoren zu sehen und zu untersuchen. Und so kommt es hier noch zu einem regen interdisziplinären Austausch.

Tatsächlich finden sich in jeder individuellen sexuellen Beziehung irgendwelche Spuren des aktuellen gesellschaftlichen Geschlechterkonfliktes wieder.

Darauf sich zu besinnen ist immer wieder wichtig, um die Chancen und Grenzen der klinischen Beratung und Therapie im Einzelfall richtig einzuschätzen.

Das führt keineswegs zu einer eher resignativen therapeutischen Haltung. Es läßt sich manches an bereits teilweise verinnerlichten und automatisierten sozialen Einwirkungen abbauen. Und gerade wir Psychoanalytiker glauben unbedingt an die Chance der Menschen, sich kritisch und konstruktiv experimentierend mit den psychischen Niederschlägen äußerer Zwänge auseinanderzusetzen, sofern diese Niederschläge noch mit innerem Druck, mit Spannung und Leiden verbunden sind. Und es fördert sogar auch in vielen Fällen die Selbsthilfeenergien von Betroffenen, wenn sie sich sagen können, daß sie z. B. sexuelle Schwierigkeiten nicht allein aus sich produziert haben, sondern an einem Problem teilhaben, das zu gleicher Zeit unzählige andere in ähnlicher Weise drückt.

Lassen Sie mich nun versuchen, Ihnen an Hand von zwei klinischen Beispielen vorzuführen, wie sich konkrete sexuelle Schwierigkeiten zwischen Mann und Frau als typische moderne Beziehungsprobleme zwischen den Geschlechtern herausstellen können. Die Partner können sich sexuell nicht aufeinander abstimmen, weil sie in einer viel umfassenderen Hinsicht miteinander uneinig sind. In einer Vielzahl ähnlicher Fälle ist das sexuelle Scheitern nur das oberflächliche Symptom einer wesentlich tiefer verwurzelten und für jedes der beiden Geschlechter spezifisch gefärbten Kommunikationsstörung. Die beiden folgenden Beispiele entstammen Behandlungsprotokollen, die im Rahmen der Erforschung einer Methode der analytischen Kurztherapie mit Paaren gewonnen wurden.[3]

Er ist 41, sie 37 Jahre alt. Er ist Ingenieur, sie Hausfrau. Sie sind neun Jahre verheiratet und haben drei Kinder. Er verspürt seit einiger Zeit ein starkes Nachlassen sexueller Bedürfnisse. Im letzten Jahr hatten sie nur noch ganz selten, in den letzten Wochen gar keine sexuellen Kontakte mehr. Wenn sie es versuchten, hatte er Probleme, seine Erektion durchzuhalten. Und sie kam nicht zum Orgasmus. Sie streiten häufig, worunter in zunehmendem Maße auch die Kinder leiden.

In einer zwölftägigen, in täglichen Sitzungen durchgeführten Paartherapie sagt *sie*: «Du bevormundest und kritisierst mich ständig. Ich darf die Blumen nicht so gießen, wie ich will. Selbst bei der Waschmaschine bestimmst du, wie ich mit deinen Hemden umgehe. Wo gibt es etwas, was ich tun kann, was ich will? Kochen tue ich auch nur, was du gern ißt. Ich laufe dir ewig nach. Ich brauche dich, sonst verhungere ich. Aber du willst dich nicht eng binden.»

Er sagt: «Was ich dir gegeben habe, war immer zuwenig. Wenn ich zu dir nett bin, bist du immer gleich total vereinnahmend. Und dann verletzt du mich oft. Ich kann dir nichts recht machen. du konzentrierst dich hundertprozentig auf mich. Schon mein Beruf ist dir zuviel. Ich möchte auch mal weg, mal angeln, mal Musik hören. Ich brauche auch Einsamkeit.»

Sie sagt: «Du bist so verschlossen. Du sprichst nicht mit mir. Du willst gar nichts mehr von mir!»

Auf den ersten Blick erscheint sie als die arme kleine kindliche Frau. Sie stellt sich ganz auf ihn ein, damit er sich ihr nicht vollends entzieht. Er erscheint als der Dominierende. Er kritisiert und bestimmt, wie alles gemacht wird. Er hält sie auf Distanz, weil sie ihm mit ihrer Gier nach Kontakt auf die Nerven geht. Er zügelt bestimmte Hobbybedürfnisse scheinbar aus therapeutischer Rücksichtnahme auf die ohnmächtig leidende Partnerin.

Aber, wie so häufig, wandelt sich das Bild in der eingreifenden analytischen Therapie sehr rasch:

Seine schon anfangs angedeutete defensive Position enthüllt sich inzwischen unzweideutig.

Er sagt: «Ich schlafe nicht mehr mit dir, weil ich mich so von dir bekämpft fühle. Ich fühle mich praktisch impotent.»

Sie sagt: «Wenn du alle halbe Jahr mal zu mir kommst, dann kann ich auch nicht, weil die Abstände zu lang waren. Dann will ich auch nicht.»

Er: «Es würde sich alles ändern, wenn du weicher wärst. Ich bin bei dir ständig darauf eingestellt, mich gegen dich wehren zu müssen. Du fühlst dich schon weggestoßen, wenn ich dir nur ein Prozent von mir entziehe.»

Es stellt sich heraus, daß er riesige Angst hat, von ihr übermächtigt und verschlungen zu werden, wenn er sich voll auf sie einläßt. Nur indem er sich ihr demonstrativ entzieht, glaubt er, sie in Schach halten zu können. Er manipuliert sie mit ihrer Angst vor Kontaktverlust. Dabei hat er noch größere, aber zunächst nicht eingestandene Furcht vor Verlassenwerden. Indem er ihre Selbstunsicherheit schürt, glaubt er indessen, ihrer vorläufig halbwegs sicher sein zu können. Er beutet also ihre Angst aus, um die eigene niederzuhalten. So ist er äußerlich der Mächtigere. Aber innerlich ist er der Kränkere. Sie kann ihre Verzweiflung noch leidenschaftlich ausdrücken. Er verschließt sich nicht nur gegen seine Frau, sondern verliert damit zugleich den Zugang zu der eigenen Gefühlswelt. Seine Gefühle offen zu äußern bedeutet für ihn in dieser Phase soviel wie: völlig die Fassung zu verlieren und sich in totaler Ohnmacht aufzulösen. Aber er projiziert die Gefahr nach außen. Sie werde ihn fressen, sie werde ihm das letzte bißchen Kraft rauben, das er noch habe.

Die tägliche sehr anstrengende Behandlung, die den Konflikt in aller Schärfe herausarbeitet, führt zu einer unerträglichen Zuspitzung. Beide geraten so sehr unter Druck, daß sie verzweifelt nach irgendeiner Lösung suchen. Er wird krank und bekommt einen Infekt. Er erleidet auch psychisch einen kleinen Zusammenbruch. Er redet von seiner Selbstunsicherheit, von seinen Durchsetzungsschwierigkeiten im Beruf. Er verkrieche sich immer gern in eine Ecke, er laufe davon, er sei ein mickriger, sie enttäuschender Versager.

Daraufhin macht sie prompt einen Schritt auf ihn zu. Sie ermuntert ihn zum Widerstand in einem konkreten beruflichen Konflikt. Er greift diese Unterstützung dankbar auf und sagt zu, daß er seine Forderung unverzüglich vertreten wolle. Zugleich macht er ihr ein Zugeständnis: «Als wir hierher kamen zu Behandlung, dachte ich, es kann nur besser werden, wenn du dich änderst. Ich sehe aber nun, wieviel ich selber falsch mache.»

Einen Durchbruch signalisiert dann ihr Bekenntnis: «Ich dürfte von dir nicht so viel erwarten. Ich müßte das, was ich brauche, mehr aus mir selbst holen. Ich bin wirklich Heimchen am Herd. Mein Problem ist, selbständig zu werden.»

Beide Eheleute werden sich auch darüber schnell einig, daß sie bald wieder berufstätig werden sollte.

Ohne daß in der zwölftägigen Therapie das Thema der Sexualität auch nur ein einziges Mal konkret behandelt worden wäre, kommt es in den letzten Tagen zum Wiederaufleben einer intensiven sexuellen Aktivität, die beide zu ihrer Überraschung voll befriedigt. Entscheidend ist, daß beide erleichtert feststellen, daß die partielle Kapitulation eines jeden die Kommunikationsbasis nicht vollends zerstört, sondern umgekehrt stabilisiert hat. Die Möglichkeit der sexuellen Offenheit ergibt sich automatisch aus der wechselseitigen Öffnung in der *psychischen* Beziehung. In mehrfacher Hinsicht läßt sich die hier nur knapp skizzierte Konstellation dieses Paares als repräsentativ für eine Masse von emotionellen und sexuellen Paarkonflikten ansehen, die wir in unserem Psychosomatischen Zentrum zu sehen bekommen. Und zwar tritt das entsprechende Konfliktmuster vor allem in der mittleren Generation auf:

Eine Frau, die wegen der Geburt der Kinder ihre Berufstätigkeit abgebrochen oder unterbrochen hat, verfällt in verstärkte Abhängigkeit von einem Ehemann, der ihren Ansprüchen nicht gewachsen ist, zumal da er sich im beruflichen Kampf zunehmend verhärtet und verzehrt. Die im Arbeitsbereich erfahrenen Unfreiheiten und Niederlagen bedrohen sein an Größe und Stärke orientiertes Selbstwertgefühl. Seine emotionale Verkümmerung und seine Minderwertigkeitsängste machen ihn unfähig, die mit unerfüllten Ansprüchen auf ihn eindringende Frau aufzufangen. Aber die Frau erlebt seine Abweisung um so eher als brutale Gemeinheit, je mehr sie sich von anderweitigen sozialen Entfaltungschancen abgeschnitten hat und sich auf die Bestätigung durch ihn angewiesen fühlt. Potenzstörungen und Frigidität, schließlich ein Einfrieren der sexuellen Beziehungen sind oft nur der körperliche Ausdruck einer festgefahrenen desolaten Rivalitätssituation, an der jeder dem anderen die Schuld gibt. Im Gießen-Test, den wir bei allen uns als Patienten aufsuchenden Paaren anwenden, stellt sich dieses Verständigungsproblem so dar, daß jeder sich selbst als relativ tolerant und nachgiebig porträtiert, während der Partner ihn und er selbst den Partner vergleichsweise als sehr viel mehr fordernd und Macht ausübend empfindet.[3]

Ein anderes Beispiel. Er ist 49, sie 47. Beide arbeiten im Kunsthandel. Er als Teilhaber eines Unternehmens. Sie hat erst vor kurzem eine selbständige Tätigkeit wiederaufgenommen. Sie sind zwanzig Jahre verheiratet; sie haben zwei Kinder von 15 und 9 Jahren. In den letzten zehn Jahren ist ihr Sexualleben immer mehr abgeflaut und besteht zur Zeit praktisch nicht mehr. Bei Versuchen hat er meist schnell wieder die Erektion verloren. Er meint, das liege daran, daß sie ihm zuwenig entgegenkomme. Sie wolle so viel von ihm, und er habe vor ihr Angst. Wenn er versage, sage sie oft schreckliche Dinge zu ihm. Sie bestätigt diese ihre Reaktion. Sie haue tatsächlich mit bösen Worten auf ihn ein, weil sie seine Impotenz als «tödliche Waffe» empfinde. Bei seinen gelegentlichen sexuellen Annäherungsversuchen sei sie nie sicher, ob er sie wirklich als Person meine. Er komme gar nicht richtig aus sich heraus. Früher habe sie sich für sein Versagen oft schuldig gefühlt. Jetzt sage sie: «Stopp! Das ist deine Sache!»

Eine Szene aus einer fortgeschrittenen Behandlungsphase. Er fleht sie an, nach Gemeinsamkeiten zu suchen, die sie noch miteinander hätten und wieder entwickeln könnten.

Sie sagt: «Wo sind denn die Gemeinsamkeiten?»

Er: «Ich liebe dich. Ich hasse dich auch manchmal. Aber ich liebe dich. Und ich kann dieses Gefühl nicht wegkriegen.»

Er weint. Schweigen. *Sie* blickt ihn wie versteinert an und sagt: «Du brauchst das Gefühl auch nicht wegzukriegen. Du kannst doch . . .»

Er beginnt einen neuen Satz: «Wir lassen uns nicht . . .»

Sie unterbricht: «Ich lasse dich schon.»

Sie lacht.

Er redet fast atemlos und etwas verworren auf sie ein, wobei er ihr seine positiven Absichten verständlich machen will. Sie bleibt reserviert und defensiv.

Ich interveniere und frage sie: «Was empfinden Sie denn, wenn er jetzt seine Gefühle so zum Ausdruck bringt?»

Sie: «Dann denke ich: Das ist unsere Chance. Wenn das bloß nicht wieder aufhört!»

Ich: «Meinen Sie, daß Sie ihn eben ermutigt haben, seine Gefühle zu zeigen?»

Sie: «Sie denken offenbar, ich hätte das nicht genügend getan?»

Ich: «Ich hatte tatsächlich den Eindruck. Wenn er gerade jetzt wieder die Potenz verliert, dann kann ich das verstehen. Er ging sehr aus sich heraus. Und Sie sagten nur etwa: Du kannst mich ja lieben. Aber Sie zeigten nichts von sich.»

Sie: «Ja, ich hatte Angst, etwas zu zeigen, weil mich das so sehr verwundbar macht.»

Er, aufgeregt: «Aber das ist der Punkt, das ist der Punkt. Dann verläßt mich das bißchen Sicherheit, einfach weiterzumachen. Das zu tun, wonach mir ist. Da ist dein Abwarten. Oder manchmal deine Bemerkung: Das reicht noch nicht. Da muß erst immer noch mehr von mir kommen, immer mehr. Sonst bewirkt das bei dir noch nichts. Und dann ziehe ich mich zurück und bin verbohrt.»

Sie: «Weißt du, früher habe ich öfter mal zu dir gesagt, mein Gott, was muß denn noch passieren, damit du merkst, wie sehr ich dich liebe! Ich glaube, du hast noch nie gemerkt, daß ich fast am Verrecken war. Ach verdammt!»

Ihre Stimme zittert.

Ich sage: «Wieso verdammt?»

Sie: «Ach, daß ich mich nicht beherrschen kann. (Sie weint.) Ich bin ja so oft vor dir im Dreck herumgekrochen.»

Ich: «Aber Sie meinen, das geht jetzt nicht mehr? Das können Sie jetzt nicht mehr zulassen?»

Sie: «Ja, aber sicher bin ich mir noch nicht, daß ich das selber nicht mehr zulasse...»

Ich: «Das Gefühl ist noch da. Und Sie haben sich eben auch gefreut, als er so auftaute. Aber Sie haben keinen Schritt auf ihn zugehen können. Sie können jetzt nicht mehr ohne weiteres anspringen und wollen es auch nicht.»

Sie: «Ich glaube, ich hätte gewollt.»

Er: «Du hättest gewollt?»

Sie: «Ich habe es nicht riskiert!»

Nun wechselt *er* abrupt das Thema: «Ich hatte das Gefühl, auch heute morgen, daß du eigentlich hierhergekommen bist, um nur noch für dich diese oder jene Dinge weiter zu klären. Ich weiß wirklich nicht, ob du mit der Bereitschaft hergekommen bist, um zu versuchen, was wir noch gemeinsam machen können. Ich dachte – und ich weiß es einfach nicht, ob du überhaupt noch aufgeschlossen bist...»

Er verliert sich immer mehr in allgemeinen, zunehmend unklaren Erwägungen.

Ich konfrontiere ihn damit, daß er eben aus der Situation herausgegangen sei und mit seiner Frau das gleiche wie sie unmittelbar vorher mit ihm gemacht habe.

Wörtlich: «Ihre Frau verlor jetzt gerade die Kontrolle über sich. Sie zeigte Ihnen, wieviel Gefühl sie einbringt und wie mühsam sie an sich hält, um sich vor Enttäuschung zu schützen. Und jetzt reden Sie lang und breit von Ihrem Mißtrauen, ob sie hier nicht nur für sich und nicht für Ihr gemeinsames Problem etwas bekommen wolle. Also haben Sie wohl doch auch große Angst davor, daß sie Ihnen genau das Gefühl zeigt, was Sie sich hier immer wieder so ausdrücklich wünschen?»

Er: «Ich habe das nicht gemerkt in dem Augenblick.»

Ich fahre fort: «Sie haben ja kurz vorher viel von Ihren eigenen Gefühlen verraten. Die können Sie kommen lassen. Aber das Gefühl des anderen anzunehmen, das ist für Sie schwierig. Das ist für Sie beide das Problem. Wie ist es zu schaffen, daß man, wenn der eine sich mit seinen Gefühlen öffnet, daß man dann mitgeht und sich gegenseitig hilft?»

Während dieser Behandlung ist die sexuelle Beziehung wieder in Gang gekommen. Er konnte teilweise voll potent agieren, und sie konnte die Kontakte teilweise sehr genießen. Aber es gab auch wieder einen Rückschlag. Und da es sich noch um einen ganz frischen Fall handelt, bleibt abzuwarten, wie sich das Problem weiterentwickelt.

In diesem Beispiel hat sich die Frau bereits mehr Verselbständigung erkämpft als im ersten, und zwar hat sie diese Emanzipation einer sehr starken passiven Hingabe- und Unterwerfungsbereitschaft abgerungen. Der Mann wiederum ist weicher und sanfter als der zuerst geschilderte Patient. Aber seine Gefühle sind ähnlich wie bei vielen anderen Männern narzißtisch eingeengt. Er erfleht von der Frau Selbstbestätigung und ergeht sich in Traurigkeit, wenn sie seine passiven Wünsche nicht bestätigt. Aber er ist tatsächlich in dem Sinne impotent, daß er ihr nur wenig geben kann. Deshalb macht es ihm soviel Angst, wenn sie ihm plötzlich mit ihren großen Erwartungen offen entgegenkommt. Er muß lernen, daß er ihr nicht mehr versprechen darf, als er halten kann. Und die Frage ist, ob sie damit zufrieden sein kann, was er zu bieten hat und was von ihr einen erheblichen Abstrich an Erwartungen bedeutet. Sie hat ihm übrigens plausiblerweise vorgeschlagen, daß sie beide versuchen sollten, selbständiger zu werden und daß jeder lernen sollte, sich selbst voll verantwortlich dafür zu fühlen, was sie miteinander täten. Ihre Beziehung müßte kaputtgehen, wenn sie zu sehr in Abhängigkeit voneinander steckenblieben. Es kostete ihn Mühe, diese Vorstellung zu akzeptieren, eben weil er als der stärker infantil Fixierte sehr viel lebensunsicherer ist und daran zweifelt, ob er in größerer Distanz überleben kann.

Im Vergleich zum zuerst geschilderten Paar ist die Frau hier also auch manifest nicht mehr die ohnmächtig Erniedrigte, sondern sie hat ja bereits die Position des Mannes als eines gebrechlichen unreifen Sohnes enthüllt. Sie muß sich ihm entziehen und ihn provozieren, damit er sich müht, einiges von der Emanzipation nachzuvollziehen, die sie schon erreicht hat.

Im oberflächlichen Bild erscheint diese Beziehungsstruktur eher ungewöhnlich, weil die Schwäche und Hilflosigkeit des Mannes, der sich auch beruflich schwerer als die Frau behaupten kann, offen zutage liegt. Aber tatsächlich hat sich hier eine weitverbreitete Paarkonstellation nur stärker als üblich entblößt. Sonst funktioniert in vielen im Grunde ähnlichen Fällen nur die Maskierung des männlichen Entwicklungsrückstandes besser mit Hilfe eines überkompensatorischen Dominanzgehabes. Auch die starke narzißtische Einengung der männlichen Emotionalität ist vielfach nur weniger deutlich sichtbar.

Andererseits sehen wir immer noch zahlreiche Frauen, die sich gegen den Druck der überkompensatorischen männlichen Einschüchterung nicht hinreichend wehren können. Ihr Widerstand bleibt gewissermaßen in der Demonstration einer depressiven Apathie oder psychosomatischer Symptome stecken. Frigidität kann in diesem Sinne einen ohnmächtigen körperlichen Protest darstellen, den eine Frau nicht auf andere Weise auszudrücken wagt. Das zentrale zeittypische Problem ist indessen die meist uneingestandene Angst einer Masse von Männern, den Frauen den Weg zur Verselbständigung freizugeben. Dabei könnten die Männer auf diese Weise die Überlastung mit einem Verantwortungsdruck loswerden, den sie ohnehin in aller Regel kaum mehr zu tragen imstande sind. Aber hier zeigt eben noch die alte Fehlerziehung der Männer, die von den äußeren gesellschaftlichen Strukturen verstärkt und fixiert wird, ihre fatale Wirkung: Wenn die Männer schon in der modernen Massengesellschaft und in einer automatisierten entfremdenden Arbeitswelt immer mehr an Bedeutung, Größe und Macht schrumpfen, so wollen sie wenigstens in der Privatsphäre nicht noch mit bedrohlich aufbegehrenden Partnerinnen rivalisieren müssen. Hier wollen sie endlich in bequemer Weise gewärmt und mit Liebe gefüttert werden von Frauen, die ihnen ihre überlegene emotionale Energie nicht aus einer Position der Dominanz, sondern in einer wie immer geheuchelten submissiven Sanftheit spenden. Aber eben dies erscheint einer ständig wachsenden Zahl von Frauen als eine unerträgliche Selbstaufgabe. Sie erkennen, daß die Männer weder in der Familie noch in den übergreifenden gesellschaftlichen Bereichen, die sie bislang dominierend gestaltet haben, ihrer angemaßten führenden Verantwortung noch gewachsen sind. Die im Aufbruch befindlichen Frauen empfinden es zu Recht als eine Überlebensfrage schlechthin, eine ebenbürtige Mitverantwortung zu beanspruchen. Und es erscheint ihnen geradezu töricht, daß die Männer im Blick auf ein anachronistisches Größenideal um ihre Identität fürchten, wo es für sie eigentlich darum ginge, eine Hilfe anzunehmen, die sie in dem eigenen kritischen Zustand derzeit dringend nötig hätten.

Wie die Entwicklung weiter verlaufen wird, wissen weder die Familiensoziologen noch wir Therapeuten. Allein die Tatsache, daß wir Therapeuten uns mit den gleichen Partnerschaftsproblemen abzumühen haben wie unsere Klienten, sollte uns vor dem Größenwahn schützen, wir seien dazu berufen, das Verhältnis der Geschlechter in der Gesellschaft in ein neues sinnvolles Gleichgewicht zu bringen. Wir sind – nach einer heute üblichen Formel – genauso Betroffene wie alle anderen. Unsere Chance liegt darin, daß wir vielleicht etwas besser als viele andere verstehen können, was mit uns bzw. was innerhalb der Rollenbeziehungen der Geschlechter momentan geschieht. Und dieses Verständnis anderen Menschen zu vermitteln ist immerhin eine nicht ganz unerhebliche Hilfe für viele, die Orientierung und Ermutigung suchen, um durch ihre Partnerschaftskonflikte und -krisen hindurchfinden zu können.

Literatur

1 EICHNER, K., u. W. HABERMEHL: Der Ralf-Report. Das Sexualverhalten der Deutschen. Hoffmann und Campe, Hamburg 1978
2 JONES, E.: Das Leben und Werk von Sigmund Freud. Bd. 2, Huber, Bern – Stuttgart 1960
3 RICHTER, H. E., u. H. J. WIRTH: Sieben Jahre Erfahrung mit der analytischen Zwei-Wochen-Paartherapie. Familiendynamik 3, 20, 1978
4 Scheler, M.: Der Formalismus in der Ethik und die materiale Wertethik. Ges. Werke, Bd. 2, Francke, Bern – München, 5. Aufl. 1966
5 SCHORSCH, E., u. G. SCHMIDT (Hg.): Ergebnisse zur Sexualforschung. Ullstein-Taschenbuch, Berlin 1977
6 SHORTER, E.: Die Geburt der modernen Familie. Rowohlt, Reinbek 1977

11. Vom Umgang mit der Angst *

Seit KIERKEGAARD, HEIDEGGER und JASPERS sind wir gewohnt, Furcht und Angst zu unterscheiden. JASPERS sagt: «Furcht ist auf etwas gerichtet, Angst ist gegenstandslos.»

In der griechischen Antike gab es die Erscheinung der unbestimmten Weltangst noch nicht. Die Rede war immer nur von dem Furchtaffekt, der den Menschen bei realen Gefahren anfalle. Man habe die Furcht durch Tapferkeit zu überwinden, lehrte PLATO. Weltangst kannte man bei den alten Griechen deshalb nicht, weil das Ganze der Welt eine Ordnung darstellte, einen Kosmos, der vom Guten getragen wurde. Es war eine Haltung des Weltvertrauens, die bis zur Stoa bestehenblieb. Wenn der einzelne ein schreckliches Schicksal erlitt, so konnte er sich immer noch damit trösten, daß sein schlimmes Einzelschicksal kompensiert wurde durch eine große kosmische Ordnung, die Vertrauen verdiente.

In der Gnosis und im frühen Christentum kommt erstmalig Weltangst auf. Im Johannesevangelium heißt es: «In der Welt habt ihr Angst, aber seid getrost, ich habe die Welt überwunden.» Der Mensch verliert im Imperium Romanum zunehmend seine Geborgenheit. Aber gegen die Angst der Ungeborgenheit hilft, wie der Philosoph SCHULZ es genannt hat, der Glaube, «daß auch die gefallene Welt eine Schöpfung Gottes ist und als solche von Gott getragen wird». Immerhin existiert das alte Urvertrauen der Griechen nicht mehr. Es müssen *sichtbare* Ordnungen geschaffen werden, die kompensatorisch «das Gute» repräsentieren. Der Kosmos ist nicht mehr an sich gut. Aber Kirche und

* Nach einem Vortrag zur Eröffnung des Seminars für Seelsorge der Ev. Kirche in Hessen und Nassau, Oktober 1980 in Frankfurt

Staat, die sich miteinander verbinden, übernehmen gewissermaßen stellvertretend und vermittelnd die Repräsentanz des Guten. Sich der Herrschaft von Kirche und Staat anzuvertrauen und sich diesen anscheinend von Gott berufenen Mächten vollständig zu ergeben heißt, keine Angst haben zu müssen. In der mittelalterlichen Welt braucht man also Kirche und Staat als konkrete Manifestation Gottes in der Welt. Aber die kompensatorische Wirkung dieser Institutionen schwindet. Die Angst vor der totalen Ungeborgenheit, die Angst, von Gott nicht mehr gehalten zu werden, bricht durch. Dies ist der Anlaß zu einem radikalen Umschlag. DESCARTES und GALILEI weisen den neuen Weg: Der Mensch sucht Schutz vor seiner Weltangst im Vertrauen auf *sich selbst* und auf *seine Macht*, die Welt zu berechnen und nach seinen Berechnungen den Weltlauf zu steuern und das Böse im Sinne von unvorhersehbarem Verhängnis mit Naturwissenschaft und Technik in Schach zu halten. Man vertraut auf den ewigen Fortschritt im Sinne einer immer vollständigeren Berechnung und damit Beherrschungsmöglichkeit der Welt. Der Glauben an die Allmacht Gottes ist dem Glauben an die Allmacht des eigenen Intellektes gewichen. Der soll die Gesetze der Welt lückenlos entschlüsseln. Und dem Entschlüsseln soll die technische Beherrschung folgen. Wenn ich alle Ursachen erkenne, werde ich diejenigen Ursachen, die mich mit schlimmen Folgen bedrohen, abwenden können. Es wird mich nichts Unvorhersehbares mehr überfallen können.

Aber während sich im 19. Jahrhundert Naturwissenschaft und Technik immer rasanter entwickeln, entsteht gleichzeitig neue Weltangst. Die Umgestaltung des Lebens durch die Industrialisierung verstärkt gerade nicht das Bewußtsein, in einer zunehmend vernünftigeren Welt immer mehr Geborgenheit und Sicherheit finden zu können. Schließlich hören wir von den mit der Steuerung des sogenannten Fortschritts beauftragten Experten, daß der Weg, den sie uns bahnen sollen, in die totale Unvernunft führt, daß er nämlich in kaum ermeßlichem Grade eben die Gefahren heraufbeschwört, die auf diese Weise gebannt werden sollten. Man kann nicht mehr dem Satz HEGELS Glauben schenken: Was wirklich ist, das ist vernünftig, und was vernünftig ist, das ist wirklich.

Wir müssen also lernen, mit einer neuen gewaltigen Weltangst zu leben. Die Sicherheit des naturwissenschaftlich-technischen Weltbildes schwindet rapide. Die Technik, die uns aus Ohnmacht und Schwäche befreien sollte, entwickelt sich in eine Maßlosigkeit hinein, die wir nicht mehr fassen, geschweige denn beherrschen können. Es breitet sich das Gefühl aus, in einem Zuge zu sitzen, der geradewegs in die Irre fährt und den man kaum noch aufhalten zu können glaubt. Aus diesem düsteren Eindruck entwickeln sich manche moderne Fluchtbewegungen. Es wächst die Zahl derjenigen – insbesondere in der Jugend –, die auszusteigen versuchen und dem gesellschaftlichen Betrieb entrinnen zu können hoffen, in dem sie für sich keine Sinnerfüllung und auf die Dauer nicht einmal eine Gewähr zum einfachen Überleben sehen.

Auf der anderen Seite befinden sich diejenigen, die meinen, wir müßten nicht verzagen. Wir könnten noch umdenken und selbst der Technik, wo sie unsere Lebensformen total zu dehumanisieren droht, eine unseren Bedürfnissen eher angemessene Entwicklung vorschreiben. Hier ist der Gedanke maßgeblich, daß wir die Verantwortung nicht einfach abstreifen können, die Welt, die wir so in Unordnung gebracht haben, besser zu ordnen. Von dieser Position aus entfallen sowohl Maschinenstürmerei als Flucht in esoterische Sekten oder in einen narzißtischen Negativismus als Auswege. Aber was kann man mit dem Gemachten, das uns so erschreckt und z. T. abstößt, noch anderes machen? Wie können wir die konkreten unvernünftigen Lebensbedingungen, die wir geschaffen haben, vernünftig umgestalten? Was machen wir mit der Technik, die uns nicht so sehr über den Kopf, vielmehr über unsere Natur als sterbliche Menschenwesen hinausgewachsen ist? Wie können wir sie auf ein Maß bringen, das den Begrenzungen unserer Existenz angemessen ist? Schumacher, Traube und vor allem Jungk, Eppler, Binswanger sind einige von denen, die hierzu wichtige Vorschläge erdacht haben.

Die andere Frage lautet: Wie können wir für uns selbst das rechte Maß finden? Pascal hat gefordert, wir müßten anerkennen, daß wir «etwas und nicht alles sind». Nur wenn wir wirklich ertragen könnten, daß wir nicht unendlich sein können, könnten wir darauf verzichten, mit Hilfe einer endlosen Expansion der Technik immer größer werden zu wollen und damit in Wirklichkeit immer verletzlicher zu werden.

Aber ehe wir überhaupt fähig werden, auf die beiden eben formulierten Fragen sinnvolle Antworten zu suchen, müssen wir wohl erst lernen, unsere Angst besser anzuschauen und uns ihr zu stellen. Es ist freilich neuerdings eher üblich, Angst durch eilfertigen Pragmatismus zu bekämpfen. Gegen die Versuchung zur Kapitulation schütze allein irgendein unverzügliches Machen, so meinen viele. Was immer uns bedrückt, soll auf der Stelle wegorganisiert oder wegtherapiert werden. Und man hält sich an die Illusion, daß allenfalls stets Experten bereit seien, selbst die unheimlichsten Probleme für uns berechenbar und handhabbar zu machen. Das heißt, ehe man die Angst in sich hochkommen läßt, hat man sie schon von sich weggerückt. Oder man verwandelt die große, unheimliche existentielle Angst durch einen unbewußten Abwehrprozeß in die harmlosere Furcht vor irgendeiner begrenzten konkreten Gefahr. Wir Psychotherapeuten sehen viele Menschen mit irgendwelchen neurotischen Befürchtungen, hinter denen eine sehr viel umfassendere existentielle Angst verdeckt ist. Die Betreffenden bauen sich unbewußt ersatzweise Furchtobjekte auf, die sich leichter durch Vermeidung oder aktive Maßnahmen in Schach halten lassen. Sie hoffen, durch die Verschiebung und Relativierung der Angstquelle panische Verzweiflung vermeiden zu können.

Wie der einzelne Mensch heutzutage üblicherweise mit seiner individuellen Angst umgeht, stellt in irgendeiner Weise eine Abspiegelung der Art und Weise dar, wie wir alle miteinander unsere Weltangst zu bewältigen bzw. dieser zu entfliehen versuchen. Um so mehr ist es aufschlußreich, die individuellen Reaktionen der Angstabwehr genauer anzusehen.

Das allgemeine Angstthema, das wir in der Psychotherapie dominierend vorfinden, ist die *Sterbeangst*. Das ist nur zu verständlich in einer Gesellschaft, der Größe, Stärke, ewige Fitness und Jugendlichkeit alles bedeuten. Da ist der Tod das unerträgliche Verhängnis schlechthin. Nichts bestätigt die Richtigkeit der These vom unbewußten Unendlichkeitswahn bzw. dem Gotteskomplex unserer Gesellschaft so überzeugend wie diese Beobachtung, daß kaum jemand mehr sterben oder anderen zu sterben wirklich helfen kann und daß auch die Medizin das Sterben nicht eigentlich zu akzeptieren vermag. Die latente Unmenschlichkeit unserer heutigen Medizin besteht darin, daß sie den Tod pauschal als Feind diffamiert, in dessen Verhütung sie ihren hauptsächlichen Sinn sieht.

Im Vorfeld der Sterbeangst findet sich die Angst vor Schwäche, Kleinheit, Gebrechlichkeit. Nur wenn der Mann groß ist, wenn er aufsteigt, wenn er andere unter sich hat, kann er anscheinend mit sich zufrieden sein. Jede Blöße, jede Schwachstelle bedeutet ein bedrohliches Ausgeliefertsein. Da werden die anderen mit einem machen, was sie wollen. Und man verachtet sich selbst. Von Kindheit auf lernt jeder Mann, sich permanent rivalisierend mit anderen zu vergleichen und sich nur dann zu akzeptieren, wenn er irgendwo *vor* anderen oder *über* anderen sein kann. Da brauchen die Armen die noch Elenderen, um sich gegen sie abheben zu können, und die Kranken stabilisieren sich gegen die noch Kränkeren. Und man erfindet für gewisse soziale Gruppen die angebliche Bestimmung natürlicher Unterlegenheit, um den anderen Herrschaft als Fundament von Selbstsicherheit zu garantieren. Lange Zeit hat dieser Trick funktioniert, etwa die Theorie von der natürlichen Schwäche und Gefügigkeit der Frauen oder die Theorie von der rassisch bedingten Inferiorität und Hörigkeit der Kolonialvölker. Seitdem aber diese Verurteilung zu Ohnmacht, Passivität und Hörigkeit von den dazu traditionellerweise genötigten Gruppen immer entschiedener zurückgewiesen wird, überkommt die Bezugsgruppen, die sich mit Hilfe ihres Dominierenkönnens stabil halten konnten, zunehmende Angst und Unruhe. Der Psychotherapeut erlebt heute scharenweise Männer in panischen Selbstzweifeln und Potenzschwierigkeiten, nachdem sich die Frauen an ihrer Seite verselbständigen und aus der traditionellen Unterwürfigkeit ausbrechen. Und im großen wiederholt sich dieses sozialpsychologische Muster durch die diversen Befreiungsbewegungen, wo immer diese herkömmliche Herrschaftsverhältnisse erschüttern. Die irrationale Verteufelung vieler Emanzipations- und Befreiungsbewegungen seitens der traditionell Mächtigen spiegelt deren enorme Verunsicherung wider. Der Abbau ihrer Macht erscheint diesen wie ein totales Scheitern, wie ein Sturz ins Bodenlose.

Das männliche Ideal von Größe und Stärke in unseren Gesellschaften trägt nicht mehr, wenn sich die traditionellerweise unterdrückten sozialen Gruppen nicht länger gefallen lassen, die Kleinheit und die Ohnmacht gewissermaßen als Monopol zu absorbieren. Wenn diese die vormals Mächtigen zwingen, sich ihrerseits am Tragen von Schwachheit und Abhängigkeit zu beteiligen, so bedeutet das für jene zunächst eine Art von Katastrophe, so etwas wie ein Sterben im kleinen. Nicht mehr obenauf sein, nicht mehr grandios potent und in Form sein heißt für viele, ein erbärmliches Leben zu führen. Sie werden von grauenhaftem Selbsthaß gepackt. Die Betreffenden erleben sich als totale Versager, als Gescheiterte, wenn sie nicht mehr fit sind, wenn sie ihre Hilfsbedürftigkeit und Abhängigkeit akzeptieren müssen. Sie gehen mit sich selbst in der inhumansten Weise um und verwünschen z. B. ihr natürliches Altern als ein so lange als möglich zu verleugnendes und zu vermeidendes Unheil. Sie lassen sich die äußeren Altersmerkmale, wenn es geht, wegoperieren. Sie nehmen Pillen, schauspielern eine großartige Vitalität und klammern sich an die Hoffnung, daß die Medizin vielleicht morgen schon geeignete Methoden zur Verhütung von Abbauprozessen finden werde. Heillose Depression, unter Umständen mit suizidalen Impulsen, ist die Folge, wenn all diese Illusionen zusammenbrechen.

Damit zeigt sich, daß diese Sterbeangst in Wirklichkeit eine Art von *Lebensunfähigkeit* bedeutet. Uns ist eine kulturelle Grundhaltung anerzogen worden, die einseitig eine bestimmte Lebensform verherrlicht, die nur – unter günstigen sozialen Umständen – in einer bestimmten Altersphase verwirklicht werden kann. Erstrebenswert erscheint nur die Höhe, auf der Höhe des Lebens zu sein. Man muß sich möglichst lange auf dem Höhepunkt halten. Schnell wird vergessen, wer seinen Höhepunkt überschritten hat. Das Leben erscheint wie ein Sexualakt, der einzig am Orgasmus, wenn man auf den Höhepunkt gelangt, gemessen wird. Kindheit heißt dann soviel wie *noch nicht* und Alter soviel wie *nicht mehr* richtig leben. Am Kind ist nur wichtig, was aus ihm einmal wird, und am alten Menschen zählt, was er war, als er noch auf der Höhe seiner Kräfte und seiner Macht war. Also müssen die meisten immerfort neidisch sein. Nämlich die Heranwachsenden darauf, was sie noch nicht sind und noch nicht haben, und die Alten darauf, was sie schon verloren haben, wenn sie es je hatten, wenn sie je obenauf, groß und mächtig waren. Und diejenigen, die gerade gewissermaßen auf der Höhe des Lebens sind, müssen schon wieder angstvoll in den Abgrund hinabblicken, in den sie mit dem Altern und Schwachwerden bald hinuntersteigen müssen. Das heißt, unsere Lebensgrundhaltung ist eigentlich lebens*feindlich*. Sie entwertet den längsten Abschnitt unserer Lebensstrecke. Sie verwehrt uns, jede Lebensphase als in sich gleichermaßen wertvoll zu bejahen. Sie läßt uns daran zweifeln, daß Kindheit und Alter *für sich* hinreichend erfüllende Lebensmöglichkeiten bieten, obwohl jeder Augenblick seine besonderen qualitativen Erfüllungschancen enthält. Wir sind verblendet durch ein permanentes Rivalitätsdenken, das sich an bloß quantitativen Maßstäben festmacht. Da rivalisieren dann eben auch die verschiedenen Lebensalter miteinander nur nach Kraft, Macht, Größe, Besitz. Die jeweils einzigartigen *qualitativen* Möglichkeiten, die an jedem Lebenspunkt fernab von allen quantitativen Vergleichen gegeben sind, werden als scheinbar unwesentlich verkannt. Das Leben wird also nicht als Ganzes bejaht, sondern nur in irgendwelchen kurzzeitigen quantitativen Aufschwüngen. Deshalb

sind wir ja eben auch immer noch von einem panischen Fortschritts-
drang getrieben, der uns, was wir aus eigener Kraft nicht können, wenigstens mit Hilfe der Technik bringen soll, nämlich immer mehr
Macht über die Natur, auch über unsere eigene. Die Medizin steht unter dem ungeheuren Erwartungsdruck, daß sie, sei es durch Chemie,
durch Implantation von Kunststofforganen oder sonstwie ewige Potenz und jugendliche Fitness herbeischaffen soll.

Noch einmal sei es gesagt: Diese Angst betrifft das Sterben erst sekundär. Primär ist es eine Angst vor dem Leben selbst oder, genauer,
vor der Leere eines Lebens, dem man den Sinn entzogen hat. Der
Zwang zur Fortschrittsperspektive besagt, daß man nicht das Jetzt und
Hier bejahen und ausschöpfen kann, sondern sich immer nur hektisch
unterwegs sieht. Das Motto lautet: Immer nur nach vorn und oben
blicken. Dabei verliert man den Augenblick und sich selbst und die
Mitmenschen in eben diesem Augenblick. Dann ist es wirklich so, daß
das Leben zerrinnt. Man erschrickt über das Tempo des Zerrinnens,
weil man eben nie und nirgends mit seinem Bewußtsein wirklich ver-
weilt und zur Gegenwart ja sagt. Weil man sich niemals ganz hingibt,
niemals alles fühlt, niemals alles von sich aktiv einsetzt. Es ist ein-
drucksvoll und bezeichnend zugleich, wie sich die Zeitperspektive und
der Umgang mit der Endlichkeit verändern können, wenn Menschen
lernen, wesentlicher im Augenblick zu leben, wenn sie ihre Gegenwart
mit neuem Sinn erfüllen können.

Wir Ärzte können dies bei Menschen beobachten, die an einer tödlichen Krankheit leiden und lernen, ihr Sterben zu akzeptieren. Plötzlich
können sie die ihnen verbleibende Zeit ganz anders nutzen. Sie können
tiefer kommunizieren und ihre Gegenwart viel reicher erfahren und
gestalten, als sie das je vermocht hatten. Und so kann für sie die kurze
ihnen noch verbleibende Zeitstrecke vom Gehalt her sehr lang werden.
Und mitunter können sie auch ihren Partnern dazu verhelfen, daß diese
sich mit verändern und diese Phase zusammen mit dem Sterbenden als
eine kleine Ewigkeit voll intensivsten Lebens erfahren und auch noch
späterhin als ungemein wesentlichen Abschnitt im Bewußtsein bewahren. Der Prozeß vollzieht sich in der Regel als eine mehrfache Wechselwirkung. Weil der Kranke sein Sterben annimmt, vermag er seine noch
verbleibenden Lebensmöglichkeiten voll auszuschöpfen. Aber umgekehrt ist es auch eine Bedingung der Bejahung des Lebensendes, daß er
diese Endphase sinnvoll gestalten kann. Dazu gehört vielfach, daß er
mit den anderen, die ihm wichtig sind, noch Konflikte klärt und eine

positive Gemeinsamkeit verwirklicht. Man kann schwer sterben oder einen anderen sterben lassen, wenn in der Beziehung unbewältigte Ängste, Rivalitäten, Haß- und Schuldgefühle angestaut sind. Dann verbleibt man unausgesöhnt mit dem Partner wie mit sich selbst. Und das macht eine definitive Trennung unmöglich. Der Tod wird zur unerträglichen Katastrophe.

Lassen Sie mich Ihnen dazu ein kleines Beispiel aus der Praxis erzählen:
Vor drei Jahren habe ich zusammen mit einer Kollegin eine Familientherapie in der Familie einer jüngeren krebskranken Frau durchgeführt. Bei der Frau war eine Brust operativ entfernt worden, aber es waren schon Metastasen in der Leber aufgetreten, und es war klar, daß die Frau würde bald sterben müssen. Indessen wagte in der Familie niemand, offen darüber zu reden, obwohl die Diagnose einschließlich der verhängnisvollen Leberbefunde bekannt war. Da konnte die siebenjährige Tochter der Frau plötzlich abends nicht mehr einschlafen. Und morgens wollte sie nicht mehr zur Schule gehen. Sie hatte die Zwangsvorstellung, auf dem Schulweg könnte ein totes Tier, z. B. ein toter Vogel, liegen. Ihr elfjähriger Bruder sprach davon, daß das Leben für ihn eigentlich keinen rechten Sinn habe. Er ließ sich mehr und mehr hängen, wurde kontaktscheu und gab Anlaß zur Sorge, er könnte sich womöglich etwas antun. Der Ehemann der Frau, ein Verwaltungsbeamter, suchte regelmäßig nach dem Abendbrot einen Vorwand, sich davonzumachen. Meist landete er in der Dorfkneipe und trank dort mehr, als er je vorher getrunken hatte. Die krebskranke Frau war verzagt und wütend zugleich, weil sie sich von ihrem Mann im Stich gelassen fühlte. Sie haderte auch mit den Ärzten, die manche therapeutischen Maßnahmen nicht rechtzeitig ergriffen hätten und ihr durch allzu rigorose Behandlungsmethoden unnötige Beschwerden bereiteten.
Wir besuchten diese Frau regelmäßig zu Hause und veranstalteten mit ihr wie mit der ganzen übrigen Familie gemeinsame Gespräche. Dabei stellte sich heraus, daß die Frau bis zum gegenwärtigen Augenblick niemals in der Familie die Rolle gefunden hatte, die sie sich wünschte. Ihre eigene Mutter war die beherrschende Figur, die im Hause alles regierte und sie noch erheblich bevormundete. Mit ihrem Mann, einem ziemlich weichen und den Kindern gegenüber eher mütterlich empfindenden Menschen, rivalisierte die Patientin erbittert. Sie gönnte ihm nicht, daß die Kinder zu ihm ein ziemlich positives Verhältnis hatten, und projizierte auf ihn ihre Selbstvorwürfe, weil sie fühlte,

noch nicht selbst voll in die Mutterrolle hineingewachsen zu sein. So redete sie sich ein, die Kinder würden nach ihrem Tode in schlimmes Elend geraten. Sie dürfe deshalb noch nicht sterben, weil sie wegen der angeblichen erzieherischen Unfähigkeit ihres Mannes unentbehrlich sei. Und so infizierte sie mit ihrer Angst die Kinder, denen sie unbewußt die Phantasie übertrug, daß diese nur mit ihr und nicht mit dem Vater würden zurechtkommen können. Indem sie die Kinder, denen sie abends vor dem Schlafengehen immer mehr Zeit widmete, verzweifelt von sich abhängig zu machen suchte, verstärkte sie natürlich deren Angst vor der bevorstehenden Trennung, die den Kindern klar war.

Ich kann hier nicht den Verlauf der Therapie ausführlicher schildern. Soviel sei nur gesagt: Es gelang erstens, wieder ein intensives Gespräch zwischen den Eheleuten in Gang zu bringen. Der Mann kümmerte sich wieder intensiv um seine Frau, er ging nicht mehr abends in die Kneipe. Durch seine Zuwendung verringerte sich ihr Selbsthaß, der durch ihre Krankheit und ihre Brustoperation verschärft worden war. Die Stützung durch ihn verminderte ihren Rivalitätsdrang. Sie konnte sich und dem Mann zugestehen, daß er mit den Kindern positiv umgehen konnte und daß diese ihn mochten. Und sie konnte sich zum erstenmal gegen die bevormundende Mutter durchsetzen, indem sie einen sehr vitalen jungen Hund ins Haus holte, obwohl die Mutter sich strikt widersetzte. Dieser Hund, den auch die Kinder mit Begeisterung empfingen, wurde gewissermaßen zum Geschenk der Patientin an die Familie. Der Hund als Symbol der triebhaften Lebensfreude bedeutete, daß die Patientin der Familie zugleich ein positives Stück von sich selbst für die Zukunft hinterließ. Dabei war es für sie wichtig, daß sie sich mit dieser Entscheidung von der Mutter emanzipierte. Mit dem Hund, der mit seiner Wildheit allerlei Unordnung in dem von der Mutter aus pingelig kontrollierten Haushalt stiftete, artikulierte die mit dem Tier identifizierte Patientin viel von ihrer bislang nie voll ausgelebten Impulsivität und fand durch dieses Vehikel auch eine neue Beziehungsform zu den Kindern, indem sie mit diesen gemeinsam glücklich mit dem Tier spielte, soweit es ihre Kräfte zuließen.

Die Symptome der Kinder verloren sich. In den letzten Lebensmonaten der Patientin gestaltete die Familie noch ein recht intensives Zusammenleben. Und man plante gerade noch eine Ferienreise in ein Gebiet, auf das die Mutter sehr neugierig war, als sie plötzlich starb. Nach ihrem Tod haben der Vater und die Kinder ein erstaunliches konfliktfreies Zusammenleben entwickelt. Wir haben die Familie in den letzten zwei Jahren in Abständen weiter besucht. Die Kinder haben sich sehr gesund entwickelt, ohne neurotische Ängste oder depressive Krisen. Der Vater ist sehr fürsorglich und nichtsdestoweniger gleichzeitig beruflich und politisch voll aktiv. Der Hund ist nach wie vor ein wichtiges von allen geliebtes Bindeglied, das eben auch noch ein Stück der Mutter repräsentiert. Und es ist erstaunlich, wie sich auch die alte Großmutter umgestellt hat. Stolz erzählt sie davon, wie der Hund es arrangiert, sich neben ihr mit den Vorderpfoten auf die Fensterbank zu stützen und, an sie gelehnt, zum Fenster hinauszuschauen. Also wirkt auch bei ihr die Therapie, welche ihre Tochter der Familie wie sich selbst durch den Hund, teils symbolisch, teils direkt vermittelt hat. –

Diese grobe Skizze sollte nur beispielhaft veranschaulichen, daß eine ganze Familie die Sterbeangst bewältigen kann, wenn das eigentliche Problem, nämlich die bislang verfehlte Fähigkeit zu einem erfüllenden Zusammenleben, halbwegs gelöst werden kann. Hier war die Sterbeangst also eigentlich die Angst vor dem Fluch eines nicht mehr korrigierbaren und auflösbaren Konfliktes mit einer Hypothek von Schuldgefühlen und Haß. In dem Augenblick, in dem alle miteinander in einer neuen, offeneren Weise *leben* können, können sie auch das *Sterben* und die Trennung tragen.

Es ist fraglos überaus wichtig, daß das Problem des Sterbens nach langer Verleugnung wieder mehr und mehr zu einem Thema der öffentlichen Diskussion und auch der Forschung wird. Diese Fragestellung führt automatisch und notwendig zu einer Besinnung auf den Sinn eines Lebens, dessen Endlichkeit wir hinnehmen müssen und das nicht, wie es uns eine illusionsträchtige Fortschrittsideologie glauben machen möchte, mit technischer Hilfe immer großartiger, potenter und schließlich bis zu nahezu unendlicher Dauer quantitativ gesteigert werden kann. Denn wir sehen ja, daß die maßlose Steigerung dieser technischen Anstrengungen zu einem Umschlag in eine Zerstörung derjenigen Bedingungen zu führen droht, die nicht wir, sondern die uns von der Umwelt her im Griff und denen wir uns in Bescheidenheit zu fügen haben.

Da stoßen wir nun wieder auf den Punkt, daß ein Umdenken in großem, eine Umorientierung in gesellschaftlichem Maßstab dadurch überaus erschwert werden, daß wir uns eine Welt gemacht und politisch-wirtschaftlich organisiert haben, die uns jetzt von außen in vielfältiger Weise in der alten, verhängnisvollen Perspektive festhält. Nur einen entscheidenden Punkt möchte ich nennen, der den Widerspruch zwischen der Hoffnung auf eine Bewußtseinsänderung und der Macht einer gegenläufigen politischen Entwicklung kennzeichnet. In dem Augenblick, in dem wir jetzt als einzelne oder als kleine Gruppen wieder versuchen, uns unserer Angst vor dem Sterben zu stellen und uns da und dort sogar in einem nächsten Schritt mit unserer Gebrechlichkeit auszusöhnen, sind wir mitverantwortlich in eine Atomrüstung wahrhaft gespenstischen Ausmaßes verwickelt. Eben haben wir festgestellt, daß das existentiell unabwendbare Sterben um so eher von einem Sterbenden wie von den Zurückbleibenden als ein Abschiednehmen vollzogen werden kann, je verläßlicher und je tragfähiger die Beziehung zwischen beiden Seiten bis zum Ende gestaltet werden konnte. Verbundenheit in Liebe kann vor der Verzweiflung der Isolation schützen, welche die Trennung des Todes sonst heraufbeschwören kann. Aber im makrogesellschaftlichen Bereich erleben wir, daß genau in entgegengesetzter Richtung nicht nur Isolation voneinander, sondern mißtrauisches Rivalisieren den Lauf einer destruktiven Risikopolitik bestimmen, die neuerdings von vielen Seiten mit Recht als wahnwitzig charakterisiert wird. Wir alle sind mitverantwortlich in eine Aufrüstungs- und Konfrontationsstrategie verwickelt, die das Schicksal der gesamten Menschheit mehr und mehr bedroht. Aber hüben wie drüben will sich nicht einmal das Gefühl dafür einstellen, daß wenigstens diese Bedrohung eine gemeinsame ist, indem nämlich das Nuklearwaffenpotential um ein Vielfaches das Maß überschreitet, das zur Tötung sämtlicher Erdenbewohner ausreicht. Wir sind augenscheinlich überfordert, uns diejenige Angst bewußtzumachen, welche dem Ausmaß der Katastrophe entspräche, die wir mit eben der Politik programmieren, die sich paradoxerweise als «Sicherheitspolitik» ausgibt.

Ermutigt durch die wachsende Fähigkeit einer gewissen Zahl von Menschen, die Aufgabe des Sterbens miteinander zu bestehen, dürfen wir nicht verleugnen, daß sich in der sogenannten großen Politik eher Tendenzen niederschlagen, durch kollektiven Selbstmord einer unerträglichen Verzweiflung zuvorzukommen. Denn dies ist die einzige psychologische Mutmaßung, die der eskalierenden Vorbereitung eines totalen Vernichtungskrieges überhaupt einen Sinn gibt: die Mehrheit einer Gesellschaft, die seit Jahrhunderten das Bewußtsein von Kleinheit und Hinfälligkeit durch eine Zivilisation des Machtwillens und des Expansionismus abgewehrt hat, versagt an der Aufgabe, ihre Desillusionierung zu ertragen. Und so bemüht sie sich nach Kräften, ihre Feigheit als Heroismus umzulügen. In der Polarisierung von Ost und West soll der schrittweise vorbereitete gemeinsame Selbstmord als eine Art Kreuzzugsopfer geheiligt werden.

Literatur

RICHTER, H. E.: Der Gotteskomplex. Rowohlt Verlag, Reinbek 1979
SCHULZ, W.: Das Problem der Angst in der neueren Philosophie. In: Aspekte der Angst. Starnberger Gespräche 1964. Hg. H. v. Ditfurth. Thieme Verlag, Stuttgart 1965

12. Krebs und Psyche –
Sterben lernen, um leben zu können *

In letzter Zeit finden die psychosozialen Aspekte der Krebserkrankung steigendes Interesse. Man verfolgt vorrangig drei Fragestellungen:

1. Was haben psychosoziale Bedingungen mit der *Krebsentstehung* zu tun?
2. Welchen Einfluß haben psychosoziale Faktoren auf den *Verlauf* der Krebserkrankung?
3. Wie sollte man die psychosoziale *Betreuung* für Krebskranke und ihre Angehörigen gestalten?

1. Psychosoziale Bedingungen und Krebsentstehung

Seit dem 18. Jahrhundert wird die Annahme diskutiert, daß psychische Faktoren zu Krebs führen könnten. 1783 schrieb der Engländer BURROWS in einer Abhandlung über das Karzinom, daß lange anhaltende quälende Gemütsbewegungen als ursächlicher Faktor wirksam seien. Der zu seiner Zeit bedeutende Londoner Anatom WALSH erklärte 1846, daß er selbst so eindeutig von psychischen Faktoren hervorgerufene Krebsfälle beobachtet habe, daß für ihn kein vernünftiger Zweifel an einem entsprechenden Kausalzusammenhang denkbar sei.

Oftmals wurde in den letzten hundert Jahren ein Zusammenhang zwischen Depression und Krebsgenese behauptet, aber auch immer wieder verworfen. Eine an unserem Zentrum von NEUMEYER, WOLFF und von RITTER-RÖHR durchgeführte Studie zeigte, daß brustkrebskranke Frauen im Vergleich zu einer parallelisierten Kontrollgruppe

---

* Festvortrag auf der Tagung des Landesverbandes Hessen «Zur Erforschung und Bekämpfung der Krebskrankheiten», Oktober 1980 in Gießen

vermehrt Minderwertigkeitsgefühle und depressive Hemmungen im Gießen-Test angaben. Dieser Befund entspricht den Ergebnissen zahlreicher anderer Untersucher. Aber er läßt offen, ob es sich hier um Merkmale handelt, die schon vor der Krebserkrankung bestanden haben und als kausale Risikofaktoren gewertet werden könnten. Eines steht indessen fest: Patienten, die wegen Depression klinisch behandelt worden sind, erkranken nach epidemiologischen Ermittlungen nicht häufiger an Krebs als andere. Die breit angelegte Studie von NIEMI und JÄÄKSELÄINEN, 1978 veröffentlicht, scheint unter die Diskussion dieser Frage einen Schlußpunkt gesetzt zu haben.

Nichtsdestoweniger verteidigen einige Autoren auf Grund neuer psychosozialer Erhebungen hartnäckig die These, daß ein psychologisches Krebs-Risikoprofil existiere. Besondere Beachtung haben da die Befunde von CLAUS BAHNE BAHNSON gefunden, die dieser in den letzten fünfzehn Jahren auf Grund systematischer psychosomatischer Studien ermittelt hat. Von ihren psychischen Merkmalen her gelten nach BAHNSON solche Menschen als besonders krebsgefährdet, die unfähig seien, aggressive und feindselige Gefühle zu äußern. Die Betreffenden seien in hohem Grade dazu geneigt, alle unangenehmen Emotionen zu unterdrücken. Sie seien eher besonders entgegenkommend, hilfs- und opferbereit, gewissenhaft und verantwortungsbewußt, äußerlich gut angepaßt und autoritätsgläubig. Hinter einer Fassade von Freundlichkeit und demonstrierter Angstfreiheit werde bei diesen Menschen kaum sichtbar, was sie an Konflikten in sich aufgestaut hätten und in welcher inneren Isolation sie sich in Wirklichkeit befänden. MARIA BLOHMKE und Mitarbeiter haben diese von BAHNSON in Amerika ermittelten Ergebnisse zum Anlaß einer vergleichenden Erhebung an gemischt krebskranken Frauen in Heidelberg genommen. Im Vergleich zwischen vierzig Krebspatienten und einer gleich großen Kontrollgruppe ergab sich dabei eine erstaunlich weit reichende Ähnlichkeit mit den Befunden BAHNSONS. Aus einer durchgeführten Diskriminanzanalyse leitet M. BLOHMKE folgendes psychisches Bild der Krebskranken ab: Sie «verhalten sich äußerlich konform, bejahen die Autorität und negieren subjektive Symptome der Befindlichkeit, das heißt, sie fühlen sich körperlich stark. Aggressivität kann nicht gut zum Ausdruck gebracht und damit auch nicht abreagiert werden.»

An dem von BLOHMKE in weitgehender Übereinstimmung mit BAHNSON beschriebenen psychologischen Krebsprofil erscheint bemerkenswert, daß es kaum klinische Auffälligkeiten enthält, vielmehr wie die exakte Porträtierung eines braven, disziplinierten, konservativen Durchschnittsbürgers wirkt. Wenn etwas an diesem Persönlichkeitsbild hervorsticht, dann doch allenfalls der besonders hohe Perfektionsgrad der sozialen Anpassung, wobei diese Anpassung im Gegensatz zum Bild der Infarktpersönlichkeit allerdings eher passive Züge trägt. So hat Blohmke bei ihrer Krebskrankengruppe auch erniedrigte Werte für Erfolgsstreben, Wetteifern, Angetriebensein gefunden, die bekanntlich den Infarktrisiko-Typ charakterisieren.

Zahlreiche andere Autoren sind mit Hilfe von statistisch ausgewerteten Fragebogenerhebungen, von Interviewverfahren oder Behandlungsprotokollen zu ähnlichen Ergebnissen wie Bahnson und Blohmke gelangt. Dennoch ist vorläufig eine eher zurückhaltende Bewertung aller dieser psychologischen Befunde geboten. Wir wissen ja heute, daß der Krebs eine chronische Krankheit ist. Es könnten sich in unmittelbarem Zusammenhang mit der Krankheit psychische Veränderungen eingestellt haben, die vorher nicht da waren. Auch ist die Reaktion auf diagnostische und therapeutische Maßnahmen zu bedenken, erst recht auf die Mitteilung der Diagnose, die zumindest bei einem Teil der befragten Patienten erfolgt ist.

Selbst für das bisher am gründlichsten psychosomatisch studierte Karzinom, nämlich den weiblichen Brustkrebs, gilt nach wie vor, was kürzlich Wirsching kritisch festgestellt hat: «Trotz der relativ großen Zahl von Studien fehlen ... methodisch eindeutige und reproduzierbare Ergebnisse.» – Erst breit angelegte prospektive psychosomatische Längsschnittuntersuchungen werden in Zukunft klären können, ob das heute noch ganz überwiegend aus retrospektiven Schlußfolgerungen ermittelte Bild der sogenannten Krebs-Risikopersönlichkeit zutrifft bzw. ob sich überhaupt ein psychologischer Risikofaktor endgültig beweisen läßt. Bis dahin werden gewiß noch ein paar Jahrzehnte vergehen.

Seit einiger Zeit werden psychoanalytische und klinisch psychologische Studien durch *sozialepidemiologische* Erhebungen an Krebskranken ergänzt. Nichts Sicheres hat sich hinsichtlich der Beziehung zwischen Krebshäufigkeit und Sozialstatus ergeben. Zum Beispiel steht den Autoren, die beim Mamma-Karzinom ein gehäuftes Vorkommen in den höheren Sozialschichten behaupten, eine nahezu gleich große Untersuchergruppe gegenüber, die diese Hypothese nicht bestätigen konnte. Bemerkenswert erscheinen indessen unterschiedliche Einflüsse des Sexualverhaltens. So haben Trotnow und Pauli sowie Ei-

CHER und Mitarbeiter in der Vorgeschichte brustkrebskranker Frauen eher besondere sexuelle Zurückhaltung ermittelt. Dabei verdienen die von HERMS und EICHER in Heidelberg durchgeführten Untersuchungen besondere Beachtung, weil die Autoren hier neuerdings Frauen mit gutartigen und bösartigen Veränderungen verglichen haben, bevor den Patientinnen wie den Ärzten die definitive Diagnose bekannt war. Diese noch nicht abgeschlossenen Erhebungen ergeben hinsichtlich des Sexualverhaltens der brustkrebskranken Frauen das gleiche statistische Bild wie die älteren retrospektiven Studien. Die Karzinomträgerinnen berichteten über eine signifikant niedrigere Masturbationsfrequenz, über eine spätere Kohabitarche, über eine vergleichsweise geringere Zahl von Sexualpartnern sowie über eine kleinere Variationsbreite in der Praxis des Sexualverkehrs. Über genau entgegengesetzte Ergebnisse hat man beim weiblichen Genital-Karzinom berichtet. Sowohl beim Cervix- (GAGNON, WYNDER, ROTKIN) als beim Portio-Karzinom (EICHER und Mitarbeiter) scheint das Krebsrisiko durch eine erhöhte Sexualität gesteigert zu werden.

Derartige Hinweise auf die unterschiedliche pathogenetische Bedeutung des Sexualverhaltens regen dazu an, im neurologischen und endokrinologischen Bereich nach Verbindungsgliedern zu fahnden, die den Zusammenhang zwischen Psyche und immunologischen Prozessen beim Krebs verständlich machen könnten. Besonders japanische und russische Forscher haben zahlreiche tierexperimentelle Studien durchgeführt, um Zusammenhänge zwischen dem Zentralnervensystem und dem Tumorgeschehen aufzuspüren. TESHIMA und Mitarbeiter wiesen nach, daß Stress bei Mäusen die Zytotoxizität der Killerzellen herabsetzt. Daß Eingriffe am Hypothalamus das Wachstum bestimmter Karzinome beeinflussen können, zeigte KAVETSKY. BARTROP und Mitarbeiter haben unlängst eindeutige Veränderungen immunologischer Reaktionen bei Personen nachgewiesen, die ein schweres psychisches Trauma erlitten hatten (Partnerverlust). Inwieweit zwischen neurologischen und immunologischen Prozessen in jedem Fall noch hormonale Vorgänge eingeschaltet sind, ist bislang ungenügend geklärt. Über unmittelbare Korrelationen zwischen Psyche und Endokrinium liegen indessen einige bemerkenswerte Einzelergebnisse der psychophysiologischen Tumorforschung vor. Als Beispiel sei der Befund von KISSEN und RAO genannt, daß Lungenkrebskranke mehr und variabler Adrenalin produzieren und auf eine Krankenhausaufnahme eine weniger ausgeprägte Stressreaktion zeigen als Kontrollpatienten. RAO hat aus seinen Stereoid-Befunden einen Vorhersagetest für Lungenkrebspatienten abgeleitet, der eine äußerst geringe Fehlerquote haben soll. Der Hydrocortison-Spiegel brustkrebskranker Frauen korreliert mit deren Verarbeitung von Traurigkeit und Angst, wie KATZ gezeigt hat. Frauen mit beeinträchtigter Abwehr von Depression und Angst haben demnach einen erhöhten Hydrocortison- und Cortison-Spiegel und zugleich eine schlechtere Prognose. Man hat daraus gefolgert, daß die erhöhte Hydrocortison-Produktion maßgeblich für eine Hemmung des Immunsystems sein könnte. – Obwohl es sich hier zum Teil um bemerkenswerte Ergebnisse handelt, ist der Ertrag der psychophysiologischen Krebsforschung vorläufig noch recht begrenzt. Es sind die ersten tastenden, gleichwohl vielversprechenden Vorstöße in ein Gebiet, das zum weit überwiegenden Teil immer noch im Dunkeln liegt.

2. Psychosoziale Bedingungen und Krankheitsverlauf

Während wir noch wenig Genaues darüber sagen können, welche Bedeutung seelischen Einflüssen für die Krebs*entstehung* zukommt, können wir bereits mit einiger Sicherheit davon ausgehen, daß der *Verlauf* von Krebskrankheiten durchaus von psychischen Bedingungen mit gesteuert werden kann. Dies hat sich aus einer Reihe von Untersuchungen herausgestellt, bei welchen man Patientengruppen mit kurzer Überlebensdauer mit solchen Gruppen psychologisch verglichen hat, die länger überlebten. Natürlich sind solche Vergleiche nur dann aussagekräftig, wenn von Gruppen mit annähernd gleichem Schweregrad der Krankheit ausgegangen wird.

BLUMBERG, WEST und ELLIS fanden bei ihrer Vergleichsuntersuchung heraus, daß anhaltende intensive seelische Belastungen bei Krebskranken lebensverkürzend wirken. Mit Hilfe eines der gebräuchlichsten Persönlichkeitstests, dem MMPI, ermittelten sie ferner, daß die Krebskrankheit schneller bei solchen Patienten fortzuschreiten pflegt, die wenig Möglichkeiten haben, sich von inneren Spannungen zu befreien. ACHTÉ und VAUHKONEN beobachteten, daß zwischen länger und kürzer überlebenden Patienten ein Unterschied hinsichtlich des Krankheitsbewußtseins und des Aufklärungsgrades bestand. Sie fanden nämlich, daß unter den kürzer Überlebenden 42 Prozent den Arzt entweder nicht über die Art ihrer Krankheit befragt hatten oder sich zumindest in einem mangelhaft aufgeklärten Zustand befanden.

Unter den länger Überlebenden galt das nur für 17 Prozent. Die finnischen Autoren folgern, «daß es sich bei Patienten, deren Karzinom rascher zum Tode führt, wahrscheinlich um Personen handelt, die eher zur Verdrängung furchterregender Realitäten neigen, als sich diesen zu stellen. Sie verschließen sich eher den ihnen zukommenden Informationen oder erkennen sie nicht als der Wahrheit entsprechend an.» ACHTÉ und VAUHKONEN sehen in der Unfähigkeit, sich mit der Wahrheit zu konfrontieren, einen Mangel an psychischer Widerstandskraft, von dem sie annehmen, daß mit ihm eine verringerte körperliche Abwehrkraft gegen den Krebs verbunden sei.

DOMAGK geht sogar so weit, günstigen psychologischen Bedingungen einen hemmenden Einfluß auf die Bildung von Metastasen zuzutrauen, während CUTLER immerhin festgestellt zu haben glaubt, daß Patienten mit ausgeprägtem positivem Schicksalsvertrauen auch bei vorhandener Metastasierung zum Teil erheblichen Grades eher länger überleben können. Gleichsinnig berichten andere Autoren wie z. B. HERBERGER von der Abkürzung des Prozesses bei Menschen mit neurotischer Disposition bei zusätzlichen unverarbeiteten psychischen Belastungen. Derartige Ergebnisse stimmen mit Annahmen überein, die viele Kliniker eher intuitiv und ohne systematische Überprüfung gewonnen haben. So versichert etwa unser Gießener Röntgenologe BARTH, er könne nahezu jedem ihm zur Strahlentherapie überwiesenen Malignom-Patienten sogleich am Gesicht bzw. an der Stimmungverfassung anmerken, ob dem Betreffenden ein rasches Ende drohe oder ob er mit einer Therapie noch länger am Leben erhalten werden könne.

Zahlreiche Untersuchungen haben sich ferner mit dem Einfluß *sozialer* Faktoren auf den Verlauf von Krebserkrankungen beschäftigt. Dabei ist deutlich geworden, daß günstige soziale Bedingungen den Prozeß positiv beeinflussen. Lange bekannt ist, daß sozial bessergestellte Patienten im Mittel in früheren Stadien zur Behandlung kommen. Aber auch bei gleichem Ausbreitungsgrad der Krankheit zu Behandlungsbeginn wirken sich die sozialen Verhältnisse noch in signifikantem Ausmaß auf die Zahl der Fünfjahresheilungen aus. Je mehr Patienten unter dem Druck sozialer Schwierigkeiten stehen, um so rascher drohen sie im Durchschnitt der Krankheit zu erliegen. Vor allem bei weiblichen Genital-Karzinomen hat man diesen Befund immer wieder bestätigt. Zu nennen sind hier u. a. die Arbeiten von KIRCHHOFF, VOLTZ, NIELSEN, GANSAU und LANG.

3. Psychosoziale Hilfe für Krebskranke und ihre Angehörigen

Die Tatsache, daß psychosoziale Bedingungen zumindest den *Verlauf* einer Krebskrankheit beeinflussen können, ist ein, aber nicht der einzige Grund, den psychosozialen Aspekt für den praktischen Umgang mit den Patienten und ihren Angehörigen wichtig zu nehmen. Auch wenn es sich um eine Krankheit handelte, die organisch völlig eigengesetzlich abliefe bzw. nur körperlichen Maßnahmen unmittelbar zugänglich wäre, hätten wir danach zu fragen: Wie können wir dem Patienten und seiner Familie am besten helfen, dieses Schicksal zu tragen? Die Aufgabe der psychischen Bewältigung der Krankheit bleibt auf jeden Fall bestehen, ganz gleich, ob und wieweit die psychischen Momente das Organgeschehen selbst tangieren.

Wie also sollten sich die Betroffenen zu einem Krebs einstellen? Und was sollte der Arzt tun, um diese Einstellung herbeizuführen oder zumindest zu fördern? Es entspricht unserer ärztlichen Erziehung, daß wir in dieser Weise rasch unser Arbeitsziel bestimmen und danach die Mittel festlegen wollen, mit denen wir das Ziel erreichen können. Wir suchen stets eilig nach pragmatischen Normen. Zum Beispiel nach Anweisungen, ob und wie wir dem Kranken die Wahrheit über sein Leiden mitteilen sollen und welche Interventionen zur Verhütung oder zur Behebung psychischer Dekompensation am Platze sind. Darüber gibt es in der Literatur bereits eine Flut von Erfahrungsberichten und von strategischen Handlungsanleitungen. Zu kurz kommt dabei oft eine Vorüberlegung, die mir überaus wichtig erscheint.

Der Krebs ist wie andere schwer heilbare und oft zum Tode führende Krankheiten keineswegs nur ein Problem für die Patienten und ihre Angehörigen. Er berührt uns alle, die wir dereinst sterben müssen und mit dem Karzinom als häufiger Todesursache zu rechnen haben. Wie wir Ärzte mit den aktuell Betroffenen umgehen, hängt ganz wesentlich auch davon ab, wie sich die Gesellschaft auf Sterben und Tod einstellt und welcher Auftrag sich aus dieser Einstellung an uns Mediziner ergibt.

Wir neigen in unserer alltäglichen Praxis dazu, von unserer persönlichen Verfassung, speziell von unseren existentiellen Ängsten abzusehen, wenn wir unseren Patienten gegenübertreten. Wir sind darin geübt, ja wir halten es geradezu für unsere Pflicht, unsere subjektiven

Empfindungen aus unserem ärztlichen Handeln herauszuhalten. Wir fühlen uns dann am perfektesten, wenn wir mit absoluter Nüchternheit und Objektivität wie in einem naturwissenschaftlichen Experiment Befunde registrieren und daraus unsere therapeutischen Interventionen nach sachlichen Zweckmäßigkeiten ableiten. An unserem subjektiven Befinden scheint nur wichtig zu sein, daß wir uns möglichst immerfort fit und in guter Form halten. Unser persönliches Innenleben erscheint uns wie eine reine Privatsache, die mit unserer beruflichen Arbeit nichts zu tun hat.

Nun gibt es zweifellos zahlreiche diagnostische und therapeutische Tätigkeiten, in denen es tatsächlich nur auf präzises technisches Funktionieren ankommt. Aber alle unsere einzelnen Handlungen sind dem Umgang mit dem Kranken als *Person* untergeordnet. Und als Person ist der Patient eben nicht nur ein Bündel von objektivierbaren und quantifizierbaren Prozessen, vielmehr ein Subjekt, das uns in jedem Fall zu einer ganzheitlichen menschlichen Beziehung herausfordert. Wenn wir uns für diesen Kontakt öffnen, treten wir mit den psychischen Merkmalen des Patienten in eine besondere und einzigartige Verbindung. Was der Kranke an psychischer Befindlichkeit zum Ausdruck bringt, erfahren wir nicht nur als eine nur ihn selbst betreffende Eigenschaft, sondern zugleich als eine Ansprache, die uns unmittelbar mit berührt. Die Sterbeangst, die wir bei einem Tumorkranken wahrnehmen, wirkt in uns hinein, und wir reagieren darauf auf Grund unserer eigenen emotionalen Verfassung. Vielleicht signalisiert uns der Patient seinen Mut, über seine Angst sprechen zu wollen. Ob und wie wir uns darauf einlassen, hängt indessen davon ab, ob wir dazu innerlich bereit und fähig sind. Wenn wir uns im Gespräch wie Ingenieure verhalten, die z. B. einem Krebskranken nur erzählen, was an seinem Organismus wie an einer Maschine defekt ist und welche Reparaturmaßnahmen versucht werden können, so blenden wir einen wesentlichen Teil dessen aus, was für den Kranken selbst wichtig, für uns aber vielleicht zu belastend ist. Für den Patienten käme es darauf an, einen Partner zu finden, der nicht nur technische Informationen vermittelt, sondern zu erkennen gibt, daß er als verläßlicher und stützender Begleiter den bevorstehenden schweren Weg mitgehen wird. Indessen steht es da weder im freien Belieben des Arztes, wie er sich verhält, noch ist seine Motivation allein durch seine spezifisch individuelle Struktur bestimmt. Die vielfältigen Hemmungen und Blockierungen im Dialog zwischen Patient und Arzt sind vielmehr eingebettet in eine übergreifende gesellschaftliche Grundhaltung gegenüber Krankheit und Sterben in dieser historischen Phase.

Um so wichtiger erscheint es, sich von dieser allgemeinen Grundhaltung ein Bild zu machen. Sie ist gekennzeichnet durch eine nur ganz allmählich nachlassende Tendenz, das Sterbenmüssen als existentielle Notwendigkeit zu verdrängen. Niemand zweifelt zwar daran, daß er sterben muß. Aber die meisten rücken dieses Wissen von ihrem Ich fort. Sie fürchten sich, sich fortgesetzt mit ihrer Endlichkeit konfrontieren zu müssen. Sie leben in einem Bewußtsein des Als-ob. Als ob sie durch Training, richtiges Essen, Vermeidung von Umweltgiften und mit Hilfe einer stetig fortschreitenden Medizin den Tod ewig hinausschieben könnten. Bei jedem, der um sie herum stirbt, trösten sie sich mit dem Nachweis von zufälligen Ursachen, die sie selbst vermeiden zu können hoffen. Dieser da hat zuviel geraucht, jener hat falsch gegessen, ist zu spät zum Arzt gegangen oder ist nicht gründlich genug behandelt worden, usf. Man sieht, wenn man will, nirgends einen allgemeinverbindlichen, absolut unentrinnbaren Tod. «Plötzlich verschied unerwartet ...», diese stereotype Formel der Todesanzeigen besagt nicht nur etwas über den einzelnen Todesfall, man möchte sich damit auch vergewissern, daß eigentlich *jeder* Tod unerwartet sei, daß keiner ihn erwarten müsse.

In dem Maße, in dem der Tod für die meisten seinen religiösen Sinn eingebüßt hat, ist er zum bloßen Feind geworden, den man für prinzipiell besiegbar halten möchte. In meinem Buch «Der Gotteskomplex» habe ich die psychohistorische Entwicklung nachzuzeichnen versucht, die dazu geführt hat, daß seit der Renaissance der Glaube an Gott weitgehend durch den Glauben an die Allmacht des Menschen ersetzt worden ist. Unser Traum vom ewigen Fortschritt schließt die magische Hoffnung ein, daß wir durch Weiterentwicklung von Naturwissenschaft und Technik schließlich in die Lage kommen müßten, uns ein unermeßlich langes Leben in Jugendlichkeit, Frische und Potenz zu sichern. Und in der Phase der rasanten Fortschritte der Medizin erschienen wir Ärzte vielen an Stelle der Priester als die berufenen Wegbereiter dieses neuen Heils. Wir könnten, ja wir sollten an Stelle des Heils im Jenseits ein sich endlos ausdehnendes Leben im Diesseits garantieren. Aber diese Omnipotenzhoffnungen entlarven sich inzwischen mehr und mehr als illusionär. Die äußere Natur, die man sich definitiv unterwerfen zu können glaubte, droht durch Vergiftung oder durch Ausplünderung ihrer Ressourcen das menschliche Überleben zu gefährden. Die technische

Ausbeutung ihrer Geheimnisse führt im Falle der Nuklearrüstung sogar unmittelbar an den Rand der allgemeinen Selbstzerstörung. Und die relative Stagnation der medizinischen Erfolge zeigt, daß auch der Beherrschung der inneren Natur unseres Organismus engere Grenzen gesetzt sind, als es noch vor wenigen Jahrzehnten den Anschein hatte.

Der Kampf gegen den Krebstod ist ebensowenig wie der gegen den Infarkttod definitiv zu gewinnen. Diese sich allmählich auch in der Öffentlichkeit ausbreitende Erkenntnis könnte uns Ärzte auf längere Sicht vielleicht sowohl von unheilvoller Überforderung seitens des Publikums wie von falscher Selbstüberforderung entlasten. Man könnte sich an den Gedanken gewöhnen, daß viele an Krebs sterben, ohne daß sie selbst durch falsche Lebensweise, ohne daß die Industrie durch Produktion von Kanzerogenen und ohne daß wir Ärzte durch mangelhafte Diagnostik oder Therapie dafür die Schuld tragen. Aber es ist schwer, das Sterben hinzunehmen, wenn man es in keinen Sinn mehr einordnen kann. Wo ist ein Ausweg? Wo findet man Halt, wenn die immer noch weitverbreitete narzißstische Ersatzreligion, nämlich die Illusion von der durch technischen Fortschritt machbaren menschlichen Allmacht schwindet?

Nichts ist da bisher entschieden. Bisher registrieren wir in der Medizin nur eines mit Sicherheit: Das Sterben ist seit einiger Zeit wieder zu einem öffentlich diskutablen Thema geworden. Die Fähigkeit und der Mut, auf den Tod überhaupt hinzuschauen, scheinen, wenn auch ganz allmählich, wieder anzuwachsen. Zwar sind wir noch weit von den Verhältnissen des 17., 18. Jahrhunderts entfernt, als man für unheilbar Kranke ganze Bibliotheken von sogenannten Sterbehilfebüchern bereithielt, mit deren Unterstützung sich die Kranken bewußt und aktiv für ihr Lebensende rüsteten. Aber der Tod ist auch nicht mehr das absolute Tabu wie noch bis vor kurzer Zeit. Das besagt nicht etwa, daß die Angst vor ihm als solche schwände. Offenbar tritt heute sogar mehr von dieser Angst zutage. Die Verdrängungskraft verliert nach und nach einiges von ihrer Wirksamkeit. Dadurch brechen Anteile der Angst durch, die vordem total verdeckt gewesen waren. Immerhin mehrt sich allem Anschein nach die Zahl der Menschen, die ihre Angst gewissermaßen *austragen* wollen. Die wissen wollen, wie es um sie steht, welchen Schrecken ihnen z. B. die Diagnose Krebs auch bereitet. Parallel dazu nimmt unter ärztlichen Kollegen ebenfalls die Neigung zu, den Patienten mehr als früher zu sagen. Diese Tendenz hängt auf ärztlicher

Seite davon ab, daß man sich zumindest weitgehend von den idealisierenden Riesenerwartungen des Publikums distanzieren und daß man die Schuldgefühle mindern kann, die sich sonst aus dem Mißverhältnis zwischen dem, was man meint, können zu sollen, und dem, was man wirklich kann, herleiten.

Um mit Krebskranken offen zu sprechen, muß der Arzt sich von dem überlastenden Gewissensdruck frei machen, daß er eigentlich bei jeder Krankheit erfolgreich sein müßte. Er tut gut, von der darin insgeheim versteckten Größenphantasie abzurücken. Der Arzt, der sich seine Hilflosigkeit bei vielen unheilbaren Fällen nicht verzeihen kann, vermag seine Patienten weder glaubwürdig zu trösten noch zu ermutigen, da er eigentlich selbst die Stärkung bräuchte, die er den Kranken vermitteln möchte.

Deshalb greifen auch alle Diskussionen zu kurz, die nur auf pragmatischer Ebene klären wollen, wann, was und wie Krebskranken über ihr Leiden mitgeteilt werden sollte. Entscheidend ist, ob der Arzt als Person mit sich selbst, mit dem Wert seiner Arbeit und vor allem mit seiner eigenen Endlichkeit ausgesöhnt ist. Dann wird er relativ ungestört von inneren Spannungen mit einem Patienten in der Weise sprechen können, daß er bei diesem nicht etwa eine Diagnose nur abläßt: «So, nun bin ich's los!» Sondern er wird gerade jetzt seine persönliche Zuwendung anbieten, in dem Wissen, daß niemand einsamer ist als in dem Augenblick, da er erstmalig hört, daß er krebskrank ist.

Wichtig ist indessen, daß die persönliche Zuwendung zum Patienten bereits vor der Diagnosemitteilung angebahnt worden ist. Je mehr der Kranke schon einen festen Halt durch eine Vertrauensbindung an den Arzt gefunden hat, um so eher vermag er die schlimme Information zu verarbeiten. Jedenfalls ist P. Drings zuzustimmen, der kürzlich festgestellt hat: «Es besteht heute eine weitgehende Übereinstimmung, daß der Tumorpatient seine Krankheit *verstehen* sollte. Dies gilt ganz besonders, wenn eine tumorspezifische Behandlung angezeigt und möglich ist.» Übereinstimmung besteht auch hinsichtlich der Empfehlung, daß die Aufklärung durch den behandelnden Arzt selbst und nicht durch Dritte, also etwa durch Psychologen oder Seelsorger, erfolgen sollte. Derjenige, der die Verantwortung für die Behandlung der Tumorkrankheit trägt, sollte als erster dem Kranken Rede und Antwort stehen.

Ausschlaggebend ist für die psychische Unterstützung des Tumorpatienten, daß dieser sich nicht allein gelassen fühlt. Nach drei Seiten hin besteht für ihn die Möglichkeit, hilfreiche Kontakte zu nutzen. Ein Bereich ist die *Therapie*. Hier steht die Beziehung zum behandelnden Arzt obenan. In der Klinik ist natürlich auch die Kommunikation mit dem übrigen stationären Team von Bedeutung. Ein zweiter Bereich ist der Kontakt mit der *Familie*. Nicht wenige Kranke könnten die eigene Angst besser verarbeiten, wenn ihre erschreckten Angehörigen sich nicht von ihnen zurückziehen und sich gegen sie defensiv abschirmen würden. Ist man in der Familie indessen fähig und bereit, die Krankheit als gemeinsames Problem zu akzeptieren und zu tragen, ist der psychische Gewinn nicht nur für die Patienten, sondern auch für die familiären Partner hoch einzuschätzen. In letzter Zeit wird eine dritte Kontaktebene als zusätzlich wichtig erkennbar: Das ist die Beziehung der Patienten untereinander. Mehr und mehr Krebskranke schließen sich zu *Selbsthilfegruppen* zusammen und bilden bereits heute einen nicht unbeachtlichen Zweig innerhalb der breit gefächerten sogenannten Selbsthilfebewegung.

Einige erläuternde Bemerkungen zu den drei Kontaktfeldern, zunächst zum Bereich *Therapie*:

Hier hat Drings einige bemerkenswerte kritische Überlegungen und Empfehlungen formuliert: «In der modernen Medizin wird der Tumorpatient von sehr vielen, oft zu vielen Personen (mehreren Ärzten, dem Pflegepersonal, technischem Personal und Sozialarbeitern) betreut. Er benötigt aber unbedingt eine einzige Bezugsperson. Sie soll der Hausarzt sein, wenn er die Hauptlast der Betreuung trägt. Wenn der Patient langfristig stationär behandelt wird, muß einer der Kliniker für den Patienten erkennbar die Führung übernehmen. Damit ist eine Aufgabenteilung, eine plurizentrische oder interdisziplinäre Therapie keineswegs in Frage gestellt. Der Patient soll in diesem Team die Persönlichkeit erkennen, auf die er sich besonders beziehen kann. Ohne Bezugsperson muß er sich in seiner Existenzangst dem für ihn undurchschaubaren modernen Klinikbetrieb ausgeliefert fühlen.»

Was das Krankenhaus anbetrifft, möchte ich die Aussage von Drings dahingehend modifizieren bzw. ergänzen, daß hier nicht nur eine verläßliche Hauptbezugsperson wichtig ist, sondern vor allem auch ein gutes Gemeinschaftsklima auf der Station. Dazu gehört mehreres: Ärzte, Pfleger, Schwestern müssen sich gemeinsam über ihre Erfahrungen mit den Patienten austauschen. Patienten mit ausgeprägten psychischen Schwierigkeiten wirken allemal auf das stationäre Personal belastend. Um so mehr ist es wichtig, daß man sich gemeinsam darüber

Gedanken macht, warum wohl dieser oder jener Kranke so besonders auffällig reagiert. Nur selten ist es allein der Druck der Diagnose. In vielen Fällen sind häusliche Konflikte ausschlaggebend, über die der eine oder andere aus dem Stationsteam aufschlußreiche Informationen beisteuern kann. Wenn man sich in der Gruppe bemüht, Verhaltensprobleme der Kranken zu verstehen, ergibt sich daraus meist ganz von selbst eine gemeinsame Strategie des Umganges, vorausgesetzt, daß innerhalb der Stationsgruppe keine gesteigerten internen Spannungen, etwa durch Rivalitätskonflikte, bestehen.

Es ist indessen nicht immer einfach, solche internen Konflikte in Schach zu halten. Zumal auf solchen Stationen, die nur mit chronischen Tumorpatienten belegt sind, lastet auf dem Personal allemal ein besonderer psychischer Druck. Dieser Druck verschärft sich durch Kranke, die ihre Verzweiflung nicht anders als durch fortwährendes Lamentieren oder Sichbeschweren niederhalten können. Um sich nicht damit zu konfrontieren, wie schlecht sie daran sind, müssen sie ununterbrochen um sich herum Schlimmes und Beanstandenswertes finden, um sich nach außen abzureagieren. Was Wunder, wenn Schwestern, Pfleger und Ärzte dadurch ihrerseits emotional in Mitleidenschaft gezogen werden und in gereizte Stimmung geraten, die sich dann negativ auf die gesamte Stationsatmosphäre auswirkt. Aber es sind nicht erst diese belastenden Reaktionsmuster mancher Patienten, die dem Personal psychisch zu schaffen machen. Der Anblick vieler unabwendbarer tragischer Schicksale an sich bedeutet für die Mitglieder eines onkologischen Teams bereits eine sehr starke Beanspruchung.

Aus solchen Erfahrungen heraus hat sich in den letzten Jahren an manchen Orten eine Zusammenarbeit zwischen stationären Teams und Psychotherapeuten in Form von Balint-Gruppen entwickelt. Da das Modell der Balint-Gruppe heute weit bekannt ist, kann ich mich mit einer knappen skizzenhaften Beschreibung begnügen: Die Stationsgruppe setzt sich mit dem Psychotherapeuten in regelmäßigen Abständen zusammen. Man spricht über die Patienten, die offenbar schlecht mit sich, mit ihrer Krankheit oder mit ihren Angehörigen zurechtkommen und die vielleicht obendrein besondere Kooperationsschwierigkeiten auf der Station bereiten. Die Teammitglieder tragen ihre Beobachtungen zusammen, aber sie reden auch offen über ihre eigenen Gefühle. Der Psychotherapeut unterstützt sie in dem Bemühen, die Verhaltensweisen der Patienten, zugleich indessen die damit zusammenhängenden eigenen Reaktionen besser zu verstehen. Wenn man erst begreifen kann, aus welchen inneren oder familiären Problemen heraus sich manche Kranke auffallend benehmen und um sich herum Angst, Ärger oder sonstwie schlechte Stimmung verbreiten, kommt man oft spontan zu sinnvollen Vorschlägen, wie man mit den Betreffenden geschickter umgehen kann.

In einer Balint-Gruppe, die ich selbst mit A. von Vietinghoff-Scheel auf einer Strahlentherapiestation leite, sehe ich es darüber hinaus als einen bemerkenswerten Effekt an, daß Ärzte und Pflegepersonal sich ihrer wichtigen, einander ergänzenden Hilfen in der psychosozialen Versorgung besser vergewissern können. Infolge ihrer Konzentration auf das Organgeschehen, das richtig einzuschätzen und therapeutisch zu beeinflussen ihre Hauptaufgabe ist, sind die Ärzte leicht versucht, negative psychische Reaktionen der Patienten zu einseitig als direkte Auswirkung des organischen Prozesses zu werten. Und sie assoziieren folgerichtig: Wie kann ich diesen Prozeß bloß noch besser beeinflussen oder zumindest die Symptome lindern? Aber vielfach ergibt sich aus triftigen Anhaltspunkten, daß ein Patient mehr noch als durch seine Krankheit über ein bestimmtes häusliches Problem bedrückt ist. Da leidet z. B. eine Patientin entsetzlich darunter, daß sich ihr Ehemann um so deutlicher von ihr zurückzieht, je kränker sie wird. Von jedem Wochenendurlaub, den sie mit Hoffnungen antritt, kehrt sie entmutigt zurück. Sie hat das Gefühl, für den Mann sei sie bereits tot. Sie sei ihm nur noch lästig. Aber nun merken die Krankenschwestern, daß die Patientin auf der Station so etwas wie ein Ersatz-Zuhause arrangieren möchte. Und sie gehen darauf ein. Die Kranke bringt wiederholt Leckereien mit. Man setzt sich zu ihr. Es finden kleine Kaffeekränzchen statt. Und dabei kann sie sich manches von ihrem Elend vom Halse reden.

Was hier zunächst als außerdienstliche oder gar unerlaubte Vertraulichkeit im Verhalten der Schwestern mißverstanden werden könnte, erweist sich bei genauem Hinsehen als eine überaus nützliche therapeutische Hilfeleistung. Unbelastet durch den ärztlichen Verantwortungsdruck, mit allen Mitteln gegen das Krebswachstum angehen zu müssen, können sich die Schwestern und Pfleger oft unbefangener und gründlicher als die Ärzte der psychosozialen Sorgen der Patienten annehmen. Aber es ist für sie wiederum nützlich, die Chancen, die sie hier haben, genauer zu verstehen und bewußt als Teil ihrer professionellen Arbeit zu nutzen. Die Ärzte wiederum können mit Hilfe des Pflegepersonals nicht nur ihre Erkenntnisse über die Motive der Kranken erweitern. Sie merken, wieviel sie obendrein praktisch davon zu profitieren vermögen, was Schwestern und Pfleger zur psychischen Stabilisierung der Patienten beitragen. Schließlich ist eine zumindest leidlich balancierte psychische Verfassung der Kranken eine entscheidende Bedingung für die Kooperation bei den auf vielfältige Weise unangenehmen Verfahren der Tumortherapie. Daß auch der Klinikpfarrer in diesem Sinne eine wertvolle ergänzende Hilfe leisten kann, versteht sich von selbst. In unserer Balint-Gruppe ist der zuständige Klinikpfarrer ein sehr wichtiges Mitglied.

Das soeben kurz skizzierte Beispiel der Karzinompatientin mit dem Ehekonflikt leitet zu dem höchst wichtigen Problem der *Familienbeziehungen* des Krebskranken hinüber. Der Krebskranke braucht die Unterstützung seiner Angehörigen – wenn er in einer Familie lebt –, um seine Krankheit zu verarbeiten. Aber die Angehörigen benötigen ihrerseits auch seine Mithilfe, um die unerwartete Schicksalsbelastung gemeinsam bestehen zu können.

Schwelende Konflikte in einer Ehe oder einer Familie werden durch den Einbruch eines Karzinomfalles oft krisenhaft verschärft. Man fühlt, gewisse seit langem drückende Probleme kann man jetzt nicht endlos weiter vor sich herschieben. Vielfach ist es unter diesen Umständen der Kranke selbst, der einen Beziehungskonflikt offensiv angeht und dadurch in der familiären Umgebung Unruhe stiftet. Ich denke da etwa an eine junge brustamputierte krebskranke Frau, die sich bislang widerstandslos ihrem ziemlich launischen und herrischen Ehemann gefügt hatte. Nachdem ihr ihre Lage klargeworden ist, kämpft sie darum, ihre Rolle in der Ehe zu ändern. «Ich weiß, daß ich vielleicht nicht mehr viel Zeit habe. Deshalb will ich jetzt endlich richtig leben. Jetzt will ich alles sagen, was mich drückt und was ich brauche, ganz egal, ob es meinem Mann gefällt.» Die Verhaltensänderung der Patientin schockiert und verwirrt den Mann. Es schwebt ihm vor, daß auch er sich ändern müßte, aber in seinen Gefühlen überwiegen Ratlosigkeit und Trotz. Er gerät in panische Vereinsamungsangst, die er bislang durch seine dominante, erpresserische Strategie verdeckt hatte. So entspinnt sich zwischen beiden ein irrationaler Kampf. Die Frau ist entschlossen, nicht länger das brave Kind darzustellen. Sie sagt: Die Krankheit und die Therapie zu ertragen kostet mich so viel Kraft, daß ich einfach die Energie nicht mehr habe, in der Ehe ein kleines, unterwürfiges Kind zu spielen. Ich muß frei atmen können und muß in der Partnerschaft endlich auch verlangen, daß ich mit meinen Bedürfnissen voll zum Zuge komme.

Der Mann indessen widersetzt sich ihr wider besseres Wissen. Verzweiflungsszenen, Streitereien und kurzfristige Versöhnungen wechseln miteinander ab. Schließlich suchen beide Zuflucht bei einem Psychotherapeuten. Eine kurze, intensive Paartherapie hilft beiden, die Krise zu bestehen und sich wechselseitig darin zu unterstützen, die Rollenbeziehung in ein neues, beiden dienliches Gleichgewicht zu bringen.

Nicht selten wird außer der Ehe des Krebskranken auch die psychische Stabilität *seiner Kinder* erschüttert. Solche Familienkrisen, in denen im Zuge einer Krebserkrankung alle Familienmitglieder psychisch oder psychosomatisch dekompensieren, sind nicht selten. Aber wie bei der zuvor geschilderten Eheproblematik ist der Krebs niemals allein schuld an solchen in die ganze Familie hinein ausstrahlenden psychopathologischen Prozessen. Er wirkt häufig eher wie der so oft zitierte letzte Tropfen, der ein Faß zum Überlaufen bringt. Er aktualisiert vordem verschleierte Probleme. Und wenn wir Psychotherapeuten befaßt werden, sehen wir dann, daß die jeweilige Familie mit der Krebserkrankung deshalb nicht umgehen kann, weil sie auf Grund anderweitiger Spannungen unfähig ist, die neue Belastung zu tragen. Destruktive und niederdrückende Tendenzen sind in der Familie wirksam, und der Krebs fördert wie ein Katalysator das ganze Potential an latenten negativen Gefühlen, Vorwürfen und Ängsten zutage, die nunmehr alle möglichen neurotischen Symptome oder sozialen Verhaltensschwierigkeiten auslösen.

Wir führen an unserer Gießener Psychosomatischen Klinik jetzt im Rahmen eines von der Robert Bosch Stiftung unterstützten Projektes *Familienberatungen* und *Familientherapien* bei einer Reihe von Krebskranken durch und erforschen hier systematisch die Zusammenhänge. Wir bemühen uns in diesen Fällen, Krebspatienten vom Druck schwerwiegender Familienkonflikte zu entlasten, aber auch zugleich die Angehörigen zu unterstützen. Ist die Krankheit unheilbar, ist es späterhin für die Hinterbliebenen, insbesondere für die Kinder, von allergrößter Bedeutung, daß der Abschied von dem Sterbenden in der Gewißheit geleistet werden kann, daß man miteinander im reinen ist und nicht etwa durch die Bürde unbewältigter Haß- und Schuldgefühle beschwert ist. So kommt es vor, daß wir uns auch nach dem Tode eines Krebskranken noch um die eine oder andere Familie weiter kümmern.

Wir wissen ja, daß es allgemein nach Todesfällen im familiären Umfeld eine erhöhte Anfälligkeit für Krankheiten, insbesondere für psychogene Störungen gibt. Das Sterben am Krebs ist eine besonders schwere psychische Aufgabe nicht nur für den unmittelbar Betroffenen, sondern auch für die Angehörigen, die dieses Schicksal mit zu verarbeiten haben. Gar nicht selten sieht man, daß zwar ein Patient selbst in seiner Krebskrankheit oder gerade durch diese psychisch in bewunderungswürdigem Grade reift, während seine familiären Bezugspersonen mit ihm nicht Schritt zu halten vermögen und ihre Ängste nicht bewältigen können. Schließlich kann *er* sterben, aber die anderen können ihn nicht sterben lassen und dekompensieren in hilfloser Verzagtheit noch vor oder nach Eintritt des Todesfalles. Deshalb bedeutet Familientherapie bei Krebskranken, daß man nicht nur die Hilfsdienste der Angehörigen zum Wohle des Kranken zu fördern trachtet. Labile, gefährdete Angehörige benötigen auch und vielfach sogar in besonderem Maß therapeutische Fürsorge, um in der Bewältigung der gemeinsamen Aufgabe mithalten zu können.

Ich muß mir hier ersparen, an Beispielen zu erläutern, wie wir Familientherapie bei Krebskranken im einzelnen gestalten und welche uns sinnvoll erscheinenden Effekte damit erreicht werden können. Statt dessen noch ein Wort zur Indikation: Obwohl jede Tumorkrankheit die Patienten und ihre Angehörigen psychisch mehr oder weniger erschüttert und labilisiert, sollte die Inanspruchnahme des Psychotherapeuten auf Notfälle beschränkt bleiben. Nur dort, wo eine schwer gestörte Familiendynamik oder sonstige psychopathologische Momente eine Tumorkrankheit zu einer unerträglichen Überforderung werden lassen, sollte der Psychotherapeut zu direkter Intervention herangezogen werden. In allen übrigen Fällen sollte der für die Therapie des Grundleidens zuständige Arzt seine Verantwortung nicht durch Delegation an einen Psychotherapeuten aufspalten. Sollte er sich im Umgang mit manchen psychosozialen Problemen unsicher oder sogar hilflos fühlen, kann er sich vielleicht als Teilnehmer einer Balint-Gruppe Rat holen und sich praxisbegleitend fortbilden. Bekanntlich nutzen niedergelassene Ärzte schon sehr viel länger und in größerem Umfang das zuvor geschilderte Balint-Gruppen-Modell, das erst neuerdings auch verstärkt in Krankenhäusern Fuß gefaßt hat. Balint-Gruppen bieten inzwischen vielen praktizierenden Kollegen die Chance, im Zusammenhang mit aktuellen Fallproblemen theoretische und praktische Lücken zu füllen, die eine einseitig naturwissenschaftlich somatologische Ausbildung hinterlassen hat. Dabei ist Hauptziel der Balint-Gruppen nicht die Erweiterung psychologischer Kenntnisse, vielmehr die Sensibilisierung und Ermutigung zu einer neuen kommunikativen Grundhaltung. Die Balint-Gruppen-Mitglieder lernen, sich für ihre Patienten mehr zu öffnen. Und sie lernen ferner, mehr Zutrauen zu ihren bislang meist ungenügend genutzten Fähigkeiten des psychologischen Verstehens und des einfühlsamen Intervenierens zu gewinnen.

Es ist das Charakteristikum einer breiten aktuellen Strömung, daß man bei zahlreichen zumal chronischen organischen Krankheiten auf die Bedeutung psychosozialer Faktoren verstärkt aufmerksam wird. Wie hier beim Krebs studiert man die Auswirkungen der Organkrankheit auf die seelische Situation und auf die sozialen Beziehungen der Kranken. Und zugleich schenkt man dem Einfluß, den die seelischen und sozialen Bedingungen auf den Prozeß der Krankheitsverarbeitung, der Rehabilitation und zum Teil sogar auf die organischen Prozesse selbst ausüben, steigend Beachtung. Mir scheint, daß damit eine irreversible Erweiterung des medizinischen Blickfeldes erfolgt und daß die Medizin im ganzen insofern reagieren muß, als sie der psychosozialen Verantwortung im Selbstverständnis des Arztes eine größere Bedeutung als bisher einräumt. Denn man kann die psychosozialen Probleme nicht in toto an eine Sonderdisziplin von Psychotherapeuten und Sozialarbeitern abschieben. Die sogenannte Organmedizin muß den psychosozialen Aufgabenbereich weitgehend in sich selbst integrieren. Ein Patient versteht ohne weiteres, daß Internisten nicht zugleich operieren können und daß es Spezialisten für die Augen gibt, die sich wiederum weniger gut mit Hautleiden oder Geburtshilfe auskennen. Aber es widerspricht der Identität des Patienten als einer ganzheitlichen Person, wenn er zwischen einem Organarzt und einem Seelenarzt gewissermaßen in einen gegenständlichen Organismus einerseits und in ein erlebendes Subjekt andererseits aufgespalten werden soll. So ganzheitlich, wie er sich selbst begreift, muß er sich auch vom Arzt gesehen wissen. Und entsprechend muß der Arzt nicht nur um der Wirkung auf den Kranken, sondern zugleich um der eigenen personalen Integrität willen die Ganzheitlichkeit seines Denkens und Handelns bewahren bzw. wiedergewinnen. Jeder Allgemeinarzt, jeder Chirurg, Internist, Ophthalmologe, Frauenarzt usw. sollte in seinem Bereich über so viel psychologisches und psychotherapeutisches Grundwissen und -können verfügen, daß er nicht kurzschlüssig überall dort, wo überhaupt irgend etwas Psychisches auffällt, automatisch den Psycho-Spezialisten herbeiwünschen muß.

Wenn sich nichtsdestoweniger zur Zeit besondere Ansprüche an die Psychotherapie richten, so erscheint das deshalb sinnvoll, weil manche Defizite aufzuarbeiten sind, die durch die traditionelle Vernachlässigung der psychosozialen Dimension in der Ausbildung und in der Versorgung entstanden sind. Aber nach Aufarbeitung dieser Defizite – sofern diese nicht durch gesellschaftliche Gegenkräfte blockiert wird – wird die Psychotherapie als Spezialdisziplin ihren Aufgabenradius wieder erheblich reduzieren können und müssen.

Indessen ist nicht nur die Aufgabenteilung zwischen der übrigen Medizin und der Psychotherapie ein Problem, das zur Lösung ansteht. Ein Wort ist noch zu sagen zu einer noch grundsätzlicheren Frage, die in letzter Zeit rasch an Bedeutung gewonnen hat: Wie kann, wie sollte sich das Verhältnis zwischen therapeutischer Versorgung und *Patienten-Selbsthilfe* weiterentwickeln?

Bezeichnenderweise sind es nicht die versorgenden Berufe, sondern die Patienten, die jene Initiativen in Gang gebracht haben und immer noch forcieren, die sich inzwischen zu einer regelrechten *Selbsthilfebewegung* ausgewachsen haben. Auch zahlreiche Tumorkranke finden sich bei entsprechenden Selbsthilfegruppen ein oder gründen von sich aus solche Gruppen. Dabei gehen die Patienten von der Vorstellung aus, daß es nicht nur ein Notbehelf sei, sich in diesen Gruppen wechselseitig zu stützen. Sie glauben, bloß passives Empfangen von fachlicher Therapie oder Beratung stärke ihre psychische Widerstandskraft weniger rasch und nachhaltig als die aktive Zusammenarbeit unter Gleichbetroffenen. Hier entwickelt sich zur Zeit eine Art von psychosozialer Eigentherapie in großem Maßstab. Unter den Tumorkranken haben sich die Träger eines künstlichen Darmausganges (ILCO) und brustamputierte Frauen als erste zu größeren Selbsthilfeorganisationen zusammengeschlossen. Wie zu hören ist, empfinden es die meisten Patienten als eine große Erleichterung, mit Leidensgenossen frei und offen über ihre Krankheit und deren Folgen sprechen zu können. Die Gefahr des Verzagens vermindert sich, wenn man mit anderen reden kann, die bereits gelernt haben, ihre Minderwertigkeitsängste zu bannen und der Versuchung zu einer resignativen Selbstisolation zu widerstehen. Gewiß kommt es auch vor, daß die eine oder andere Selbsthilfegruppe fanatisch aggressive Züge annimmt. Die Abwehr von Furcht und depressiven Reaktionen kann überkompensatorisch in eine Flucht nach vorn ausmünden. Kämpferische Selbstbehauptung wird dann unter Umständen zur Gruppennorm, die zur Unterdrückung von Angst und Schwächegefühlen nötigt, wohingegen Argwohn gegen die entweder als säumig oder überaktiv angeprangerten Ärzte geschürt wird. Solche Schwierigkeiten können nicht ausbleiben. Schließlich finden solche Selbsthilfegruppen ja nicht den Spielraum für eine beliebige freie Entfaltung vor. Alle Kranken und Behinderten unserer Gesellschaft, die ihre Umgebung mit dem Aspekt von Schwäche und Hinfälligkeit konfrontieren, verspüren seitens der Umwelt die Erwartung, sie sollten ein stilles, unauffälliges Schattendasein führen, um die Selbstsicherheit der anderen nicht zu bedrohen. Aus dem Schatten dieses eingeengten Randgruppenstatus herauszutreten erfordert viel Aufwand und großen Widerstandswillen. Da muß es zu Reibungen kommen, auch hin und wieder mit solchen Ärzten, die unverhüllt ihre Antipathie gegenüber Patienten kundtun, die an Stelle traditioneller sanfter Gefügigkeit eine gewisse kritische Ansprüchlichkeit ausdrücken. Es wird noch eines längeren beiderseitigen Lernprozesses bedürfen, ehe die Selbsthilfegruppen und die Ärzteschaft diejenige Form von wechselseitiger hilfreicher Kooperation entwickelt haben werden, die zu wünschen ist. Daß wir Ärzte die Selbsthilfebewegung als solche nur begrüßen können und als ganz wesentlichen neuen Weg zur Förderung psychosozialer Rehabilitierung gerade auch von Tumorkranken fördern sollten, erscheint indessen unzweifelhaft.

Literatur

ACHTÉ, K. A., u. M.-L. VAUHKONEN: Psychiatrisch-psychosomatische Gesichtspunkte der Diagnosemitteilung und der Prognose bei Geschwulstkrankheiten. Off. Organ der Schweiz. Ges. f. Psychosomat. Medizin, 5, 230, 1975

ACHTÉ, K. A., u. M.-L. VAUHKONEN: Karzinom und Psyche. Psychiatria Fennica, 373, 1972

BAHNSON, C. B.: Psychophysiological Complementarity in Malignancies: Past Work and Future Vistas. Ann. N. Y. Acad. Sci. 164(2), 319, 1969

BAHNSON, C. B.: Das Krebsproblem in psychosomatischer Dimension. In: Lehrbuch der Psychosomatischen Medizin, Th. von Uexküll (Hg.). Urban & Schwarzenberg, München – Wien – Baltimore 1979

BAHNSON, M. B., u. C. B. BAHNSON: Ego Defenses in Cancer Patients. Ann. N. Y. Acad. Sci. 1964(2), 546, 1969

BALTRUSCH, E.: Psyche – Nervensystem – Neoplastischer Prozeß: Ein altes Problem mit neuer Aktualität. Zschr. Psychosomat. Med. 10, 157, 1964

BARTH, G.: Mündliche Mitteilung. Gießen 1980

BARTROP, R. W., L. LAZARUS, E. LUCKHURST, L. G. KILOH u. R. PENNY: Depressed Lymphocyte Function after Bereavement. The Lancet (8016), 834, 1977

BLOHMKE, M., M. DILLENZ u. O. STELZER: Soziale und psychosoziale Bezüge in der Krebsgenese. Medizin, Mensch, Gesellschaft 1, 32, 1976

BLUMBERG, E. M., PH. WEST u. F. W. ELLIS: A Possible Relationship between Psychological Factors and Human Cancer. Psychosomatic Medicine 16, 277, 1954

BURROWS, J.: A New Practical of Cancer. London 1783

CRAMER, I., M. BLOHMKE, C. B. BAHNSON, M. B. BAHNSON, H. SCHERG u. M. WEINHOLD: Psychosoziale Faktoren und Krebs. Münch. med. Wschr. 119, 1387, 1977

CUTLER, M.: Behavioral Characteristics of 40 Women with Cancer on the Breast. In: The Psychological Variables in Human Cancer. J. A. Gengerelli u. J. J. Kirkner (Hg.). University of California Press, Berkeley 1954

DOMAGK: zit. nach BALTRUSCH, E.

DRINGS, P.: Psychologische und soziale Probleme des onkologischen Patienten aus internistischer Sicht. Kassenarzt 20, 2304, 1980

EICHER, W., V. HERMS, F. KUBLI u. B. KLEINBACH: Soziale, sexuelle und psychosomatische Aspekte beim Portiokarzinom. Med. Welt 28, 1508, 1977

EICHER, W., V. HERMS, B. HENNINGSEN, A. MEINEL u. C. REVERY: Zur Epidemiologie des Mammakarzinoms. Fortschr. Med. 97, 1683, 1979

GAGNON, F.: Contribution to the Study of the Etiology and Prevention of Cancer of the Cervix of the Uterus. Amer. J. Obstet. Gynec. 60, 516, 1950

GANSAU u. LANG: zit. nach BALTRUSCH, E.

HERBERGER, W.: Kurzverläufe von Krebspatienten und Beleuchtung ihrer «Kummerskala». Zschr. Psychosomat. Med. 9, 271, 1963

HERMS, V., J. GABELMANN, M. KAUFMANN, W. EICHER u. F. KUBLI: Persönlichkeitsfaktoren und Sexualverhalten von Frauen mit gutartigen und bösartigen Erkrankungen der Brust. Vortr. Deutscher Krebskongress, München 1980

KATZ, J. L., u. a.: Psychoendocrine Consideration in Cancer of the Breast. Ann. N. Y. Med. J. 127, 1969

KATZ, J. L., u. a.: Psychoendocrine Aspects of Cancer of the Breast. Psychosomatic Medicine 32, 1, 1970

KAVETSKY, R. E., N. M. TURKEVITCH u. K. P. BALITSKY: On the Psychophysiological Mechanism of the Organism's Resistance to Tumor Growth. Ann. N. Y. Acad. Sci. 125(3), 933, 1966

KAVETSKY, R. E., N. M. TURKEVITCH, R. M. AKIMOVA, I. M. KHAYETSKY u. Y. D. MATVEICHUK: Induced Cancerogenesis under Various Influences of the Hypothalamus. Ann. N. Y. Acad. Sci. 164(2), 517, 1969

KIRCHHOFF: zit. nach BALTRUSCH, E.

KISSEN, M. D., u. L. G. S. RAO: Steroid Excretion Patterns and Personality in Lung Cancer Patients. Ann. N. Y. Acad. Sci. 164(2), 476, 1969

MOELLER, M. L.: Selbsthilfegruppen. Rowohlt, Reinbek 1978

NEUMEYER, M.: Psychosoziale Aspekte des Mammacarcinoms. Inaug. Diss., Bereich Humanmedizin der Justus-Liebig-Universität, Gießen, 1978

NEUMEYER, M., E. WOLFF u. D. VON RITTER-RÖHR: Psychosoziale Aspekte des Mammakarcinoms. Sexualmedizin 9, Teil I/108, Teil II/142, Teil III/188, 1980

NIELSEN: zit. nach BALTRUSCH, E.

NIEMI, T., u. J. JÄÄKSELÄINEN: Cancer Morbidity in Depressive Persons. J. of Psychos. Research 22, 117, 1978

RICHTER, H. E.: Ist psychomatische Medizin überhaupt zu verwirklichen? Pschosozial 1 (Nr. 2), 22, 1978

RICHTER, H. E.: Der Gotteskomplex. Rowohlt, Reinbek 1979

ROTKIN, I. D.: Psychosexual Factors and Cervical Cancer. Arch. Gen. Psychiat. 13, 552, 1955

TESHIMA, H., u. Mitarb.: Stress and Immune Response. Third International Symposium on Psychobiologic, Psychophysiologic, Psychosomatic and Sociosomatic Aspects of Neoplastic Disease. Abstracts. Bohinj/Jugoslawien 1978

TROTNOW, S., u. H. K. PAULI: Psychosomatische Forschung in der Gynäkologie: Cervix- und Corpuscarcinom. Proc. 2nd. Symp. Eur. Work. Group Psychosomat. Cancer Res., 1973

TROTNOW, S., u. H. K. PAULI: Gibt es soziale Unterschiede zwischen Frauen mit bösartigen und Frauen mit gutartigen Brusttumoren? In: Krankheit und soziale Lage, H. H. Abholz (Hg.). Campus, Frankfurt – New York 1976

VOLTZ: zit. nach BALTRUSCH, E.

WALSH, W. H.: Nature and Treatment of Cancer. London 1846

WIRSCHING, M.: Zur Psychosomatik des Brustkrebs – Stand der Forschung und neuere Entwicklungen. Zschr. Psychosomat. Med. 25, 240, 1979

WYNDER, E. L.: A Study of Epidemiology of Cancer of the Breast. Cancer 13, 559, 1960

WYNDER, E. L.: Identification of Women at High Risk for Breast Cancer. Cancer 24, 1235, 1969

13. Sind wir zum Frieden fähig?*

Wenn man an unseren hiesigen und an den amerikanischen Wahlkampf zurückdenkt, so scheint sich jeder Zweifel daran zu verbieten, daß zumindest im Westen alle Menschen den Frieden wollen. Alle Parteien und Kandidaten stellten das Versprechen obenan, uns den Frieden zu erhalten. Sie reagierten damit auf die verbreitete Sorge der Menschen, daß der Frieden noch verläßlicher gesichert werden müsse. Im Wahlkampf schien es nur Streit um die Methode zu geben, wie das Erreichen des gemeinsamen Ziels am besten garantiert werden könne. Nicht anders tönt es aus dem Osten zu uns herüber. Auch dort bekundet man die feste Entschlossenheit zu einer Politik der Entspannung und der Verständigung und sieht diese nur durch bestimmte Aktivitäten von unserer Seite gefährdet.

Nun ist es eine bekannte Regel, daß man sich der Übereinstimmung in einer Überzeugung dann besonders häufig und mit größtem Nachdruck zu versichern pflegt, wenn man sich darin in Wirklichkeit sehr unsicher fühlt. Man beschwört immer wieder eine Haltung, weil man insgeheim an deren Glaubwürdigkeit zweifelt. Dieser Zweifel wird durch Gegenimpulse genährt, die man nur schwer in Schach zu halten vermag. Man will sich gewissermaßen auf magische Weise einreden, wozu man unfähig zu sein fürchtet.

Ich behaupte nun, daß genau dies bei unserem inneren Verhältnis zum Frieden der Fall ist. Wie unser Wahlkampf gezeigt hat, verbieten wir uns ja sogar, uns gegenseitig die Unfähigkeit zum Frieden vorzuwerfen. Also etwas zu tun, was in Amerika in dem Fernsehduell CARTER – REAGAN immerhin in Maßen stattgefunden hat. Man möchte hier

* Redemanuskript für Friedenswochen-Veranstaltungen, November 1980 in Marburg, Braunschweig, Göttingen und Gießen

ein Thema tabuisieren, obwohl kein anderes so radikal kritisch bearbeitet werden müßte wie gerade dieses.

Wenn nach der Fähigkeit der Menschen zum Frieden gefragt wird, so ist es beliebt, eine Antwort entweder von der vergleichenden Verhaltenswissenschaft oder von der Geschichtswissenschaft zu erwarten. Im einen Fall vergleicht man die biologische Ausstattung des Menschen mit derjenigen des Tieres und fragt etwa, ob unsere natürliche Disposition das Maß an Aggressionskontrolle möglich mache, das zum friedlichen Zusammenleben nötig wäre. Meist landet man bei dem Ergebnis, daß Feindseligkeit und Gewalt zur ewigen Natur des Menschen gehörten und sich immer wieder in entsprechenden gesellschaftlichen Katastrophen ausdrücken müßten. Auch aus der Geschichte läßt sich nur ablesen, daß die Bereitschaft der Völker zur friedlichen Bewältigung ihrer Konflikte bislang keine wirklich entscheidenden Fortschritte gemacht hat. Also weder Verhaltensforscher noch Historiker können uns Befunde vorlegen, die uns zu einer optimistischen Beurteilung unserer Friedensfähigkeit zu veranlassen vermögen.

Wir Psychoanalytiker können dieser Einschätzung nicht widersprechen, sofern wir nur die verbreiteten psychosozialen Mechanismen betrachten, deren wir uns gemeinhin bedienen, um uns der Erkenntnis der real wachsenden Kriegsgefahr zu entziehen, für die wir alle mitverantwortlich sind. Wir Psychoanalytiker gehen von der uns allen geläufigen Tatsache aus, daß im allgemeinen Bewußtsein – ich rede ausdrücklich von Bewußtsein – die Angst vor einem großen Krieg allenfalls punktuell etwa in der Afghanistan-Krise, aufflackert, aber sonst keineswegs die Rolle spielt, die man bei der stetigen Erhöhung des Risikos erwarten müßte, das sich aus der gigantischen Rüstungseskalation ergibt: Die modernen Trägerraketen werden mit Mehrfachsprengköpfen von zunehmender Vernichtungskraft bestückt, und man bemüht sich hüben und drüben z. T. erfolgreich, die eigenen Raketen durch technologische Neuerungen für die gegnerische Abwehr unerreichbar zu machen. Die in dem sogenannten Nachrüstungsbeschluß der NATO vorgesehene Aufstellung der neuen Mittelstreckenraketen in Europa würde bedeuten, daß Moskau nur noch eine Vorwarnzeit von 6 Minuten hätte gegenüber bisher 30 Minuten. Je größer die beiderseits angehäufte Vernichtungsenergie wird und je mehr die Chancen einer Überrumpelung durch einen Präventivschlag ansteigen, um so intensiver müßte sich die Öffentlichkeit mit diesem furchtbaren Problem beschäftigen und sich darüber erregen. Und zumal wir in Deutschland müßten dies tun, weil wir hier quasi auf einem nuklearen Pulverfaß sitzen. Die Zahl der in der Bundesrepublik lagernden atomaren Sprengköpfe wird auf sechstausend geschätzt. Dementsprechend wären wir hier notwendigerweise vorrangiges Ziel eines östlichen atomaren Gegenschlags. Aber die Reaktion der Öffentlichkeit entspricht ersichtlicherweise nicht im mindesten der Größe und der Aktualität der Bedrohung.

Was uns hindert, uns mit diesem Problem offen auseinanderzusetzen, ist Angst vor der Angst. Wer könnte noch ruhig schlafen, mit Appetit essen und zuversichtlich für seine und seiner Familie Zukunft planen, wenn er das entsetzlich nahe gerückte Gespenst eines atomaren Krieges nicht zumindest partiell verdrängen würde? Wir leisten uns gewissermaßen viele Ängste und vor vergleichsweise harmloseren Gefahren, nur um nicht von der einen unfaßbaren Angst überwältigt zu werden, der wir uns indessen fortwährend bewußt bleiben müßten, um uns gegen die stetige Vermehrung der Bedrohung zu wehren.

M. D. u. H., wenn ich mich nun darum bemühen werde, einige unserer geläufigsten Manöver der Selbstbeschwichtigung als trügerisch zu entlarven, so bilde ich mir nicht ein, daß diese Interpretationen ein Mittel zu einer Veränderung unserer bisherigen Haltung sein könnten. Alle noch so plausiblen Thesen der sogenannten Friedens- und Konfliktforschung, die bisher schon vorgetragen worden sind, haben wenig in Bewegung gebracht. Deshalb müssen wir uns im Anschluß an die folgenden theoretisch kritischen Betrachtungen noch der Frage nach unseren Möglichkeiten stellen, etwas *praktisch* zu verändern.

Das erste Argument, das zwar nicht eigentlich Beschwichtigung vermittelt, aber eine passive, abgestumpfte Haltung zu fördern vermag, lautet etwa: Über Krieg oder Frieden in Europa entscheiden letztlich doch nur die Supermächte. Wir Deutschen können einen Atomkrieg doch nicht aufhalten, wenn die Großen diesen wollten. Aber diese werden schon vernünftig genug sein, um das Schlimmste zu vermeiden.

Dies ist etwa die Haltung von Kindern, die oft schwere Streitigkeiten ihrer Eltern erleben und sich in ihrer Ohnmacht an die Hoffnung klammern, die Eltern würden sich letztlich doch immer wieder miteinander arrangieren und ihrer Beschützerverantwortung gerecht werden. Indessen sind wir Europäer nun nicht im mindesten in der Rolle unmündiger Kinder. Manche Krisen der letzten Jahre sollten uns lehren, daß wir uns nachdrücklich Gehör verschaffen müssen, um nicht von den Supermächten in Risiken hineingerissen zu werden, die diese mitunter mit beängstigender Leichtfertigkeit heraufbeschwören. Man erinnere sich, daß der neugewählte amerikanische Präsident zu denen gehörte, die im Vietnamkrieg für den Einsatz von Atomwaffen plädierten. Was hätte dadurch passieren können, und was könnte in Zukunft passieren, wenn er in einer ähnlichen Situation entsprechend handeln würde? Und wie gefährlich war die Krise, die die UdSSR durch ihren brutalen Überfall auf Afghanistan ausgelöst hat. Immer mehr wächst hüben wie drüben den kleineren Bündnispartnern die Aufgabe zu, die Weltmächte daran zu hindern, ihre Rivalität um Vorherrschaft in der Welt in einer Weise auszutragen, die nicht nur sie selbst hochgradig gefährdet, sondern darüber hinaus das Leben der ganzen Menschheit leichtfertig aufs Spiel setzt. Es ist WILLY BRANDT unbedingt zuzustimmen, der kürzlich gefordert hat, daß wir Europäer in eigenständiger Weise die Weltpolitik mitbestimmen müßten. Schließlich wären wir die ersten und die sichersten Opfer des Mißlingens einer überzogenen Risikopolitik.

Die zweite These, die zur Beruhigung herangezogen zu werden pflegt, lautet: Alle Seiten erklären doch, daß *Entspannungspolitik* unbedingt fortgesetzt werden müsse: Alle sagen, Rückkehr zum Kalten Krieg dürfe nicht stattfinden. Also besteht doch offenbar überall guter Wille, und dann wird ja auch nichts passieren.

Man lese ORWELLS «1984», um zu begreifen, wie leicht wir semantischen Täuschungen aufsitzen. Gerade unlängst hat uns der Ex-NATO-General SCHMÜCKLE im Fernsehen offenbart, daß das Tempo des nuklearen Wettrüstens in der Phase der sogenannten Entspannungspolitik gegenüber der Phase des sogenannten Kalten Krieges beträchtlich zugenommen hat. Einem echten Entspannungswillen widerspricht die Unfähigkeit der Supermächte, wirksame Vereinbarungen über durchgreifende Maßnahmen zur Rüstungsbegrenzung oder gar zu einer echten Abrüstung zu beschließen. Nur solche Taten, nicht etwa nur ein verbindlicher Stil in den diplomatischen Umgangsformen, würden die Diagnose eines tatsächlichen Entspannungsprozesses rechtfertigen.

Ebenso illusionär wie der bloß semantische Trost der Entspannungsthese ist der Glauben an die Existenz eines *friedenssichernden Abschreckungsgleichgewichts*. Auch dieses dritte Argument taugt nichts. Dies schon deshalb, weil man ja auf beiden Seiten dieses Gleichgewicht gar nicht will. Sonst gäbe es ja längst kein hektisches Weiterrüsten mehr. Der neue amerikanische Präsident REAGAN hat im übrigen aller Welt verkündet, daß er unbedingt für die USA die alte militärische Überlegenheit zurückgewinnen wolle, um die Sowjetunion aus einer Position der Stärke heraus in Schach halten zu können. Mit dieser Aussage hat er die Wahl gewonnen. Es würde, wenn die USA dank ihrer enormen Wirtschaftskraft diesen entscheidenden militärischen Vorsprung tatsächlich erreichen könnten, genau die Situation eintreten, die nach dem Dogma von dem friedenssichernden Abschreckungspatt unbedingt verhindert werden müßte. So werden auch die Sowjets alles tun, um eben diese Entwicklung zu verhindern oder sogar in ihrem Sinne umzukehren. Wenn nicht alles täuscht, stehen wir trotz aller Krisenzeichen der Weltwirtschaft, trotz der wachsenden Verelendung in der Dritten Welt, vor der Gefahr einer neuerlichen gigantischen Tempoverschärfung des nuklearen Rüstungswettlaufs. Und vieles spricht dafür, daß die Massen hüben wie drüben diesen *wahnwitzigen* Prozeß, der auf eine geradezu planmäßige gemeinsme Selbstzerstörung hinausläuft, geschehen lassen, ja verantwortlich mittragen werden.

Die Erklärung für die Gefügigkeit der Massen kann nur darin liegen, daß die Menschen in ihrer Angst vor der Angst weithin psychischen Mechanismen erlegen sind, die sie hindern, ihre Situation noch klar zu durchschauen. Mit uns allen scheint etwas passiert zu sein, was zwei berühmte Physiker, der Engländer BLACKETT und der Deutsche MAX BORN, schon in den fünfziger Jahren prognostiziert hatten. 1956 hat BLACKETT vorausgesagt: «Wenn einmal eine Nation ihre Sicherheit auf eine *absolute* Waffe (die Atombombe) stützt, wird es psychologisch notwendig, an einen *absoluten Feind* zu glauben.» MAX BORN unterstrich und begründete diese Gefahr: «Um das Gewissen der Menschen zu beruhigen gegenüber militärischen Plänen, welche die Tötung von vielen zehn oder gar hundert Millionen Männern, Frauen und Kindern der anderen Seite – und der eigenen, was aber verdunkelt wird – ins Auge fassen, muß die andere Seite als ihrem Wesen nach verdorben und aggressiv gedacht werden.»

Liefert uns die Gegenwart nicht erdrückende Beweise für die Treffsicherheit der pessimistischen sozialpsychologischen Mutmaßungen von BLACKETT und BORN? Was anderes ist es als der Glauben an den absoluten Feind, der hüben wie drüben trotz des Risikos der Selbstzerstörung eine immer gefährlichere wechselseitige Bedrohung mit den allerschlimmsten Vernichtungswaffen möglich macht? Nehmen die Menschen nicht massenweise widerspruchslos und weithin sogar unbewußt an einem archaisch primitiven Paranoid teil, nämlich an der projektiven Fixierung an ein absolutes Feindbild, das uns die unerträgliche Wahrnehmung der eigenen Mitverantwortung für eine irrwitzige Politik des gigantischen Wettrüstens erspart?

Die beunruhigende Annahme liegt jedenfalls nahe, daß eine durch kollektiven Druck verstärkte Reaktion dieser Art in West und Ost eine gefährliche psychische Polarisierung aufrechterhält und eskalieren läßt, welche das Risiko erhöht, das bereits allein durch das rein machtpolitische Rivalisieren der großen Blöcke unterhalten wird. Denn je mehr beiderseits eine kollektive Verfolgungsmentalität um sich greift, um so eher ist eine Beeinflussung politischer Entscheidungen durch emotionale Wahrnehmungsverzerrungen und durch Überreaktion aus Fanatismus möglich.

Es bietet sich also die Hypothese an: Auf beiden Seiten ist in wechselndem Maße ein teils von oben, teils zumindest von einflußreichen politischen Kräften genährter *kollektiver Verfolgungswahn* wirksam, der in Spannungszeiten anwächst und jedenfalls durch das ihn fundierende abgrundtiefe Mißtrauen ermöglicht, daß die Massen hier wie dort auf wesentliche soziale Verbesserungen für sich selbst und erst recht auf durchgreifende Hilfen für die armen Völker um einer stetigen Erhöhung der Rüstungsausgaben willen zu verzichten bereit sind. Da die wahnhafte Fixierung des einzelnen durch ein kollektiv verbreitetes Paranoid bestätigt wird, erscheint nicht sie, sondern u. U. eher ihr Fehlen als auffällig oder sogar als anstößig. Wer z. B. laut erwägt, daß man im Osten die gleiche Bedrohung aus dem Westen fürchte, wie sie hier gegenüber dem Osten erlebt werde, wird zumal in Zeiten verschärfter Spannungen doch leicht als töricht, verrückt oder gar als verräterisch eingestuft (Stichwort: «Moskaufraktion»).

Diese Hypothese betrifft natürlich nur *eine*, wenn auch sehr wesentlich erscheinende *sozialpsychologische* Bedingung der politischen Interaktion. Um einem gängigen Mißverständnis vorzubeugen, sei festgehalten, daß freilich handfester imperialistischer Machtwille und vor allem auch ökonomische Interessen der Rüstungsindustrie maßgebliche Determinanten der Rüstungseskalation sind. Die Annahme einer weitverbreiteten und stetig fortgezüchteten Verfolgungsmentalität verdient dennoch eingehende Überprüfung, weil hier ein wichtiges und mangelhaft reflektiertes psychisches Potential vorzuliegen scheint, das uns an einem hinreichenden Widerstand gegen die Kräfte hindert, die bislang trotz mancher eingeleiteter Entspannungsansätze auf eine stetige Erhöhung des Katastrophenrisikos hinwirken. Welche Anzeichen stützen die Diagnose eines kollektiven Paranoids?

1. Wie steht es zunächst mit der üblichen *Unfähigkeit* der vermeintlich Verfolgten *zu selbstkritischen Wahrnehmungen?* Mir scheint, in Hül-

le und Fülle bieten sich uns Belege dafür an, daß wir uns im Westen als die alleinigen und untadeligen Hüter von Recht und Freiheit einzuschätzen versuchen. Die Napalm-Massaker von Vietnam, der Sturz ALLENDES, die Kollaboration mit SOMOZA wie die Unterstützung zahlreicher Diktaturen in der Dritten Welt eliminieren wir erfolgreich aus unserem Bewußtsein. Die Bekundung des ausgeschiedenen amerikanischen Teheran-Botschafters, daß er von BRZEZINSKI gefragt worden sei, ob er im Iran eine Revolution gegen KHOMEINI organisieren könne, haben wir kaum zur Kenntnis genommen. Den meisten hier erscheint westliche Gewalt, wenn sie um der Abwehr des Kommunismus willen geschieht, automatisch pauschal gerechtfertigt. Unsere nuklearen Sprengköpfe sind rein und gut, sie sind uns moralisch geradezu aufgezwungen gegen das Böse, das drüben auf unsere Vernichtung oder zumindest Unterjochung lauert.

2. Umgekehrt ist deutlich, daß wir durch einseitige Wahrnehmungsselektion *beim Gegner alles ausblenden, was der Feindbildprojektion widerspricht*. Daß die Sowjets sich von Rumänien offen kritisieren und in der UNO herausfordern lassen, daß sie die Liberalisierungsprozesse in Polen bislang hinnehmen und Truppen aus der DDR abziehen, interpretieren wir stets nur als scheinheilige Strategie zur Einlullung unserer westlichen Wachsamkeit. Das wahre Gesicht der Sowjets entnehmen wir lediglich ihren aggressiven Handlungen. Jeden ihrer Abrüstungs- und sonstigen Entspannungsvorschläge diagnostizieren wir von vornherein als hinterlistig und geheuchelt. So wie wir inzwischen unserer absoluten Friedfertigkeit gewiß sind, nähren wir tagtäglich die Überzeugung, die genau gegenteilige Disposition zur Feindseligkeit und zur Bösartigkeit jeder Art sei das Monopol jener, die wir selbst noch unlängst heimtückisch überfallen und in deren Land wir über 20 Millionen Menschen getötet haben.

3. Wir beanspruchen für uns Deutsche, und dies gewiß auch in gewissem Grade zu Recht, daß wir uns geändert hätten. Aber wir sind unfähig, solche Änderungen auch beim Gegner zu akzeptieren. Das ist das dritte wesentliche Merkmal eines Verfolgungswahns, nämlich seine *Unkorrigierbarkeit*. Positive Veränderungen beim Verfolger, die zu einem Abbau von Mißtrauen anregen könnten, werden gar nicht oder nur ungenügend beachtet. Wandlungen, wie sie sich z. B. in China abgespielt haben und wie man sie wegen der angenommenen Starrheit eines kommunistischen Systems noch vor kurzem als unmöglich erklärt hatte, lösen auf unserer Seite ebensowenig ernst-

hafte Lernprozesse aus wie etwa wichtige Entwicklungen im Euro-kommunismus. Die aus Voreingenommenheit nie erwarteten jüngsten Erfolge der polnischen Arbeiterbewegung erscheinen den meisten noch als Traum, dem unbedingt ein böses Erwachen folgen müsse. Diese Ereignisse passen so wenig in das Verteufelungskonzept, daß man in zahlreichen hiesigen Kommentaren einer gewissen Couleur geradezu die Ungeduld spürt: Wann endlich werden die Massenverhaftungen und die Zerschlagung der neuen Gewerkschaftsorganisation kommen, welche die Arbeiter der Regierung abgetrotzt haben? Es geht doch nicht, daß man in einem sozialistischen Land Formen demokratischer Mitbestimmung zuläßt, die von der Basis aus erkämpft werden! Alle diejenigen, denen das absolute Feindbild zur Selbststabilisierung dienlich ist, neigen dazu, ungeachtet aller abweichenden Erfahrungen daran festzuhalten, was sie glauben wollen. Das wahnhaft verankerte Verfolgungskonzept gibt dem vermeintlichen Verfolger kaum eine Chance, sein Image zu revidieren.

Erdrückende Hinweise sprechen jedenfalls dafür, daß diese Teufelsprojektion im Sinne eines kollektiven Paranoids hüben wie drüben verbreitet und im Dienste machtpolitischer und Profitinteressen immer wieder geschürt und ausgebeutet wird. Es sieht so aus, daß unser aller psychische Reife nicht ausreicht, auf den Sprung in der technologischen Entwicklung, der die Produktion eines das Überleben der ganzen Menschheit bedrohenden Waffensystem herbeigeführt hat, in einer sozial verantwortlichen Weise zu reagieren. Dabei lasse ich außer acht, daß uns die Technik ja nicht etwa von außen mit automatisch hervorgebrachten Resultaten überfallen hat, sondern uns nur das beschert, was wir ihr aufgetragen haben. Jedenfalls ist es bezeichnend, daß trotz des zur vielfachen Auslöschung der Weltbevölkerung schon bereitliegenden Vernichtungspotentials nach wie vor von den Industrieländern achtmal mehr Geld für Militärforschung als für Forschung zur Sicherung unserer Energieversorgung ausgegeben wird. Also immer noch scheint es uns viel wichtiger zu sein, darüber nachzudenken, wie wir uns gegenseitig noch perfekter und noch totaler umbringen können, als darüber, wie wir unser Überleben in einer energieverknappten Zukunft wirtschaftlich sichern können. Wie anders läßt sich auch die Halbherzigkeit, die Umständlichkeit und das Schneckentempo aller politischen Schritte erklären, die ernsthaft und durchgreifend auf Förderung von Vertrauen, Verständigung und echte Abrüstung zielen, wenn man ohne die Hypothese auskommen will, daß hier archaisch paranoide Mechanismen mitwirken, die den selbstschädigenden Charakter der gigantomanen Aufrüstungspolitik der kritischen Wahrnehmung weitgehend entziehen.

Ist es richtig, daß wir im makrogesellschaftlichen Bereich von einem kollektiv verbreiteten paranoiden Beziehungssystem beeinflußt werden, so müssen wir noch einen besonderen Gefahrenpunkt ins Auge fassen, den wir aus unseren sozialpsychologischen Erfahrungen in mikrogesellschaftlichen Strukturen kennen. Ich meine die Gefahr einer *kreisförmigen Selbstverstärkung einer solchen paranoiden Beziehungsform,* indem jede Seite die andere, wie unbewußt auch immer, zur Eskalierung des Bösen treibt, das sie auf jene projiziert. Wenn man hier wie dort aus paranoidem Argwohn auf der Gegenseite stets eher das Negative ernst und somit als bestimmend für das eigene Handeln nimmt, werden gerade solche Entwicklungen gefördert, die man eigentlich um jeden Preis verhindern will. Die Verfolgungsmentalität veranlaßt jeden, sich als defensiv und passiv gefährdet durch eine vom Gegner ausgehende überlegene Bedrohung zu erleben, die man zu überschätzen geneigt ist.

Dieses zur kreisförmigen Selbstverstärkung tendierende paranoide System führt zu jener eigentümlichen Pervertierung der Moralvorstellungen, die wir um uns beobachten. Wer mehr sogenannte vertrauensbildende Maßnahmen und mehr Mut zur Verständigung fordert, findet eher schwerer moralische Anerkennung als jene Scharfmacher, die fortwährend Mißtrauen schüren und sich als die kompromißlosen Beschützer gegen den auf ewig verteufelten Feind ausgeben.

Wenn es aber nun so ist, daß wir weithin die paranoide Feindbildprojektion benötigen, um mit der von uns selbst produzierten Gefahr leben und unsere Angst einigermaßen in Schach halten zu können, so folgt daraus, daß es äußerst fraglich erscheint, ob aus dieser Situation ein positiver Ausweg gefunden werden kann.

Albert Einstein hat vor dreißig Jahren gemahnt: «Wir brauchen eine wesentlich neue Denkungsart, wenn die Menschheit am Leben bleiben soll.» Weiter sagte er: «Die Menschen müssen ihre Haltung gegeneinander und ihre Auffassung von der Zukunft grundlegend ändern.» – Aber wie soll diese Änderung zustande kommen? Wie ist der Teufelskreis zu durchbrechen, der darin besteht, daß die stetige Eskalation der Nuklearrüstung ihrerseits das Wahnsystem unablässig verstärkt, das eben diese irrwitzige Rüstungspolitik in Gang hält?

Es ist vergeblich, diese Fragen an Experten zu delegieren und von diesen zu erwarten, daß sie durch ein gescheites Rezept einen Ausweg bahnen könnten. Ebenso wenig verspricht die Hoffnung, von der professionellen Politik Lösungen vorgesetzt zu bekommen, die sich ja gegen die heute noch vorherrschende Grundeinstellung der Menschen durchsetzen müßten. In einem Klima, das bei aller Beteuerung von Entspannungsabsichten von tiefstem wechselseitigem Mißtrauen bestimmt wird, kann Politik keine radikale Wende vollziehen. So können die Vertreter der Friedensforschungsinstitute nur zu dem Fazit gelangen, es müßte halt eine große Bewegung für Frieden und Verständigung aufbrechen, um diejenige praktische Friedensstrategie möglich zu machen, die theoretisch zu entwickeln nicht schwer ist.

Aber eben diese große Bewegung gibt es noch nicht. Bedeutende Bürgerinitiativen haben sich in manchen westlichen Ländern aufgemacht, gegen ökologische Mißstände und gegen den Bau von Kernkraftwerken zu Felde zu ziehen. Mit der Gegenwehr gegen die Kernkraftwerke verbindet sich allmählich auch ein nachdrücklicher Protest gegen die Atomrüstung. In Holland und England nimmt der Widerstand gegen die für Europa geplante Aufstellung der neuen Nuklearwaffen deutlich zu. Aber gerade in der Bundesrepublik sind diese Initiativen noch weniger weit entwickelt. Es regt sich Unruhe, aber von einer durchschlagkräftigen Basisopposition kann noch keine Rede sein.

Was könnte den Prozeß eines Umdenkens fördern, von dem die Entfaltung einer echten großen Friedensbewegung abhängt? Wie können wir lernen, das trügerische Dogma zu durchschauen, daß angeblich die Steigerung der wechselseitigen Bedrohung den Frieden durch den Abschreckungseffekt sicherer mache? Die besten Argumente werden nicht greifen, wenn nicht geschieht, was EINSTEIN mit einer fundamentalen *Haltungsänderung* gemeint hat. Die allgemeine Fehleinschätzung des Problems beweist die Ohnmacht kritischen Denkens infolge der emotional verankerten paranoiden Mechanismen. Der erste Schritt wäre also, uns der gewaltigen Angst und der Scham zu stellen, daß wir alle verantwortliche Miturheber der fatalen Rivalität bzw. der daraus folgenden Gefahr der gemeinsamen Selbstzerstörung sind. Indessen, diese Angst und diese radikalen Selbstzweifel lassen sich nur aushalten, wenn wir sie alle miteinander tragen und uns ermutigen, zusammen über sie zu sprechen. Erst die Not dieser Verzweiflung könnte uns lehren, nicht länger darauf zu starren, was die drüben gegen uns machen wollen und was wir gegen jene machen sollten, sondern daß wir uns aufraffen müssen, zunächst uns selbst zu verändern. Vertrauen kann man nur gemeinsam schaffen, nicht von außen geliefert bekommen.

Würden wir uns dazu durchringen, an unserer eigenen Unfähigkeit zu einem friedlichen Zusammenleben genauso zu leiden wie an dem entsprechenden Mangel auf der anderen Seite, könnten wir vielleicht ein Klima möglich machen, das wirklich den Namen der Entspannung verdiente.

Eine solche Veränderung unseres Denkens und Fühlens erscheint nur realisierbar bei gleichzeitiger Änderung der praktischen Weise zu leben und zu handeln. Alles Denken, das man nicht unmittelbar umsetzt in die eigene Lebenspraxis, im Verhalten als Eltern, als Lehrer, als Nachbar, als mitverantwortliches Glied des Gemeinwesens, wird schnell wieder korrumpiert. Es ist charakteristisch, daß dort, wo im Augenblick die konkretesten Versuche zu einer veränderten, einer friedlicheren Lebensform modellhaft stattfinden, nämlich in der alternativen Bewegung, unmittelbar eine neue Praxis probiert wird. Man bemüht sich, etwas möglich zu machen, was in einer durch mörderische Rivalität beherrschten Welt theoretisch unmöglich erscheint.

Jedenfalls sollten wir damit aufhören, die Frage nach unserer Friedensfähigkeit an Forscher zu delegieren, als ob es sich hier um einen mit wissenschaftlicher Methode zu bestätigenden oder auszuschließenden objektiven Tatbestand handle. In Wirklichkeit handelt es sich hier um *eine Frage, die jeder für sich selbst durch die Art und Weise seines Handelns praktisch entscheiden muß.* Diese Entscheidung betrifft unser Handeln auf verschiedenen Ebenen. Als mündige Bürger eines demokratischen Staatswesens dürfen wir es einfach nicht zulassen, daß in unserem Namen tagtäglich neue Tatsachen geschaffen werden, welche die wechselseitige atomare Bedrohung erhöhen und damit das Mißtrauen vermehren, welches wiederum eine neue Rüstungseskalation begründet, und ewig so weiter. So meine ich, daß die in vielen Städten der Bundesrepublik laufenden Veranstaltungen für den Frieden im Rahmen einer Friedenswoche nur den Sinn haben können, uns die Notwendigkeit eines gemeinsamen praktischen Engagements für einen Widerstand gegen einen weiteren Rüstungswettlauf und gegen eine Politik der Stärke klarzumachen. Wir müssen zu einer breiten Bürgerbewegung für Frieden, Abrüstung und Verständigung gelangen. Diese Bewegung muß die Einäugigkeit überwinden, die manchen bereits etablierten Organisationen anhaftet. Glaubwürdige Arbeit für Frieden und Verständigung setzt voraus, daß diese jede einseitige

Frontstellung im Ost-West-Verhältnis vermeidet und vielmehr deutlich macht, daß die Industriemächte durch ihre unverantwortliche Rüstungspolitik längst gemeinsam einen indirekten Krieg gegen die armen Völker der Dritten Welt führen, denen sie die Mittel, die sie in ihre eigenen gigantischen Militärhaushalte stecken, zur Abwendung des Verhungerns und einer verheerenden Kindersterblichkeit versagen. Eine sinnvolle Friedensbewegung läßt nur eine einzige Parteinahme zu, nämlich die Parteinahme für die im Elend lebenden Völker, die von den Industrienationen anstatt eines machtpolitischen Expansionismus eine Politik kooperativer Solidarität und Humanität erwarten müssen.

Um *auf politischer Ebene* Einfluß zu gewinnen, dürfen sich diejenigen, die für den Frieden arbeiten wollen, nicht mit introspektivem Meditieren und mit wechselseitiger Bestätigung guter Gesinnung begnügen. Man muß sich zu einem Widerstand nach oben aufraffen. Man muß demonstrieren und die Konfrontation mit den mächtigen Kräften auf sich nehmen, die alle derartigen oppositionellen Initiativen als radikal, subversiv, ordnungswidrig oder dgl. zu diskriminieren und zu lähmen wünschen. Und man muß darauf achten, daß die schon bestehenden zahlreichen Friedensgruppen, die echt überparteilich für Abrüstung und Verständigung votieren, die Gefahr sektiererischer Selbstisolation und Zersplitterung vermeiden. Nur eine solidarische große Initiative, die sich nicht in Richtungskämpfen verzettelt, könnte sich zu einem Faktor von politischem Gewicht entwickeln. Ich wünsche uns allen, daß die Hunderte von Friedenswochen-Veranstaltungen nicht wie sonstige Besinnungs- und Gedenkrituale abklingen, sondern in vielen Kommunen Aktivitäten entzünden, die nachfolgend zu einer koordinierten Initiative netzwerkartig zusammenwachsen.

Aber wichtig ist auch *die Ebene der Verarbeitung von Angst und Schuldgefühlen durch den einzelnen* und seine Aufgabe, sich im eigenen Kreis, in Familie, Nachbarschaft und am Arbeitsplatz um die Realisierung von *Verhaltensmustern* zu bemühen, *die für die Entwicklung einer gewaltfreien Gesellschaft maßgeblich sein müßten*. Jeder von uns hat einen engeren oder weiteren persönlichen Spielraum, innerhalb dessen er beweisen kann, ob er dazu fähig ist, in sozialen Beziehungen zum Abbau von egozentrischen Macht- und Rivalitätstendenzen beizutragen und Umgangsformen zu fördern, die vom Solidaritätsprinzip bestimmt werden. Ebenso haben sich die Bürgerinitiativen, die sich für Friedenspolitik engagieren, neben ihren Aufgaben in der politischen

Ebene auch darin zu bewähren, daß sie den mitwirkenden Menschen hinreichend Gelegenheit bieten, an sich selbst zu arbeiten und diejenige Sensibilität einzubringen, die als eigentliches Gegenstück zu einer Welt der latenten oder offenen Gewalt erfahren werden muß. Nur derjenige kann glaubwürdig für eine andere Politik einstehen, der sich im persönlichen Lebenskreis vergewissert hat, daß er und andere imstande sind, solche anderen Verhaltensprinzipien wenigstens in Grenzen durchzuhalten. Ohne solche Erfahrungen wird man es kaum aushalten, sich längerfristig aktiv mit einem politischen Problem auseinanderzusetzen, das schwerer als jedes andere dem unmittelbaren Einfluß des Bürgerwillens zugänglich zu sein scheint. Aber man kann sich eben diese Erfahrungen erarbeiten. Es fehlt nicht an ermutigenden Beispielen. Und so sollten wir unbedingt probieren, dem Willen zum Frieden von der Basis aus in solidarischer Kooperation zu politischer Durchschlagskraft zu verhelfen, so bescheiden auch die theoretisch errechenbaren Erfolgsaussichten einer solchen Bemühung erscheinen. HERMANN HESSE hat einmal gesagt: «Damit das Mögliche entsteht, muß immer wieder das Unmögliche versucht werden.»

14. Wer hilft denen, die das Standhalten lernen wollen?*

Schi: Herr Prof. Richter – eines Ihrer Bücher heißt «Flüchten oder Standhalten» – wie muß denn der Mensch in unserer heutigen Gesellschaft beschaffen sein, der standhalten kann ...?

Ri: Zum Standhalten gehört einmal eine besondere Beschaffenheit des einzelnen. Aber es genügt nicht die Widerstandskraft als individuelle Fähigkeit. Wichtig sind allemal auch die sozialen Beziehungen, die den einzelnen tragen bzw. mehr oder weniger belasten und verunsichern.

Um bei der sozialen Situation anzufangen, so glaube ich, daß es für den einzelnen Menschen immer schwieriger wird, sich auch nur ein selbständiges Denken in einer mehr und mehr programmierten, durchorganisierten und bürokratisierten Gesellschaft zu bewahren. Man kann ja nur eigenständig handeln, wenn man zuvor fähig ist, sich selbst und die Umstände, auf die man reagiert, kritisch zu beurteilen. Nahezu bei allen konflikthaltigen Problemen – und an solchen hätte sich ja unser Standhalten zu bewähren – wird uns schon vorgegeben, wie wir denken sollen. Ohne daß es zugestanden wird, wird uns überall nahegelegt, einfach mitzufunktionieren und vorgegebene Rollen auszufüllen. Selbst wo uns die Wahl zugestanden wird, welche Ware wir kaufen oder welche Partei wir wählen wollen, werden wir von einer ungeheuer aufwendigen Werbung unter Druck gesetzt. Dabei unterstellen die Werbemanager mehr und mehr, unsere uns frei erscheinenden Entscheidungen hingen in Wirklichkeit davon ab, wie massiv und wie geschickt unsere Meinung manipuliert würde. Das Schlimme ist, daß die Menschen weithin gar nicht merken, daß sie mit ihren Entscheidungen vielfach nur dem folgen, was sie auf Grund äußerer Suggestion verinnerlicht haben. Aus Gründen der Selbstachtung klammern sich viele an die

* Interview mit Evelyne Schirmbeck für päd. extra, Nr. 3, 1981

Illusion, selbständig zu denken, um die beschämende Einsicht vermeiden zu können, daß sie in ihrem Denken nur noch widerspiegeln, was ihnen von außen eingegeben worden ist.

Aber wie kann der Mensch nun noch dazu gelangen, selbständig zu urteilen und entsprechend kritisch zu handeln? Die wichtigste Voraussetzung ist, daß er eine eindeutige persönliche Identität erwirbt. Er muß, wie wir Psychoanalytiker sagen, eine integrierte Persönlichkeit werden. Er muß wissen, wer er selbst ist und an welche Werte er sich bindet, um im Konfliktfall überhaupt unterscheiden zu können, was äußere Zumutung und eigene innere Stellungnahme ist. Ohne diese Klarheit über sich selbst ist man relativ wehrlos gegenüber Manipulationen und Korrumpierungen, ja man merkt nicht einmal, daß man manipuliert und korrumpiert wird.

Schi: Aber wo kann der Mensch diese Selbständigkeit lernen – in der Familie, in der Schule?

Ri: Familie und Schule können dabei in der Tat sehr behilflich sein. Dazu gehört, daß sie heranwachsende Kinder zielstrebig zu eigenständigem Denken und Handeln ermutigen. Aber wir müssen zugestehen, daß statt dessen vielfach eher dort eingeschüchtert wird, wo mehr Mut gemacht werden sollte. Wenn die Eltern erleben, daß sie selbst durch ein Höchstmaß an Anpassung ihre soziale Existenz am besten sichern können, dann wird diese Erfahrung für sie natürlich auch ein leitender Erziehungsmaßstab. Sie lehren das Kind: je flexibler du fähig wirst, alles mitzumachen, was man von dir will, um so besser wird man dich später gebrauchen können und um so weniger wirst du Angst haben müssen, daß man dich fallenläßt. Vielfach entsteht dieses Erziehungsprinzip aber gar nicht erst aus gründlicher Reflexion heraus, sondern es fließt einfach unbewußt in die Motivation der Eltern ein. Sie geben automatisch in der Erziehung weiter, wie man etwa mit ihnen in der Arbeitswelt umgeht. Ähnliches findet auch in der Schule statt. Das Ziel, mit meist viel zu großen Klassen ein vorgegebenes Pensum durchzuziehen, macht es Lehrern schwer, gleichzeitig die eigenständige Entwicklung der vielfältigen kindlichen Persönlichkeiten zu fördern. Obendrein fühlen sich Lehrer auf Grund ihrer Persönlichkeitsstruktur und ihrer besonderen beruflichen Belastungen leicht gerade von solchen Schülern bedroht, die auf eigenständigen kritischen Urteilen beharren. Nur sehr selbstsichere Lehrer können sich die Offenheit und auch die Unbequemlichkeit gestatten, auf gleichschaltenden Anpassungsdruck zu verzichten.

Man sieht aber auch, wie schon die Kinder frühzeitig in ihren eigenen

Gruppen dazu neigen, Abweichler zu bedrohen und zu bestrafen. Wer das nicht mittut, was die Mehrheit der Kindergruppe oder der Anführer will, wird als Außenseiter schnell geächtet. Das heißt, Kinder übernehmen vielfach schon sehr früh unbewußt die sozialen Verhaltensmuster, die sie in der Erwachsenenwelt wahrnehmen. Um so mehr sollte man in der Familie und in der Schule darauf achten, daß diese ewige Kette der Einschüchterungen von einer Generation zur nächsten unterbrochen wird. Es sollte ein vorrangiges gesellschaftliches Lernziel sein, daß man überall und vor allem auch bei Kindern darauf achtet, daß Minderheiten und Einzelgänger toleriert werden.

Man kann sich nur zur Selbständigkeit entwickeln, wenn man auch die relative Isolation aushalten kann, gelegentlich allein dazustehen oder sich in einer Minderheitsrolle zu befinden. Man muß ein gewisses Maß an Isolation ertragen können, um zur eigenen Genugtuung auch dann zu einer Überzeugung stehen zu können, wenn man sich durch diese unbeliebt macht oder sogar gewisse materielle soziale Nachteile in Kauf nehmen muß. Es bedeutet eine große Hilfe für die Integration der Persönlichkeit, wenn der Betreffende es in der Jugend immer wieder mal schafft, mit einer bestimmten eigenen Meinung gegen den Strom zu schwimmen, nur um sich selbst treu zu bleiben. Umgekehrt werden Selbstsicherheit und Selbstachtung durch nichts mehr geschwächt als durch das Erkaufen von Wohlgelittensein durch permanente taktische Zugeständnisse. In dem Buch «Flüchten oder Standhalten» habe ich die Formulierung gebraucht: «Wer zuviel taktiert, taktiert sich am Ende selbst weg.» Kaum einer glaubt zwar, daß er dies täte. Aber in Wirklichkeit ist gerade dies ein regelmäßiges soziales Verhaltensmuster. Das ist ja eben die erschütternde Lehre aus dem Milgram-Experiment: Die Mehrzahl glaubt nur, daß sie getreu ihren Überzeugungen handelt. Aber bringt man Leute in die Lage, daß sie sich in einer geachteten Institution vor einem ebenso geachteten Vorgesetzten bewähren wollen, dann ist die Mehrzahl von ihnen bereit, auf Geheiß höchst unmoralisch zu handeln und beispielsweise andere Menschen planmäßig unter Schmerzen zu setzen und zu quälen. Ich meine hier das Experiment, bei welchem es darum geht, daß freiwillige Versuchspersonen Apparate in dem Glauben bedienen, daß sie dadurch anderen schmerzhafte und zum Teil sogar gefährliche Elektroschocks verpassen. Die Resultate solcher Experimente sind erschreckend. Sie sollten uns aufrütteln. Aber sie werden immer wieder rasch vergessen. Kaum regt sich jemand mehr darüber auf, daß man auch bei der politischen Meinungsbildung solche Anpassungsmechanismen leicht nachweisen kann. Wenn man in einem Experiment Versuchspersonen vorgaukelt, daß die Mehrheit bei einer demoskopischen Befragung eine bestimmte Meinung vertrete, so sind sehr viele bereit, sich sofort diesem vermeintlichen Trend anzuschließen, obwohl sie unter Umständen vorher eine ganz andere Auffassung bekundet haben. Auch hier ist offensichtlich die Angst wirksam, sich zu isolieren bzw. in einen Minderheitenstatus zu geraten. Die Sorge, von der Mehrheit abgehängt zu werden oder gar einen Randgruppenstatus zu erhalten, verleitet zu bedenklichem Opportunismus. Aber niemand von denjenigen, die man bei einem solchen opportunistischen Taktieren ertappt, gesteht diese Motivation zu. Die meisten rationalisieren ihr Verhalten und erklären im nachhinein, sie hätten ihre Überzeugung allein auf Grund reiflichen persönlichen Nachdenkens gewandelt.

Schi: Wenn man jetzt also diesen Anspruch an sich selbst stellt, man kann das eigentlich kaum realisieren. Und wenn Eltern jetzt – Sie sprachen die Erziehung an –, wenn die Eltern ihr Kind in diesem Sinne erziehen wollen, dann müssen sie doch eigentlich selbst zunächst einmal Persönlichkeiten sein, die das leben, was sie fordern, nicht wahr? Wer ist das?

Ein anderes Ihrer Bücher heißt «Patient Familie». Und aus dem Titel geht eigentlich schon hervor, daß auch die Eltern als Patienten betroffen sind. Gibt es eigentlich Eltern, die genügend Mut zur Eigenständigkeit weitergeben können?

Ri: Es wäre gewiß eine Selbstüberforderung, wenn Eltern glauben würden, sie müßten selbst alle Probleme perfekt bewältigen, zu deren Lösung sie ihre Kinder befähigen wollen. Kinder verstehen durchaus nicht nur, sondern ertragen es auch gut, wenn Eltern mit Schwierigkeiten nur mangelhaft zurechtkommen. Wichtig ist nur, daß die Eltern darin offen sind und nicht krampfhaft ihre Schwächen verstecken, die ihnen unangenehm sind. Wenn Eltern ihren Kindern immer wieder predigen, aufrecht und wahrhaftig durchs Leben zu gehen, während sie selbst ohne Anschein von Zweifel und Leiden ihre Fähnchen häufig nach dem Winde hängen, so reproduzieren sie natürlich nur den weitverbreiteten Widerspruch zwischen Schein und Sein. Andererseits sind Eltern hilfreich, die ihren Kindern deutlich zeigen, wieviel Mühe und gegebenenfalls auch Angst es ihnen macht, sich gegen irgendwelche ihnen zugemuteten Zwänge zu wehren, die sie als ungerecht erleben.

Kaum eine gefährlichere pädagogische Illusion gibt es als die, man könne Kinder charakterlich dadurch stärken, daß man ihnen mehr abfordert und mehr vorspielt, als man selbst realisieren kann. Alle psychotherapeutischen Erfahrungen sprechen dafür, daß Erzieher mehr dadurch wirken, was sie sind, als dadurch, was sie sagen. Auf jeden Fall sollte das, was gesagt wird, in Einklang mit dem stehen, wie die Erzieher sich praktisch verhalten. Es ermutigt Kinder, wenn sie sehen, wie ihre Eltern trotz aller Anstrengungen gelegentlich an Problemen scheitern, aber dieses Scheitern aushalten und dazu stehen. Denn ohne vielfältige Verwundungen und Leiden ist es nicht möglich, seine innere Identität leidlich gegenüber vielfachen Versuchungen zur Selbstverleugnung zu bewahren. Dieses Wissen darf Kindern nicht erspart werden, wenn man ihre charakterliche Widerstandsfähigkeit fördern will.

Bezeichnend ist es, daß die Jugendlichen heute so oft die Begriffe «echt» und «ehrlich» benutzen. Das eben sind die Werte, nach deren Verwirklichung sie sich in erster Linie sehnen und deren Vernachlässigung sie in der Erwachsenengesellschaft allenthalben beobachten. Sie suchen als Vorbilder nicht Großartigkeit oder heroischen Kampfesmut, vielmehr eher Beispiele für eine ganz schlichte, standfeste Sanftheit und für menschliche Verläßlichkeit. Angewidert fühlen sie sich durch die Mühe der vielen, sich mit Gewalt eine Fassade von verlogener Selbstsicherheit und Selbstgerechtigkeit anzutrainieren, hinter welcher die Betreffenden immer mehr menschlich verkümmern und sich von sich selbst entfremden.

Schi: Aus Ihren Büchern möchte man entnehmen, daß Sie selber viel von dieser Sensibilität und Echtheit erlernt haben. Wie sind Sie dazu gekommen?

Ri: Ich glaube nicht, daß ich in dieser Hinsicht mehr zustande gebracht habe als andere. Aber ich mache immer wieder die Erfahrung, die mich auch sehr stärkt, daß man – scheinbar paradoxerweise – viele Bundesgenossen und Helfer findet, wenn man sich miteinander immer wieder rückhaltlos befragt: In welcher Situation leben wir eigentlich, wie sind wir beschaffen, woher kommen unsere Ängste, wie können wir uns gegenseitig darin unterstützen, uns weniger von unseren wesentlichen Lebenszielen ablenken zu lassen und den Manipulationen zu widerstehen, in deren Folge wir alle bereits mehr oder minder innerlich verbogen sind? Wie können wir es erreichen, das gesellschaftliche Ritual des ewigen Rivalisierens und des Sich-wechselseitig-Unterdrückens zunächst einmal im kleinen Kreise einigermaßen zu überwinden? Wie können wir lernen, unsere eigene Brüchigkeit und Verdorbenheit in denen zu erkennen, die von der Gesellschaft als Träger solcher sogenannten Minus-Merkmale stigmatisiert und vielfach ausgegrenzt worden sind? Ich glaube, es gibt keine wesentlichere Hilfe für uns als diejenige, daß wir uns täglich gerade die Fragen stellen und mit anderen besprechen, die üblicherweise beiseite geschoben und verdrängt werden. Diese Selbstbefragung macht Schmerzen, aber sie bringt zugleich eine eigenartige neue Stärkung mit sich. Wenn man erst sieht, wie gebrechlich, wie geängstigt, wie gefährdet wir alle sind, muß man nicht mehr krampfhaft verteidigen, was man sich zu besitzen nicht mehr einbilden muß. Man zermürbt sich viel mehr, wenn man die Angst vor der eigenen Schwäche ewig unterdrücken muß, als wenn man lernt, aus dieser Schwäche heraus zu leben und sie gemeinsam mit anderen zu tragen, mit denen man sich in diesem Wissen verbündet. Das ist ungemein entlastend und macht Energien frei, um sich für Wesentliches viel mehr zu engagieren, als man das früher vermochte.

Niemand kann sich allein gewissermaßen am eigenen Schopf aus den Verirrungen und Verwirrungen einer Gesellschaft der festgeschriebenen Rivalität und des Expansionismus herausziehen. Wir müssen dies miteinander tun, zunächst im kleinen Kreis, in der Familie und in Gruppen Gleichgesinnter. Aber dann geht es auch um eine Einflußnahme auf Politik. Denn in einer Gesellschaft eines immer hektischeren selbstmörderischen Wettrüstens auf Kosten einer zunehmenden Verelendung der Massen in der Dritten Welt kann es auf die Dauer nur mehr Menschlichkeit geben, wenn diese unmenschlichen politischen Strategien gestoppt werden.

Schi: Wie sind Sie zur Psychoanalyse gekommen, gab es da in Ihrer Jugend irgendwelche Schlüsselerlebnisse?

Ri: Das läßt sich nicht einfach beantworten. Jeder, der Psychoanalytiker werden will, hat sicher von vornherein eine besondere Neigung, sich mit seinen eigenen Problemen zu beschäftigen. Zunächst hat man es da mit irgendwelchen Symptomen oder Defekten zu tun, an denen man leidet und deren Hintergründe man analysieren möchte, um gesünder zu werden. Ich hatte z. B. viele Ängste, die ich als neurotisch empfand. Ich erlebte mich als ziemlich selbstunsicher und nahm in mir einen bestimmten Widerspruch wahr. Ich wollte aus meinen Gefühlen heraus leben und sehnte mich nach einem eher zarten Umgang mit anderen. Aber zugleich meinte ich, meine Männlichkeit zu gefährden, wenn ich mich dieser anderen Seite überließ. Hinzu kamen dann einige

Schläge des Schicksals, auf die ich mit Krankheiten reagierte. Und da hatte ich nun das große Glück, daß ich einmal einen Arzt und dann auch Bücher fand, die mir halfen, bei mir selbst den Zusammenhang von sozialer Krise, seelischer Reaktion und körperlicher Krankheit zu verstehen. Gerade dieses Verständnis der eigenen Krankheiten, das sich förderlich auf meine Verfassung auswirkte, ermutigte mich zugleich, mir die Fähigkeit zu einer Berufstätigkeit zuzutrauen, bei der es um den Umgang mit solchen Problemen geht. Am Anfang denkt man da nur in den Kategorien von Gesundheit oder Krankheit. Ich machte also selbst eine eigene Analyse durch, um gesünder zu werden. Und ich wollte andere analysieren, um auch diese gesünder zu machen. Dann habe ich allmählich gemerkt, daß es da eben nicht nur um Krankheit und Gesundheit im engeren medizinischen Sinne geht, sondern schließlich auch und in besonderem Maße um das, was wir bisher besprochen haben. Nämlich: Wie können Menschen es in der Arbeit mit sich selbst und in ihren sozialen Beziehungen erreichen, daß sie mehr von dem verwirklichen können, was sie als den Sinn ihres Lebens erkennen?

Schi: Ja, aber ich möchte doch noch mal nachfragen: Dieses psychologische Nachdenken: Wer bin ich oder wie sollte ich sein? – in welchen Jahren fing das denn etwa an?

Ri: Das fing schon während meiner Schulzeit an, daß ich Philosophie gelesen habe. Irgendwie habe ich auf der Suche nach einer eigenen tragenden Lebensanschauung Hilfe bei Philosophen gesucht, die mir sagen sollten, wie ich mich selbst begreifen und worauf hin ich mein Leben in Zukunft ausrichten sollte. Aber dieser innere Zwiespalt, von dem ich soeben sprach, bestand auch schon in der Schulzeit. Da spielte eine Rolle das tägliche Konfrontiertwerden mit Wertvorstellungen, denen gegenüber ich mich innerlich in permanentem Widerspruch befand. In der Nazizeit und in der beginnenden Kriegszeit, die ich ja noch in der Schule erlebte, wurden uns täglich, verbunden mit der bekannten abstrusen Rassentheorie, die Ideale von Herrenmenschentum und Herrschaft eingetrichtert, die ja dann eben auch zu den 1939 begonnenen kriegerischen Eroberungszügen paßten. Es war schwerer, als man sich das heute gemeinhin vorstellt, gegen den Versuch einer totalen sozialen, physischen und psychischen Vereinnahmung eine innere Haltung abzuschirmen und durchzuhalten, die ganz und gar der offiziellen Doktrin widersprach. Wußte ich denn so genau, ob ich richtig empfand oder ob ich nicht vielleicht doch einen Defekt hatte, daß ich nicht mitvollziehen konnte, was anscheinend die große Mehrheit der anderen ohne weiteres zu bejahen vermochte? Da klammerte ich mich an die Figur des Sokrates in den Platonischen Dialogen, der immer gerade das, was allgemein geglaubt wurde, in Frage stellte und schließlich den Konflikt mit der Obrigkeit unbeirrt bis zum Austrinken des Giftbechers durchstand. Aber ich war damals, als Schüler, immer noch eher ängstlich und traute mir beileibe nicht zu, mich auf andere Weise als durch Zuflucht zu einer alternativen Innenwelt gegen die Verherrlichung von Eroberung und Krieg zu wehren, die mit Hitlers Siegen zu Kriegsbeginn noch in ungeheuerlichem Maße verstärkt wurde.

Schi: Noch ein bißchen weiter zurück: Haben Sie Ihre Schulzeit als bedrückend erlebt oder – was für Erinnerungen haben Sie daran?

Ri: In der Schule selbst habe ich auch sehr viele positive Erfahrungen gemacht. Wir hatten da eine Reihe recht liberaler Lehrer und einige, die uns nicht nur Bildungsstoff vermittelten, sondern gemeinsam mit uns nachdachten über Probleme, mit denen sie selbst noch nicht fertig waren. Und da waren Lehrer, denen man anmerkte, daß sie etwa in der Literatur, in der Kunst, in vergleichender Sprachwissenschaft für sich und gemeinsam mit uns eine Zuflucht suchten gegenüber den Bedrohungen und der Gewalt, die in der politischen Wirklichkeit immer krasser hervortraten. Dies habe ich damals schon wahrgenommen, aber erst später ist mir daran die Gefahr so recht klargeworden, welche Selbsttäuschung mit der Meinung eines großen Teils des Bildungsbürgertums verbunden war, die Pflege nonkonformistischer geistiger und künstlerischer Interessen in der sogenannten Kulturwelt vermindere in irgendeiner Weise die Mitverantwortung und die Mitschuld an der allgemeinen politischen Entwicklung. Allmählich, aber gründlich habe ich gelernt, daß Kunst, Literatur- und Geschichtswissenschaft, ja selbst die Naturwissenschaften stets auch einen aktuellen politischen Bezug haben und daß man, wenn man diesen leugnet, nur in uneingestandener Form die jeweils betriebene Politik bestätigt. So habe ich denn eben später auch als Psychoanalytiker begriffen, wie wichtig die Zusammenhänge zwischen psychischer Gesundheit und Freiheit einerseits und den sozialen Lebensbedingungen der Menschen andererseits sind. Davon, wie wir unser Zusammenleben zwischen den Völkern und letztlich in den Gemeinden regeln, wie wir Städte und Wohnungen bauen und das Leben in den Schulen und am Arbeitsplatz gestalten, hängt es zu einem nicht geringen Teil ab, wieweit die Menschen sich in psychischer Balance halten können oder massenweise psychosomatisch krank oder drogenabhängig werden. Also muß ich mich als Psychoanalytiker nicht nur um die Folgen kümmern, die aus falschen sozialen und politischen Maßnahmen entstehen, sondern mich auch dort einmischen, wo durch bessere politische Entscheidungen viel an psychischem Scheitern und an Krankheiten verhütet werden könnte.

Schi: Sie haben ja zehn Jahre lang etwa psychosomatische Arbeit mit Kindern gemacht. Was sind so die häufigsten psychosomatischen Leiden, mit denen die Kinder in Ihre Behandlung kommen? Und warum ist das so?

Ri: Als Familientherapeut beschäftige ich mich immer noch, d. h. nunmehr seit 28 Jahren, mit psychosomatischen Störungen von Kindern und Jugendlichen. Allerdings habe ich, worauf Sie mit Recht hinweisen, zehn Jahre diese Kindertherapie ausschließlich betrieben. Aber nun zu Ihrer Frage. Je nach Lebensalter sind es unterschiedliche Störungen, die uns in unserer Ambulanz begegnen. Bei kleinen Kindern sind es häufig Eßstörungen, Ängste, hochgradige Trotzhaltungen oder sonstige Schwierigkeiten, die den Eltern beim Umgang mit ihren Kindern zu schaffen machen. Den Hauptteil der Kinder unserer Ambulanz machen indessen die Acht- bis Dreizehnjährigen aus. Und in dieser Altersgruppe spielen nun Probleme, die irgendwie mit der Schule zusammenhängen, eine dominierende Rolle. Zum Teil sind es Auffälligkeiten, die unmittelbar in der Schule selbst auftreten und dem Lehrer Anlaß geben, die Eltern zu einem Besuch beim Psychotherapeuten anzuregen. Da geht es um Kinder, die sind im Unterricht hochgradig nervös, erschöpft, durch Ängste in der Konzentration behindert, aggressiv impulsiv oder auch im Gegenteil seltsam apathisch und wie abwesend. Daneben begegnen uns Symptome, die erst bei näherer Untersuchung auf die Schule verweisen: Kopfschmerzen durch Überanstrengung, Schlafstörungen oder massive Angstzustände in der Erwartung, zu versagen oder sich zu blamieren. Gewiß sind in all diesen Fällen Schulprobleme nicht die alleinige Ursache von psychischen oder psychosomatischen Symptomen. Sehr häufig verstärken Eltern unbewußt und ungewollt den Druck, der in der Schule entsteht, durch eigenes Fehlverhalten. Und oft ist auch z. B. ein Eheproblem der Eltern der zentrale Störfaktor, der Kinder aus dem Gleichgewicht bringt.

Mitunter kann man es noch als ein Glück ansehen, daß Kinder in irgendeiner Überlastungs- oder Isolationssituation mit solchen Symptomen reagieren, die Lehrer oder Eltern zur Inanspruchnahme des Psychotherapeuten führen. Es gibt aber viele andere gestörte Kinder, die nicht derartige unübersehbare Signale produzieren, dennoch schwerwiegende seelische Beeinträchtigungen erfahren. Da gibt es heute immer mehr Kinder, die sich allmählich innerlich abkapseln, die sich auf eine ganz stille und unauffällige Weise aus der Realität lösen, die sie bedrückt. Solche Kinder werden dann von Monat zu Monat mehr apathisch, gleichgültig. Sie mögen in der Schule und zu Hause immer noch wie automatisch mitfunktionieren. Sie sind gerade noch so angepaßt, daß man meint, es handele sich vielleicht nur um eine nicht weiter beachtenswerte Pubertätsproblematik oder um eine sonstige normale altersbedingte Krise. Aber nicht wenige solcher Kinder sind dabei auf dem Wege, sich radikal von Familie und Schule abzuwenden. Sie vollziehen insgeheim einen Bruch mit der Welt, die sie bisher getragen hat. Es ist ihnen zuwider, weiter mitzuspielen. Sie suchen sich eine andere Welt, von der sie sich in ihrer Phantasie ein schöneres, weniger anstrengendes und weniger ängstliches Leben erhoffen. Und dann landen sie in der sogenannten «Scene». Sie finden Gruppen, die dem Alkohol anheimfallen oder mit Drogen umgehen. Solche Cliquen können derartige Kinder bald vollständig vereinnahmen, so daß diese von sich aus nicht mehr zurückfinden. Und sie sind in aller Regel auch nicht bereit, zum Therapeuten mitzukommen, von dem sie erwarten, daß er sie nur im Dienste der Eltern wieder aus der Subkultur zurückholen will, in der sie allein Heilung von ihrer Mißstimmung und ihren Ängsten suchen. Hier können dann allenfalls Alkohol- und Drogenberatungszentren noch Angebote machen, die diese Jugendlichen als hinreichend attraktiv empfinden, um dort in aktueller Notlage Rat zu suchen. Aber die «normalen» Erziehungsberatungsstellen, psychosomatischen Kliniken oder psychotherapeutischen Praxen sind im allgemeinen nicht der Ort, wo diese Kinder und Jugendlichen, wenn sie erst einmal in der «Scene» gelandet sind, therapeutische Heilung suchen.

Schi: Kann man denn überhaupt das, was das innere Leiden auslöst, wegtherapieren, wenn nicht die Umwelt sich gleichzeitig mit ändert?

Ri: Ein wesentliches Stück Umwelt, das man lange Zeit ungenügend beachtet hat, heute aber mehr und mehr in die Behandlungen mit einbezieht, sind die Eltern. Ich spreche jetzt wiederum von den Kindern und Jugendlichen, die wegen neurotischer oder psychosomatischer Störungen zu Psychotherapeuten gelangen. Früher haben die Eltern solche Kinder praktisch zur Reparatur abgeliefert, so als ob die jeweiligen Symptome nur das Kind selbst beträfen und auch allein an diesem beseitigt werden müßten. In den letzten fünfzehn Jahren hat sich auch hierzulande Schritt für Schritt die Vorstellung durchgesetzt, daß die allermeisten kindlichen Symptome zugleich Ausdruck von ungelösten Problemen in der gesamten Familie sind. Also bezieht man von vornherein die Eltern und die Geschwister in die Behandlung mit ein. Dabei zeigt sich dann häufig, daß um das Kind herum in der Familie Konflikte wirksam sind, an denen alle mehr oder minder in der Rolle von Patienten beteiligt sind. Oft stellt sich sogar heraus, daß die jeweiligen Symptome des zunächst vorgeführten Kindes leichter und flüchtiger sind als irgendwelche schwerwiegenden Beeinträchtigungen seitens der Eltern und daß deren Probleme sich nur sekundär auf das Kind auswirken. Wenn man dann alle miteinander in einer sogenannten Familientherapie behandelt, so kann man dann nicht mehr sagen, daß man auf der einen Seite das kranke Kind, auf der anderen Seite eine schädigende Umwelt hat. Sondern in der Familientherapie werden alle zu Patienten, bzw. jeder bedeutet auch für jeden anderen ein Stück Umwelt. Manchmal wird der Behandlungsrahmen auch noch erweitert. Es kommt zur Kooperation mit Sozialarbeitern, wenn z. B. Geld- und Wohnungsprobleme einen verhängnisvollen Einfluß auf das Familienleben ausüben. Oder Schulpsychologen und Lehrer werden hinzugezogen, wenn im Feld Schule Störfaktoren vorliegen, die dort abgewendet werden müssen. So verwandelt sich Psychotherapie vielfach in etwas, was wir heute psychosoziale Therapie nennen: Die Wechselbeziehung zwischen psychischen und sozialen Faktoren wird zum neuen, erweiterten Thema der therapeutischen Arbeit.

Aber die Frage zielt, wenn ich sie recht verstehe, letztlich auf einen viel umfassenderen Konflikt zwischen Umweltforderungen und therapeutischen Möglichkeiten. Was Menschen in Therapie suchen, ist etwas anderes und oft genau das Gegenteil von dem, wie die Wirtschaft, die Verwaltungen und andere Organisationen sich ein «normales Verhalten» vorstellen. Die Menschen sehnen sich nach mehr Sanftheit, nach emotionaler Offenheit und Fähigkeit zu echtem Gespräch und tiefem Gefühlskontakt. Aber durch diese freiere Entfaltung ihrer inneren Kräfte geraten sie in Gefahr, nicht mehr so mechanisch funktionieren zu können, wie es für eine sichernde soziale Integration nützlich ist. Deshalb sagen ja heute viele junge Leute verständlicherweise: Therapie kann uns nur nützen, wenn wir zugleich unsere Lebensformen gründlich verändern. Die mit therapeutischer Hilfe erlernbare Fähigkeit, sich miteinander psychisch wohl zu befinden, kann ja nur dann voll genutzt werden, wenn sie nicht fortgesetzt durch äußere Unfreiheit blockiert wird. So ist der Aufbruch einer alternativen Bewegung zu verstehen.

Man will anders wohnen, anders arbeiten, mit anderen Schulformen experimentieren usw. Kurz: Man will in den Lebensumständen durchgängig Prinzipien verwirklichen, wie sie auch für alle Ansätze gründlicher Psychotherapie maßstäblich sind. So hat man einige Jahre lang da und dort Lebens- und Arbeitsformen entwickelt, die auf viele junge Menschen eine große Attraktion ausüben. Unter dem Einfluß dieser in aller Stille entwickelten Alternativkultur vollziehen sich in der sogenannten Psycho-Szene bemerkenswerte Wandlungen. Dazu gehören die rasche Vermehrung der Selbsthilfegruppen und der Selbsthilfeorganisationen sowie Ansätze zu neuen Formen von Gemeinschaftspraxen und Psychosozialen Arbeitsgemeinschaften. In den meisten Versuchen dieser Art steckt die Einsicht: Man kann seine psychischen Beschädigungen nur abbauen, wenn man zugleich mit anderen dafür kämpft, die immer bedrückenderen sozialen Lebensumstände zu ändern. Die neue Protestbewegung der Jugend scheint mir allerdings ein Zeichen dafür zu sein, daß die optimistischen Erwartungen aus der Anfangzeit der alternativen Bewegung schwinden und daß sich vielerorts Verzweiflung breitmacht.

15. Ich kann nur noch
durch Widerstand ich selber sein *

Vor fünfzig Jahren stellte FREUD in seinem Aufsatz «Das Unbehagen in der Kultur» die Frage, mit welcher Grundhaltung man das Leben am besten bestehen könne. Negativ beurteilte er die Chancen des nach außen gewandten Tatmenschen, der die Umwelt umschaffen wolle, um aus ihr die unerträglichen Züge zu tilgen. Wörtlich schrieb er: «Wer in verzweifelter Empörung diesen Weg einschlägt, wird in der Regel nichts erreichen. Die Wirklichkeit ist zu stark für ihn.» Vorteilhafter sei es, sich auf psychische und intellektuelle Arbeit zu konzentrieren. «Die zu lösende Aufgabe ist», so führte er aus, «die Triebziele solcher Art zu verlegen, daß sie von der Versagung der Außenwelt nicht getroffen werden können.» Das Schicksal könne einem dann wenig anhaben. Während der Tatmensch seine Kräfte in einem letztlich vergeblichen Anrennen gegen die übermächtige Realität verbrauche, werde – wieder wörtlich – «der selbstgenügsame narzißtische die wesentlichen Bedingungen in seinen inneren seelischen Vorgängen suchen».

Aber bereits elf Jahre vorher hatte der Philosoph MAX SCHELER in seiner Schrift «Von zwei deutschen Krankheiten» darauf bestanden, daß jede im Innern erkannte Wahrheit auch nach außen hin verwirklicht werden müsse. Diejenigen, die sich ausschließlich in ihre Innerlichkeit zurückzögen, sorgten – ohne es zu bemerken – indirekt dafür, daß draußen Herrschsucht, Klassenegoismus, ideenlose Beamtenroutine, Militärdressur sowie seelenlose Arbeits- und Betätigungsformen ungestört wuchern könnten. Er warnte: «Es gibt ein ganz einfaches Mittel, die Regel rücksichtsloser Macht und Gewalt im öffentlichen Leben – dem außer- und innerpolitischen – in Gang zu bewahren und

* Nach einem Referat im Rahmen der 8. Römerberggespräche, Mai 1981 in Frankfurt

alle geistigen Kräfte und Ideen aus dem öffentlichen Leben auszuscheiden: Das ist die Erklärung, daß die einzig würdige Wohnung dieser Kräfte und Ideen die Sphäre der reinen Innerlichkeit sei.» Er erklärte die sich ganz der Innerlichkeit verschreibende Lebensform als eine Krankheit. An anderer Stelle nannte er diese Krankheit einen «Luxus der Dienenden und Gehorchenden», wie erhaben und grandios sich die Vertreter dieser Lebensform auch selbst häufig wähnten. Wird das Innerseelische zur Privatsache oder zum bloßen Thema einer gettohaften sogenannten Kulturszene, wird die Politik vollends seelenlos, und die Dehumanisierung der gesellschaftlichen Verhältnisse kann ungestört und beschleunigt ihren Lauf nehmen.

In der Tat ist nun dieser verhängnisvolle Prozeß im letzten halben Jahrhundert rasant vorangeschritten. Die Politik der Macht und des Geldes durchdringt alle Lebensbereiche. Sie fragt noch weniger als je danach, ob ihre Entscheidungen denen recht sind, welche die Außenwelt an den Maßstäben ihrer inneren Sinnvorstellungen messen wollen. Sie setzt sogar mit erfolgreicher Propaganda alles daran, sich auch noch der Innenwelt der Menschen in weitestem Umfang zu bemächtigen. Jeder erfährt, er solle sein Inneres möglichst so einrichten, daß es den äußeren Betrieb nicht störe, in den jeder unweigerlich eingespannt ist. Nicht die Person mit ihrem inneren Befinden gilt noch etwas, sondern nur noch das abstrakte, nivellierte Gebilde Mensch, das man soweit als möglich berechnen kann. So ist das neue technokratische Ideal der totalen Kalkulierbarkeit entstanden. Der Mensch, den man vollständig als Datenbündel erfassen, statistisch auswerten, hochrechnen und genau verplanen kann, damit die Massengesellschaft lenkbar bleibt. Aber wohin soll sie denn noch gelenkt werden? Etwa in der Richtung wie bisher, die auf noch umfassendere Verrechnung des Menschen, auf totale Umweltzerstörung, auf weitere Verelendung der Dritten Welt und auf die immer perfektere Planung eines nuklearen Vernichtungskrieges hinausläuft?

Als FREUD die Vorteile jener Lebensform schilderte, die sich um der Befriedigung im psychischen Innenbereich willen möglichst wenig nach außen hin engagiert, sah die Welt um ihn nicht gerade erfreulich, aber nicht in dem Maße alarmierend bedrohlich aus wie heute. Die Frage ist, wie können, wie sollen gegenwärtig die Empfindsamen reagieren, die unweigerlich zutiefst innerlich aufgewühlt sind durch die verheerende Verschlimmerung der äußeren Verhältnisse? Die nicht

zur Selbstbeschwichtigung einfach verdrängen können, was sie draußen an bedrückenden Veränderungen wahrnehmen?

Durchaus einfühlbar sind da die sich rasch mehrenden Versuche, aus
der organisierten Gesellschaft radikal auszubrechen und sich in irgendeine abseitige Daseinsform hineinzuretten. Viele Jugendliche flüchten
sich bekanntlich trotz der ihnen meist wohlvertrauten Risiken in Drogen. Sie wollen jetzt und hier ihre unterdrückten Träume und Gefühle
befreien und ein Anderssein herstellen, das sie wenigstens psychisch,
wie flüchtig auch immer, über die als zerstörerisch erlebte Realität hin-
aushebt. Körperliche Gesundheit und lange Lebenserwartung, die geheiligten Ziele der sich trimmenden Fitnessgesellschaft, setzen sie aufs
Spiel. Die innere Verkümmerung und die Angst, aus der sie sich mit
Hilfe der Drogen erlösen wollen, plagen sie mehr als die Furcht vor den
Beschädigungen, die ihnen die Drogen selbst einbringen werden. Deshalb wirkt ja nicht einmal das meistverkaufte Buch der letzten Jahre,
der Erfahrungsbericht der Christiane F., abschreckend genug, so
Furchtbares darin auch über das Heroin-Elend zu lesen ist. Ein großer
Teil der Jugend fühlt sich der Christiane und der von ihr geschilderten
Szene viel näher, als es ihre Eltern wahrhaben möchten.

Zahlreiche andere, neuerdings nicht nur Jugendliche, erhoffen Rettung
bei einem jener fernöstlichen Gurus, die aus der westlichen Welt mehr
Zustrom als aus dem Kulturbereich erfahren, aus dem sie ihre magisch
mystischen Heilslehren schöpfen. Hier suchen die Sektenjünger inneren Halt, Geborgenheit, Sinnerfüllung. Die Fremdartigkeit der Glau-
bensinhalte und der Organisation der Sekten empfinden die Aussteiger
nicht als irritierend, vielmehr als anziehend. Je weiter sie der Sektenbe-
trieb von ihrer bisherigen Existenzform entrückt, um so eher fühlen sie
sich dagegen geschützt, in diese zurückzufallen. Eben diese Einstellung
machen sich die Gurus zunutze, indem sie ihre neuen Anhänger mehr
noch als einer Gehirnwäsche unterziehen. Die Jünger sollen nicht nur
umdenken, sondern ihr Ich total aufgeben. Sie sollen ihre Identität radikal auslöschen. So forderte der Bhagwan von Poona: «Ich muß euch
töten, damit ihr lebendig werdet.» «Werdet zu einer Gebärmutter, in
die ich eindringen kann.» Die totale Entmündigung ist für viele der
neuen Sektierer beileibe kein schmerzliches Opfer, sondern die ersehn-
te Bedingung dafür, daß sie mit ihrem bisherigen Leben endgültig brechen zu können hoffen.

Ein dritter Fluchtweg führt neuerdings immer mehr Menschen in eine Szene, die in etwa mit dem Begriff «Psychoboom» charakterisiert ist. Man organisiert sich als «Psychopatient» und bietet sich als Konsument eines sich fast täglich ausweitenden Psycho-Marktes an, der von einem Heer gelernter oder auch nur eben angelernter Psychotherapeuten, Gruppendynamiker, Verhaltensmodifizierer, Kommunikationstrainer und Suggestivheiler aller Art beschickt wird. Die besondere Anziehungskraft von Poona hat darin bestanden, daß der Bhagwan auch auf diesem Markt konkurrierte und gewissermaßen eine Super-Psychotherapie anbot, die eine Erlösung von Gefühls- und Triebverklemmungen in einem Zug zusammen mit religiösem Heil versprach. Insofern stellte der Ashram in Poona eine Art Brücke dar zwischen der Szene der Neureligionen und derjenigen des gesellschaftlich integrierten Psychobooms.

Die reinen Psycho-Heiler sammeln die Massen derjenigen, denen es nicht um radikales Aussteigen geht, sondern um eine Therapie, die ihnen das Leben *innerhalb* der Gesellschaft wieder halbwegs erträglich machen soll. Über 120 Psychomethoden hat man unlängst in Amerika gezählt. Und laufend werden neue dazuerfunden. Keiner hat darüber mehr eine vollständige Übersicht. Hier etabliert sich so etwas wie eine Gegenkultur, die sich aber nicht als solche bekennt. Man tut so, als fügten sich die Ziele der vielfältigen neuen Psycho-Verfahren bruchlos in das System der Gesellschaft ein. Man verschweigt aber, daß Massen der Psycho-Klienten ebenso wie vielen der sie bedienenden Profis eine ganz andere Gesundheit vorschwebt als die Fähigkeit zu jener verlangten symptomfreien Gefühlsunterdrückung, die jede Form angepaßten Mitfunktionierens möglich macht. Unlängst hat der Wiener Psychoanalytiker Ludwig Reiter bei einer vergleichenden Untersuchung ermittelt, daß Psychotherapeuten, Sozialarbeiter und Angehörige anderer psychosozialer Berufe in ihren Wertbildern keiner anderen sozialen Gruppe so nahestehen wie den amerikanischen Hippies Mitte der sechziger Jahre. Er hat für seine Untersuchung einen damals in Amerika entwickelten Fragebogen benutzt. Die Hippies sind verschwunden, aber ihre Ideale, die man beim besten Willen nicht mit denen in der Gesellschaft herrschenden offiziellen Leitbildern gleichsetzen kann, leben also unter anderem gerade unter denen fort, die Hans-Jürgen Wirth als Psychos bezeichnet. Sein Aufsatz über die Beziehungen zwischen Hippies und Psychos in «päd. extra Sozialarbeit» ist lesenswert. Die Psychoszene ist also insgeheim von Wertmustern bestimmt, die denen der organisierten Gesellschaft radikal widersprechen.

Nichtsdestoweniger bestrebt man sich in der neuen Subkultur, das Leiden an innerer Unfreiheit und frustrierten psychischen Bedürfnissen klinisch zu legitimieren und dem offiziellen Medizinsystem gewissermaßen unterzuschieben. Freilich sind es in der Tat auch nach den Buchstaben der Verordnungen vielfach echte Krankheiten, die aus der Unterdrückung der Innenwelt entstehen. Und selbstverständlich wächst aus diesen Krankheiten ein legitimer Anspruch auf eine Psychotherapie, die wie jede andere Krankheitsbehandlung unter die Leistungspflicht der Kostenträger fällt. Aber eine wachsende Konsumentengruppe des neuen Psycho-Marktes sucht Therapie eben gar nicht mehr zum Zweck einer zeitlich begrenzten Hilfe, um krankhafte Störungen im engeren Sinne zu überwinden, sondern als eine Dauerzuflucht. Ein Heer dieser Klienten wandert von einer Therapie in die andere, von der Analyse zum Urschrei, von der Gesprächstherapie zu Meditationsübungen, von Gruppenmarathons zu psychosomatischen Kur-Programmen. Wieder andere bleiben einer Therapeutenschule lebenslänglich treu und wechseln nur gelegentlich den Therapeuten. Allen ist gemeinsam, daß sie ein sinnverarmtes, gefühlsentleertes Leben in der Gesellschaft draußen nur aushalten, indem sie permanent oder in kurzen Abständen zur Erholung in das wärmende Bad der Psychoszene eintauchen können, wo ihre Gefühle fließen, wo ihre vergewaltigte Innerlichkeit mit allen Phantasien und Träumen sich nicht nur ausdrükken darf, sondern sogar soll.

Auf der anderen Seite sind die Psychos, also die professionellen Therapeuten oder Trainer, mitnichten nur als ökonomische Nutznießer dieser Inflation von Psychopatienten einzuschätzen. Auch sie strömen in der großen Mehrzahl deshalb in diese Berufe, weil sie in einer solchen Betätigung noch die einzigartige Chance ausmachen, die eigenen ungestillten psychischen Bedürfnisse ersatzweise zu sättigen. Hier können sie sich Tag für Tag mit den Bildern der Innenwelt, mit Ideen und Sehnsüchten beschäftigen und mit anderen Menschen in einer solchen kommunikativen Nähe zusammenleben, wie diese, abgesehen vom religiösen Bereich, sonst nirgends mehr in der organisierten Gesellschaft zu erfahren ist. Hier wird nicht hektisch und unter Rivalitätsdruck auf äußere Effizienz hin funktioniert. Hier darf man nicht nur, hier muß man sich Zeit nehmen und sich mit den Patienten in diejenigen personalen Probleme vertiefen, die sonst um des reibungslosen Funktionierens in dem sogenannten normalen Alltagsbetrieb unablässig unterdrückt werden. So finden sich Psychopatienten und Psychoprofis in einer Subkultur zusammen, in der weithin nur noch zum Schein Heilung, in Wirklichkeit eine Dauerkompensation von Defekten und Ängsten gesucht wird, die in der Gesellschaft permanent reproduziert werden. Uneingestanden verwandelt sich diese Art von Psychotherapie damit von einer Heilmethode in eine Art von Prothese, in eine auf Dauer unentbehrliche Lebenshilfe.

Während der Psychoboom den kompromißhaften Versuch darstellt, die Unerträglichkeit der Gesellschaft zu kompensieren, wobei man gleichzeitig in derselben mitspielt und diese Unerträglichkeit weiter aktiv mit reproduziert, stellt die *Alternative Bewegung* den kühnen Versuch dar, mitten in der Gesellschaft dieser eine radikal abweichende Einstellung und Lebensform entgegenzuhalten. Als die politische Studentenbewegung zusammengebrochen war, waren mit ihr die positiven Erfahrungen nicht untergegangen, die viele Beteiligte mit Versuchen gemacht hatten, ihr Zusammenleben anders zu gestalten. Es gab die Wohngemeinschaften, die Kinderläden und die verschiedenartigen sozial aktiven Initiativgruppen. Aus diesen Restbeständen der Protestbewegung entwickelten sich in der Stille und nunmehr ohne großartigen politischen Anspruch nach und nach jene Modelle, in und mit denen sich das formiert hat, was man heute als Alternative Bewegung bezeichnet. Es entstanden die Landkommunen, die genossenschaftlichen Handwerksbetriebe, die alternative Presse, eigene Tauschmärkte, Versuche einer alternativen Technologie, alternative Beratungs- und Kontaktstellen. Daraus wurde eine alle Lebensbereiche umfassende, in sich zusammenhängende alternative Szene, in der man sich weitgehend wechselseitig durch ein organisiertes Selbsthilfesystem unterstützt.

Wie die alternativen Modelle aussehen, ist nun inzwischen weithin bekanntgeworden. Noch lange nicht in ihrer Bedeutung hinlänglich begriffen ist jedoch die neue Grundhaltung, die sich in dieser Bewegung ausdrückt. Darin stecken wahrhaft revolutionäre Prinzipien, die, wenn sie sich durchsetzen könnten, unserer Gesellschaft mehr Aussicht auf eine Überwindung der derzeitigen schlimmen Krise gewähren würden als alle noch so gescheiten Strategien technokratischer Experten und Manager, von denen die Masse eine Rettung erwartet. Stichwortartig zu nennen sind hier ein neues ökologisches Bewußtsein, ferner die Verwirklichung eines unmittelbaren Zusammenhanges von Leben und Arbeit, weiterhin die Herstellung eines Einklanges von äußerer Praxis und inneren Bedürfnissen. Was man macht, muß man innerlich als sinnvoll erleben können. Aber als die zentrale und entscheidende neue Qualität erscheint mir ein verändertes *Wir-Bewußtsein*. Die Welt, in der sich der einzelne erlebt, ist eine Welt der Beziehung. Der einzelne bleibt ein individuell Besonderer. Aber die Besonderheit isoliert ihn nicht, da er sich unmittelbar zusammengehörig weiß mit den Näheren und Ferneren. Es ist ein Lebensgefühl, das dem nahekommt, was MARTIN BUBER so formuliert hat: «Der Mensch ist nicht in seiner Isolierung, sondern in der Vollständigkeit der Beziehung zwischen dem einen und dem anderen existent: erst die Wechselwirkung ermöglicht, das Menschentum zulänglich zu erfassen.» Dieses neue Wir-Bewußtsein, das den angeblichen Sachzwang des Rivalitätsprinzips widerlegt, erklärt auch jenes unmittelbar erlebte Verbundenheitsgefühl mit den Unterdrückten in der Dritten Welt und mit den Generationen der Zukunft bzw. mit denen, deren Zukunft wir heute zu zerstören uns anschicken. Es ist ein unmittelbares Mitfühlen, das weit über die sonst geläufigen räumlichen und zeitlichen Grenzen hinausreicht. Begriffe wie universale Sympathie oder Solidarität bekommen ihren Sinn erst durch eine derartige gelebte Grundhaltung, die nicht wie die Konzepte der achtundsechziger Protestler vom Kopf her theoretisch vermittelt, sondern unmittelbarer Ausdruck eines spontanen gewandelten Lebensgefühls ist.

Die Alternativkultur könnte, wenn sie auf hinreichende Bereitschaft stieße, rasch die vielfältigen illusionären Sachzwänge aufheben, welche die Massen wie automatisch in die Prozesse hineinverwickeln, die auf unser aller unbewußte Selbstzerstörung hinauslaufen. So aber findet sie sich selbst mehr und mehr in die Enge getrieben. Ihre Anhänger spüren, daß sie ihre Identität nur bewahren können, wenn sie an ihren Modellen festhalten. Aber sich *nur* diesen alternativen Modellen zu widmen, läßt die Angst nicht mehr zu, die durch die überhandnehmenden Bedrohungen von außen stetig gesteigert wird. Wenn man nicht zugleich nach außen kämpft, gibt man sich auch innerlich auf. Dies ist die Zwangslage, welche die Alternativen in eine neue Protestbewegung einbindet, die sich zur Zeit ausbildet.

Da schrieb mir unlängst ein junger Gärtner, der den «Grünen» beigetreten ist: «So wollen wir, indem wir die Außenwelt retten, unsere Innenwelt zu retten versuchen. In dem Dreck kann man nur noch durch Widerstand man selber sein, weil die Zerstörung der Umwelt ihre Ursache und Folge in der Zerstörung der Innenwelt hat.»

Das heißt, es reicht nicht mehr aus, in immer enger werdenden Freiräumen eine alternative Selbsthilfebewegung durchzuhalten, wenn rundum die Welt zubetoniert wird und die riskantesten Technologien bis hin zur Produktion der gigantischen nuklearen und chemischen Vernichtungswaffen die Zukunft aller in unerträglichem Maße gefährden. Da kann man in der Tat nur noch «durch Widerstand man selber sein».

Die neuen Jugendunruhen, die auch Motive der ökologischen Bewegung, der Kernkraftgegner und der Friedensbewegung aufnehmen und teilweise mit diesen Bestrebungen verwachsen, sind Ausdruck einer tiefen Verzweiflung. Es ist keine von Rädelsführern vorgedachte und ausgeklügelte inszenierte Kampagne. Diese Führer gibt es gar nicht. Vielmehr handelt es sich um eine weitgehend spontane, wenig durchorganisierte, eher anarchistische Strömung, deren Beweggründe man verfehlt, wenn man sie etwa aus den Biographien von einigen vorprellenden Steinewerfern herausanalysieren wollte. Es sind weite Teile der ganz normalen bürgerlichen Jugend, deren untergründige Niedergeschlagenheit und Verbitterung das Potential bilden, aus dem die neue Rebellion hervorbricht. Man studiere die 1979 ausgezeichneten Beiträge des Jugendschreibwettbewerbs «Unsere Zukunft», um zu begreifen, welches tief pessimistische Zukunftsbild sich in unserer Jugend ausbreitet. Da sammeln sich die düstersten Visionen von Überwachung der Menschen à la ORWELL, von Zerstörung aller persönlichen Beziehungen, von tödlicher Umweltvergiftung, von einem menschheitsvernichtenden Nuklearkrieg, kurz: von Katastrophen, an denen die Menschen ohnehin zugrunde gehen oder durch die sie letztlich zum Selbstmord getrieben werden. Dies schreiben bereits Zwölf-, Dreizehnjährige.

Niemand lasse sich also weismachen, die neuen Unruhen seien die Erfindung einer kleinen radikalen Minderheit mit einer Masse ahnungsloser verführter Mitläufer im Gefolge. Es ist genau umgekehrt. Die Steinewerfer sind nur eine irreführende Randgruppe. Bestimmend für die neue Bewegung ist die in Empörung umgeschlagene Angst und Depression einer großen Zahl sensibler, im Grunde zarter, verletzlicher junger Menschen, die sich darum betrogen sehen, ein Leben miteinander bzw. innerhalb des gesellschaftlichen Ganzen zu führen, bei dem sie – wie es der junge Gärtner ausgedrückt hat – noch sie selber sein können. Die empfindsame Mentalität der Alternativkultur bildet, auch wenn dies durch das Getöse mancher Protestaktionen verschleiert wird, den eigentlichen geistig-emotionalen Hintergrund, aus dem der neue Widerstandswille entspringt. Man könnte sagen, die neue Protestbewegung ist ein Ausbruch aus der Innerlichkeit. *Sie ist ein Aufstand des Gefühls.* Betroffen sind elementare Gefühle einer tiefen existentiellen Schicht, die sich kaum sprachlich ausdrücken können. Deshalb macht diese Protestbewegung so wenig Worte. Sie produziert nicht blendende Rhetoriker, wie die 1968er Rebellion. Sie formuliert nicht viel mehr über sich als das, was auf manchen Spruchbändern zu lesen ist. Etwa: «Wir haben Grund genug zum Weinen, auch ohne euer Tränengas!» Dies war auf einem Transparent zu lesen, das die in Zürich demonstrierenden Jugendlichen der Polizei entgegenhielten. Jedermann kann dennoch leicht erkennen, woran sich die Entrüstung entzündet, nämlich an der allenthalben fortschreitenden Umweltzerstörung, an der Vernichtung gewachsener Wohn- und Kommunikationsstrukturen, an den gefürchteten Risiken der Kernkraftwerke und an jeder Verherrlichung des Militärischen angesichts einer neuerdings offen diskutierten Kriegsgefahr und einer sich ins Irrwitzige steigernden Nuklearrüstung.

Durch die Spracharmut ihrer demonstrierten Empörung entzieht sich diese Bewegung jenen fruchtlosen Debatten, in denen etwa die politischen Parteien nur noch über taktische, nicht aber mehr über Grundsatz- und Sinnfragen streiten. Wenn die Politiker sich wirklich auf einen Dialog mit dieser zutiefst beunruhigten Jugend einlassen wollen, was viele neuerdings beteuern, dann müßten sie dazu bereit sein, sich selbst als Menschen mit all ihren Ängsten und Sorgen offen zu erkennen zu geben und nicht als Schauspieler jener Souveränität und Allwissenheit von oben her belehrend aufzutreten, wie sie sich sonst auf der Politszene durchzulavieren versuchen. Aber wie sollen gerade diejenigen das schaffen, die sonst Politik nur als Geschäft der Macht begreifen und betreiben und die ihre Wahlerfolge nicht zuletzt der Kunst zuschreiben, ihre stetig wachsende Ratlosigkeit hinter vorgespielter Unfehlbarkeit zu verbergen? Sie werden es *nicht* schaffen, wie man dies ja auch unlängst in jener enthüllenden ZDF-Sendung vorgeführt bekam, in der zwischen Parteigeneralsekretären und Berliner Hausbesetzern bzw. Instandbesetzern der Gesprächsversuch total scheiterte. Die verleugnete Hilflosigkeit und die Ahnungslosigkeit der Mächtigen kann offenbar nur entlarvt werden durch eine genügend massive Herausforderung seitens derer, die ihrer Ohnmacht inne sind. Diese müssen in einer Art auftreten, daß der gut geölte, aber auf den Ruin zusteuernde Lauf der Maschine Gesellschaft irritiert wird. Die Geängstigten müssen denen Angst machen, die diese permanent verdrängen und deshalb auch von der Signalfunktion der Angst nicht mehr profitieren können.

Die Frage ist also überhaupt nicht, wie kann man die neue Jugendunruhe möglichst bald mit administrativer Technik ersticken, sondern genau umgekehrt: wie können die politisch Verantwortlichen und wie kann die große passive Mehrheit der Gesellschaft der eigenen verdrängungsbedingten Scheinruhe entrissen werden, die ganz und gar der gefährlichen Realität widerspricht, in der wir – gerade noch – leben? Denn Angst und Unruhe, nicht jene von oben propagierte Gelassenheit und alles berechnende Nüchternheit sind die er heutigen politischen Realität angemessene Stimmungsverfassung. Ohne die Ausbreitung offener tiefer Beunruhigung wird das radikale politische und wirtschaftliche Umdenken nicht möglich sein, das uns, vor allem aber den nachfolgenden Generationen ein friedliches Überleben allein sichern könnte.

Aber niemand wird die Aussicht auf diese dringend nötige Wandlung heute optimistisch einschätzen. Solange Not noch nicht sinnlich faßbar ist und sich nur in Vorboten andeutet, kommt leicht ein Teufelskreis in Gang. Große Teile der Gesellschaft reagieren auf eine nur dumpf geahnte, aber noch nicht voll gefühlte Bedrohung regelmäßig mit der Erwartung, man müsse den Kurs, bei dem man es doch so lange gut gehabt habe, nur um so beharrlicher weitersteuern und gegen radikale Miesmacher und Unruhestifter abschirmen. Das heißt, man projiziert, solange es geht, die Bedrohung auf andere, die in aller Kraßheit dem Ausdruck geben, was man in sich selbst verspürt, aber nicht wahrhaben will. Und die Folge ist dann, daß man die Warner vor der Gefahr anstatt diese selbst bekämpft. Für diese Dynamik der unbewußten kollektiven Selbstschädigung gibt es allzu viele Lehrstücke, als daß man leichtfertig hoffen könnte, es werde gerade diesmal anders kommen. Dies ist eine pessimistische Betrachtung. Aber eine solche Betrachtung kann man, so glaube ich, überhaupt nur aushalten, wenn man ihr handelnd widerspricht. Ich meine, der zitierte Gärtner hat recht mit seiner These: In dieser Lage kann man nur noch durch Widerstand man selber bleiben.

Literatur

BIEDERMANN, U., u. a. (Hg.): Unsere Zukunft. Die 30 ausgezeichneten Beiträge zum Schreibwettbewerb 1979. Förderzentrum «Jugend schreibt». c/o H. Böseke, Kempener Str. 7, Köln 1979

BITTORF, W.: Die liebende Gabe, die mich durchdringt. In: Der Spiegel 35, Nr. 10, 188, 1981

BUBER, M.: Das dialogische Prinzip (1954). L. Schneider Verlag, Heidelberg, 4. Aufl. 1979

CHRISTIANE F.: Wir Kinder vom Bahnhof Zoo. STERN-Buch. Gruner + Jahr Verlag, Hamburg 1978

FREUD, S.: Das Unbehagen in der Kultur (1930). Imago Publishing Co. Ltd., Ges. Werke, Band 14

PARIN, P.: «Befreit Grönland vom Packeis.» Psyche 34, 1056, 1980

REITER, L., u. E. STEINER: Werte zwischen Therapeuten und Klienten. Kontext 1, 24, 1979

SCHELER, M.: Von zwei deutschen Krankheiten. In: Schriften zur Soziologie und Weltanschauung. Ges. Werke, Band 6. Francke Verlag, Bern – München 1963

WIRTH, H. J.: Hippies und Psychos. päd. extra Sozialarbeit 5, Nr. 2, 46, 1981

Horst E. Richter

Der Gotteskomplex
Die Geburt und die Krise
des Glaubens an die Allmacht des Menschen
340 Seiten. Brosch.

Engagierte Analysen
Über den Umgang des Menschen mit dem Menschen
Reden, Aufsätze, Essays
325 Seiten. Brosch. und als rororo sachbuch 7414

Flüchten oder Standhalten
315 Seiten. Brosch. und als rororo sachbuch 7308

Lernziel Solidarität
320 Seiten. Brosch. und als rororo sachbuch 7251

Die Gruppe
Hoffnung auf einen neuen Weg, sich selbst und andere zu befreien
Psychoanalyse in Kooperation mit Gruppeninitiativen
352 Seiten. Brosch. und als rororo sachbuch 7173

Sich der Krise stellen
Reden, Aufsätze, Interviews
rororo sachbuch 7453

Eltern, Kind und Neurose
Psychoanalyse der kindlichen Rolle
rororo handbuch 6082

Patient Familie
Entstehung, Struktur und Therapie von Konflikten in Ehe und Familie
rororo sachbuch 6772

H. E. Richter / H. Strotzka / J. Willi (Hg.)
Familie und seelische Krankheit
Eine neue Perspektive der Psychologischen Medizin
und der Sozialtherapie
378 Seiten. Kart.

I. Fetscher / H. E. Richter (Hg.)
Worte machen keine Politik
Beiträge zu einem Kampf um politische Begriffe
rororo aktuell 4005

Rowohlt

756/13